文化吉林

長春卷

弘揚長白山文化
打響吉林特色地域文化品牌

王儒林

　　吉林有文化，而且吉林文化有底蘊、有潛力、有特色、有希望。從前郭縣王府屯距今約一百萬年的石製工具到距今十六萬年的樺甸仙人洞和距今三萬年的榆樹人，從燕趙文化東進到漢武帝設四郡，從扶餘、高句麗、渤海文明的興衰更替到遼金、清朝問鼎中原，從抗日烽火、解放硝煙到新中國老工業基地的紅色記憶，從二人轉、吉劇、長影到吉林期刊、吉林歌舞和吉林電視劇現象，勤勞智慧、淳樸善良、勇於開拓的吉林人民在白山松水間創造出絢麗多彩的地域文化，成為中國文化版圖上一道獨特風景。

　　文化與山素來結緣，正如泰山之於魯，嵩山之於豫，黃山之於皖，長白山是吉林的象徵、吉林的品牌。吉林文化始終與長白山難捨難分、血脈相連，集中體現於長白山文化之中。長白山文化發源和根植於吉林沃土，是包容吉林各民族文化、蘊含吉林發展歷史、反映吉林人性格特質、凸顯吉林氣派的「大文化」；是中華民族「多元一體」文化的重要組成部分，源遠流長、博大精深，構成了吉林文化的骨骼和脊梁。在地域文化越來越受到人們關注、文化軟實力越來越成為衡量一個地區核心競爭力的重要指標的當今時代，大力弘揚作為吉林文化標誌性符號的長白山文化，把這份寶貴的文化資源保護好、挖掘好、利用好、開發好，對於打響吉林特色地域文化品牌，鑄造極具時代內涵的吉林精神，提升吉林文化軟實力，凝聚吉林改革發展正能量，無疑具有十分重要的現實意義。

近年來，我省大力推進以優秀吉林地域文化為主要內容的長白山文化建設，出臺了《長白山文化建設規劃綱要》，啟動實施了長白山文化建設工程，在長白山文化資源保護研究、挖掘整理、開發利用等方面做了大量工作，取得了顯著成績。我們要進一步加強長白山文化理論研究，豐富長白山文化內核和外延，進一步加強長白山文化遺產的發掘、保護和展示推介力度，擴大長白山文化的影響力，進一步加強對長白山文化內涵的拓展和提升，把長白山文化資源更好地轉化為文化產品、文化事業和文化產業，推動長白山文化建設躍上新臺階，推動吉林文化大發展大繁榮，為實現富民強省目標、中華民族偉大復興、中國夢做出貢獻。深入挖掘、研究、整理長白山歷史文化，既是一項宏大浩繁的系統工程，又是一項功在當代、利在千秋的基礎工程。希望有更多有識、有志之士投身長白山文化建設事業，讓這份寶貴的文化資源更好地服務於當代，惠澤於未來。

由省委宣傳部組織編撰的《長白山文化書庫》系列叢書，是長白山文化建設工程的重要標誌性成果。叢書從基礎研究、地方特色、主要藝術門類三部分，對長白山文化的歷史資源進行了全面細緻的挖掘和整理，堪稱長白山文化研究與普及的鴻篇巨製，不僅對研究和宣傳長白山文化大有裨益，而且對培育吉林文化品牌、樹立吉林文化形象也將產生積極的促進作用。在叢書即將付梓之際，謹表祝賀並向全體工作人員致以問候。

主編寄語

莊嚴

　　長白奇迤蘊靈秀，松江悠長毓文傑。千百年來，雄渾壯美的白山松水賦予了肥沃豐饒的吉林大地以生機和活力，滋養了吉林人民勤勞睿智、堅韌進取、寬容開放的精神品格，積澱了多元融合、底蘊深厚、色彩斑斕的地域文化。這獨具魅力的吉林特色地域文化猶如一株馥鬱芳香的花朵，在中華民族文化百花園中爭妍綻放。

　　文化是經濟發展之根，是社會發展之源。省委、省政府高度重視文化建設，制定出臺了《長白山文化建設規劃綱要》，把吉林省歷史文化資源工程列入宣傳思想文化工作「六大工程」之一。省委宣傳部深入貫徹落實省委、省政府的要求，開展《長白山文化書庫》建設，啟動實施了《文化吉林》叢書編撰工作，將其作為全省宣傳思想文化工作的重要舉措，周密部署，精心組織，強力推進，取得了預期成果，為全省人民奉獻了一份珍貴的精神食糧。

　　《文化吉林》叢書是《長白山文化書庫》中全景展現特色地域文化的重要組成部分。年初以來，我省廣大宣傳文化工作者以對家鄉、對歷史、對文化事業的高度責任感和使命感，不畏繁難，勤勉執著，嚴謹認真，精益求精，在資料收集、遺產挖掘、書稿撰寫等方面付出了大量艱辛的努力，進行了許多開創性的探索和實踐，圓滿完成了這次編撰任務。叢書編撰秉承傳播和弘揚吉林文化的理念，梳理總結吉林文化資源，提煉昇華吉林文化精髓，激發增強吉林人的文化自覺、文化自信，使優秀文化更好地服務於吉林的發展振興。

《文化吉林》內涵豐富，圖文並茂，辭美情摯，引人入勝，是人們認識吉林、瞭解吉林、研究吉林的概覽長卷，是吉林文化走向全國，面向國際的真誠心聲。叢書真實勾勒了吉林文化歲月滄桑的歷史縱深，生動展現了吉林文化多姿多彩的時代律動，帶我們走進吉林地域文化演進的舞臺，親身感受風雲激盪的文化事件，出類拔萃的文化人物，領略淵深源遠的文化景觀，妙趣橫生的文化傳說，體驗琳瑯紛呈的文化產品，淳樸濃郁的文化民俗。叢書將吉林文化的發展脈絡、現狀和未來，客觀詳盡地展現給廣大讀者，是一部能夠讀得進去、傳播開來、傳承下去的佳作精品。

　　鑒往以勵志，展卷當奮發。《文化吉林》這套融史料性、知識性、可讀性於一體的叢書，為我們進一步保護、研究、開發吉林地域特色文化提供了重要史料資源。作為後繼者，當代吉林人有責任、有義務肩負起將吉林文化充分融入社會主義核心價值觀，推動吉林文化發展進步的歷史使命，讓優秀傳統文化在繼承中創新，在創新中前行，在全國文化發展大格局中唱響吉林「聲音」，打造吉林文化品牌，樹立文化吉林形象。

目
錄

第三章・文化名人

第四章 · 文化景址

第一章

文化發展概述

　　享有「北國春城」美譽的綠色宜居之城──長春，是吉林省省會城市，更是全省的政治、經濟、文化、交通和國際交往中心，有著深厚的歷史文化底蘊。長春經過不斷努力，已經成為聞名遐邇的汽車城、電影城、雕塑城、生態城、科技文化城，在中國乃至東北亞地區都呈現出獨具特色的文化內涵。這座美麗的文化名城，承載歷史的厚重，揮灑現代的風姿，傳播人情的溫暖，孕育無限的希望！

長春市位於北緯 43°05′ - 45°15′，東經 124°18′ - 127°05′，地處歐亞大陸東岸松遼平原腹地，屬北溫帶氣候，一年四季分明，夏季花紅柳綠，春秋涼爽怡人，冬季白雪皚皚，景色不同。長春市是中國東北地區天然地理中心，地處東北亞十字經濟走廊核心地帶。如果把中國遼闊的地理版圖比喻為一隻雄雞，位於中國東北部的長春，就猶如這隻雄雞的眼睛。地緣優勢使長春幸運地成為中華大地的「點睛之筆」。長春主城區位於松遼平原腹地的伊通河台地之上，西北與松原市毗鄰，西南和四平市相連，東南與吉林市相依，東北同哈爾濱市接壤，城市域界周長約三千三百公里，總面積兩萬零六百零四公頃，其中市區

▲ 靚麗春城

面積四千九百二十六公頃，長春的發展不斷改變著城市地理風貌。城市的興盛與水息息相關，有水才會有人類的文明，有水才會有城鎮的興起，伊通河如同一條美麗的絲帶從長春市區穿過。伊通河源遠流長，是長春平原上的千年古流，松花江的二級支流，發源於吉林省伊通縣境內哈達嶺山脈青頂山北麓，流經長春市、伊通縣、德惠市、農安縣，在農安縣靠山鎮匯入飲馬河，被兩岸老百姓親切地稱為母親河。

長春市於一八○○年建城，曾用名寬城子、長春廳、長春府、長春縣、長春市政公所。長春為什麼稱作長春呢？有人說，長春來自肅慎語的譯音，有祝

▲ 湖光麗景

福之意；有人說，長春之名來自乾隆的詩句「長白千載古錫州，春光無限在寬城」；有人說，長春之名源自對春天的期盼……長春之名的來歷讓人浮想聯翩。

在生產力還不發達的古代，長春曾是中國疆域中一塊未被開發的地方。遠在四萬年前長春就開始有人類活動。距今約七千年前，肅慎族開始在東北地區生息繁衍。西漢時期建立扶餘國，漸與中原東漢文化交流。道教傳入扶餘，全民信仰灌口二郎（考滿語「關口二郎」當為灌口二郎轉音，實為秦太守李冰次子），城內有許多二郎神廟，故改國都合龍城為「天罡城」。此時人口已經過萬，城牆和宮殿也改為石質建築。

唐朝開元時期，長春地區成為唐「安北都護府」的一部分，時被中原人士稱為「書山府」，是唐朝發配文字獄犯人的地方。當時書山城被冤枉發配的文人很多，也使之成為文化之城，是許多中原學子嚮往的學習之地，所以「書山有路勤為徑」廣為流傳至今。此時的長春，人口已近十萬，成為一座大城市，城牆面積擴大了數十倍，正是這一時期中原文化廣泛傳入東北亞地區，此後千

年一直影響東北民族文化發展方向。

西元九一六年，契丹建國，逐漸強大。長春地區成為契丹管制女真的重地，由於契丹的一個王子在此地出生，遂將隆州府命名為「耶律德光城」。

西元一一一五年，女真人崛起，建立大金國，將長春地名改回祖先的「隆州白龍府」，遷都中都（北京）之後，改稱「隆州寬城府」（寬城子），為北方的軍事、政治、文化中心。此時的大金國，國富民強，從西方傳來的景教（基督教）成為大金三大國教之一（道教、佛教、景教），全民信仰，寬城子成為東北亞最大的基督教聖地，全城大小教堂很多，信仰民眾有數十萬。此時的寬城人口近百萬，城市已具備規模，城牆高大，分為內外兩城，宮殿雖不使用，但也保持得十分豪華，百姓安居樂業，有專門傳道的牧師在教堂講道，大多數信徒為富有的地主階級，修建大小教堂，小市民在公辦的最大的教堂裡聽道。

此後蒙古日益強大，攻占寬城子，用了近一年的時間才攻下來。蒙元由於信仰藏傳佛教，認為這裡是不祥地，才會久攻不下，遂下令將寬城子城牆拆毀，百姓遷移到遼陽和中原等地，讓這座千年古都變成一片廢墟，所以今天幾乎找不到這座古城的任何痕跡。

▲ 古代印象

明朝後期女真再次勃興，建立大清帝國，清嘉慶五年（1800年）正式建治，設長春廳，治所設在長春堡境內的新立城，長春之名由此而來。道光四年（1825年）治所遷至寬城子，清同治四年（1865年）建築城垣，占地五公頃。到一八八三年，人口達九萬餘人。光緒十五年（1889年）長春廳升格為長春府。民國二年（1913年）改為長春縣，民國十四年（1925年），設立長春市政公所。

　　清末民初，長春民間藝術興起，中原地區華夏文化傳入，與土生土長的長春本土文化交融，光緒七年（1881年）開始出現由私人新建的戲園和流動戲曲班社的演出，其中有榆樹等縣鎮的蹦蹦戲小班，還有來自關內的蓮花落民間藝人賣藝。長春開為商埠之後，河北梆子、皮影戲、雜技、大鼓、京劇、評劇、話劇、歌舞等藝術種類繁多。民間文娛活動主要有秧歌、高蹺、鼓吹樂等。當時有民眾教育館對社會文化，圖書與文藝普及進行管理，有三家報紙開闢副刊發表文學作品。通俗講演所、圖書館、民眾教育館等社會文化設施逐漸出現。

　　抗日戰爭時期，長春經歷了一段屈辱的淪陷期，此時的長春經歷了可歌可泣的文化抗爭歷程。一九三一年「九一八」事變後，日本帝國主義侵占了整個東北地區，長春淪為日本帝國主義殖民地。一九三二年三月，清朝末代皇帝愛新覺羅・溥儀在日本帝國主義的扶持下，成立傀儡政權「偽滿洲國」，將長春定為國都，成為日本侵略殖民中心。長春的名號被抹去，改名「新京」。

▲ 古代錢幣

這時的長春沒有春天，只有嚴冬，它處於最陰暗最寒冷的「冰河」期，這不僅是國土的淪陷，也是文化的淪陷。從一九三一年「九一八」事變至一九四五年八月十五日日本投降，是日本殖民文化控制時期，長春本土文化被限制和扼殺。比如，日本人視二人轉藝人為「浮浪」，不發給「國民證」，到處查找，

▲ 長春文化開埠

甚至抓藝人做勞工。在日本的高壓政策下，東北人民從來沒有停止過抗爭。抗戰十四年間，在中國共產黨地下組織與東北抗日聯軍影響和直接領導下，懷有強烈民族意識的仁人志士，以筆為武器，與日偽奴化教育進行英勇鬥爭，發表了很多反滿抗日、揭露日軍暴行的作品。大多數人遭到了日偽當局的迫害和屠殺，這種不屈的抗爭意識成為長春人民的寶貴精神文化遺產。

一九四八年十月十九日，長春解放。一九五三年，吉林省黨政機關和直屬文化藝術團體遷入長春，這是長春成為吉林省文化藝術中心的開始。一九五四年，長春劃歸吉林省，同年六月改為省轄市，成為吉林省省會；一九五五年定為全國十個省轄大市之一；一九七九年列為國家十五個經濟中心城市之一；一

▲ 宜居之城

▲ 東北作家聯盟

九八九年二月被國務院列為國家計劃單列市；一九九二年列為國家沿邊開放的中心城市；一九九四年列為「建立社會主義市場經濟體制綜合配套改革」和「優化資本結構，增強企業實力」的試點城市；一九九四年列為副省級城市。

長春的文化得到空前發展是在抗戰勝利後，東北作家聯盟、東北劇人聯盟、長春文藝協會、長春文藝建設協會、吉林省文筆協會相繼成立。在榆樹等解放區，在來自延安等老解放區和部隊文藝工作者的指導幫助下，開展革命的群眾文藝活動，有力地配合暸解放戰爭和土地改革運動。

新中國進入第一個五年計劃時期以後，長春成為東北新興城市，汽車工業、教育事業在長春興起，這些在文藝作品的發表上體現出來：評劇《女教師》在東北地區會演大會上獲獎；京劇《汽車城》進京演出，開闢了戲曲演現代戲的先河；話劇《關不住》，歌曲《老司機》分別在全國會演中獲獎。文學事業發展的標誌是一九五六年報紙文藝週刊《布穀》創刊，主要刊登小說、散文、詩歌等作品。長春市群眾藝術館，縣、區城鄉文化館和文化站等文化組織陸續開始建立。文化活動主要利用美術展覽和圖書展覽等形式，為工農業生產建設做好宣傳。一九七八年，黨的十一屆三中全會召開後，全市城鄉逐步恢復了正常的文化生活，文學、戲劇、音樂、舞蹈、曲藝、雜技、美術和群眾文藝等諸多方面，都取得了可喜的成績。報告文學《李宗仁歸來》《三門李軼聞》，在國內外都產生很大的影響，兒童文學、雜文、翻譯文學和中、長篇小說的出版已達到上百部。話劇《吉鴻昌》《救救她》《孫中山》三次進京演出；評劇《月難圓》《契丹魂》等獲國家獎；《密建游宮》女主演獲「梅花獎」；雜技《大球高車踢碗》和《高空高低鋼絲》獲國際大賽金獎；黃龍戲和二人轉藝術遍及城鄉各地。

▲ 長春電影製片正門

　　電影文化是長春的一大特色，可以說，長影發展歷程也是新中國電影的發展歷史。早在一九四五至一九四六年間，中共接手「滿映」的祕密工作就展開了，遠在延安的電影人袁牧之、吳印咸瞭解到長春原「滿映」的情況，向八路軍總政治部提出到長春接收「滿映」電影設備器材，建立電影生產基地的報告。報告很快被批准，延安電影團的成員全部被派往東北和長春。此時電影廠內的政治鬥爭非常尖銳複雜，中共長春市委派來的劉建民和地下黨員趙東黎會同原「滿映」的進步職工張辛實，以「東北電影工作者聯盟」的名義，召開了原「滿映」全體中國人大會，中國人開始走上電影的獨立發展道路。一九四六年十月一日，東北電影公司正式成立。四年後，一九四九年十月一日中華人民共和國成立，長影與新中國同一天生日，這真是難得的歷史巧合。東北電影公司吸引了全國各地的文藝人才，一九四六年，吳印咸帶領的延安電影團千里迢迢把西北電影工作隊、東北文藝工作一團、東北軍政大學文工團、東北青年文工團等文藝單位集體調入東北電影公司。各野戰軍、各解放區抽調優秀幹部支

援東影，一批港澳電影工作者在建國前後陸續來到東影，一批富有經驗的電影工作者在上海解放後積極熱情地趕赴東影。陝北、晉察冀、山東都有文藝工作者加入進來，加上原「滿映」的部分人員，形成了一支以解放區文藝幹部為創作骨幹的新型電影創作隊伍。東影公司成立一週年時按照東北局的指示，改稱東北電影製片廠。一九四九年四月，電影廠遷回長春。一九五五年二月，電影廠正式更名為長春電影製片廠。長影和她創造的銀幕形象深深印在人們的腦海中，人們無法忘記《董存瑞》中董存瑞手托炸藥包捨身炸碉堡時的大義凜然；無法忘記《英雄兒女》中王成為了勝利高呼「向我開炮！」的恆久宏音；無法忘記《平原游擊隊》中李向陽騎戰馬打雙槍飛奔而來的颯爽英姿；無法忘記《甲午風雲》中鄧世昌把緊舵盤衝向「吉野號」的豪邁氣概；也無法忘記《上甘嶺》上「一條大河波浪寬，風吹稻花香兩岸」的動人旋律。長影留下的不僅是故事、影像和歌聲，更是刻寫在膠片上、烙印在時代心中的英雄形象。長影創作了一部部中國百姓喜聞樂見的反映時代精神的著名影片，鑄就了永不褪色的紅色經典，深深影響了一代又一代人的成長。「文藝為工農兵服務」明確成為長影電影的藝術綱領，像片頭工農兵塑像廠標那樣，持久地放射光芒。在長影的歷史中，人民英雄的大量出場改寫了過去壓抑和痛苦悲劇的人民形象，旗幟鮮明地創立了一個彪炳千秋的「工農兵電影流派」。這一流派從長影發起，進而影響蔓延至全國，成為長達幾十年的創作潮流。在藝術追求上，長影回歸了人民，回歸了生活，抒寫了偉大的時代信仰。長影的藝術風格和藝術傳統仍然是當今發展的無價之寶，充滿了自信、向上、樂觀、忠誠的精神，涉及了新中國作為一個

▲ 電影《董存瑞》劇照

▲ 長影世紀城

現代民主國家主題的諸多方面，如《白毛女》的解放敘事，《英雄兒女》《董存瑞》《平原游擊隊》的英雄敘事，《五朵金花》《冰山上的來客》《蘆笙戀歌》的民族敘事，《我們村裡的年輕人》的新生活敘事，《開國大典》《重慶談判》的國家歷史敘事，《創業》的工業敘事，《男婦女主任》《喜蓮》的新農村敘事，還有《人到中年》《蔣築英》的知識分子敘事，都打下深刻的時代印跡。

　　長影的電影插曲讓人記憶深刻，主要有《冰山上的來客》中的《花兒為什麼這樣紅》、《英雄兒女》中的《英雄讚歌》、《祖國的花朵》中的《讓我們蕩起雙槳》、《上甘嶺》中的《我的祖國》、《五朵金花》中的《蝴蝶泉邊》……它們都是被全國人民廣為傳唱的經典曲目。長影在二十世紀八〇年代擁有全國之最的七個攝影棚，擁有亞洲最大的洗印車間，擁有亞洲面積最大的道具庫。至今長影已經生產了七百多部故事片、五十多部戲曲片和近八百部的譯製片，成為中國最為矚目的電影藝術寶庫。在二十世紀五六十年代長影生產的影片占全國影片的三分之一，就是八〇年代也占全國六分之一，其中獲獎影片占三分

▲ 省圖書館大樓

之一，現在的長影是中國三大電影製片基地之一。長影的影片率先在國際電影節上獲獎，在二十世紀五〇年代曾多次獲得捷克斯洛伐克卡羅維窯發利電影節的獎項。《中華女兒》影片在一九五〇年榮獲了卡羅維窯發利國際電影節自由鬥爭獎。《鋼鐵戰士》影片榮獲了卡羅維窯發利電影節劇本獎。《白毛女》影片在一九五一年榮獲了卡羅維窯發利國際電影節特別榮譽獎。《內蒙人民的勝利》影片榮獲了卡羅維窯發利國際電影節編劇獎。在全國各地先後建立的電影製片廠中，很多演員、攝像、美工等人，都有在長影工作過的經歷，這些人都自豪地說：「哪裡有電影哪裡就有長影人！」長影精神在全國遍地開花。

改革開放以來，長春的物質文化和精神文化建設取得了歷史性的飛躍。進入二十一世紀後，經過改革開放三十多年的物質積累，雄厚的文化基礎使長春成為全國首批創建國家公共文化服務體系示範區城市。二〇一一年七月至二〇一三年六月，長春市創建國家公共文化服務體系示範區工作從籌備申報到頒牌，歷經兩年十個月。長春市興辦的圖書館、博物館、文化館（站）、科技館、群眾藝術館、美術館等，都是為群眾提供公共文化服務的單位。經過兩年時間的創建，長春市已基本建成公共文化設施服務網絡，創建國家公共文化服務體系示範區網站。大型文化設施有圖書館、藝術文化館，主要分布在市縣；縣以下文化設施為綜合性文化站，主要分布在縣以下的鄉、鎮、村。文化設施

建設都參照國家標準嚴格執行，《長春公共文化設施網絡服務指南》中包括大型文化設施服務指南、縣級以下公共文化設施服務指南。廣大市民可以共享改革開放成果，讀書、看報、聽廣播、看電視、參與和鑑賞文化活動的權益得到有力保障。

　　文化產業產生於現代工業化的大環境，當文化變成集團式經營的時候，文化的力量前所未有地彰顯出來。在這樣的背景下，長春誕生了一批頗具文化和經濟實力的文化產業，主要有吉林歌舞劇院集團有限公司、長春動漫產業、長春萬達國際電影城有限公司、長春吉廣傳媒集團有限公司、吉林東北亞文化創意科技園等。吉林歌舞劇院集團有限公司是由吉林省歌舞團、吉林市歌舞團和東方大劇院整合組建而成，它的成立標誌著吉林省藝術院團體制改革邁出關鍵的一大步。推行市場化運作機制後，吉林市歌舞團創作出大量優秀歌舞作品，曾連續多年參加中央電視台春節晚會等大型演出，打造出具有全國知名度的文藝院團品牌。長春的動漫產業屬於新興產業，吉林動畫學院是全國最大的動畫學院，是動漫人才培養基地。吉林動畫學院與長春高新技術產業開發區聯合成立了動漫遊戲原創產業園，其包括的動漫企業主要有吉林動漫集團和吉林銘諾文化傳播有限公司。吉林動漫集團成功打入了亞歐美二三維動畫、FLASH 動畫、FLASH 遊戲、手機動漫和手機遊戲的加工與發行市場，建立了自主的海外業務渠道。吉林銘諾文化傳播有限公司曾製作了動畫片《妙想總動員》《霹靂樂翻天》《少林海寶》《和家有樂之動漫說法》《鮑爾歷險記》等，其產品分別獲得國家和國際獎項。長春萬達國際電影城是由大連萬達集團投巨資建立的，是一個具有五星級現代化的多廳影城。萬達國際電影城作為各地萬達商業廣場內的固定業態之一，開闢了中國電影產業鏈終端產品的全新經營模式——國際級現代化多廳影城。新的經營模式給中國的電影娛樂市場帶來經營上、技術上以及理念上的革命，促進已有百年歷史的中國電影產業新的騰飛及發展。

　　吉廣傳媒集團有限公司主要業務有廣告策劃執行、媒介推廣、影視製作、精品印刷、高清噴畫、展覽展示等內容，擁有國際先進製作設備，是令人矚目

▲ 吉林省動畫學院

的文化產業集團。吉林東北亞文化創意科技園是集動漫遊戲、軟件及服務外包、創意設計、金融投資、教育培訓、新媒體等企業近二百家，初步形成具有較高科技含量和文化創意特質的核心產業體系。

長春群眾文化的發展壯大，從根本上改變了長春文化的傳統格局，積極影響了長春民眾人格塑造和長春發展面貌。社區是長春群眾文化的主陣地，對於繁榮發展群眾性文化發揮著基礎性、根本性的作用。群眾文化活動形式多樣，各級基層組織鼓勵熱心於文化的居民成立文藝社團，積極開展自編自導自演各種小型文化活動。如長春市寬城區先後組建各類文化社團三十七個，包括民樂團、舞蹈團、合唱團、秧歌腰鼓隊等，深入居民樓院開展「心連心」藝術巡演，他們拿起琴、跳起舞、提起筆，充分抒發對黨、對祖國、對美好生活的一片熱愛之情。公園廣場是群眾文化活動的重要舞台，長春堅持把公園廣場建設

作為文化建設重要舉措，納入生態建設重要內容，努力滿足群眾文化生活需要。如寬城區對中心公園、都市森林公園、園林景觀公園、君子蘭主題公園等進行了有計劃地翻修改造，構建了群眾文化活動的基礎平台，讓公園廣場成為全區群眾文化的一道靚麗風景。機關幹部是群眾文化活動中最為活躍、最有影響力和帶動力的群體，廣大幹部職工經常性開展文化活動，如：在長春改造大鐵北以來，寬城區舉辦了一系列豐富多彩的機關文化活動，有「央視中華情‧魅力寬城」大型演唱會、一年一度迎新春聯歡會。

群眾文化活動的品位逐年提高，如二〇一二年九月二十五日，由中共朝陽區委宣傳部、朝陽區文聯等單位聯合主辦了「丹鳳朝陽‧月滿中秋」二〇一二年中秋詩會，以月為主題，讓長春市民共同體會中國傳統文化和傳統節日的無窮魅力。二〇一三年四月二十八日，在長春文化廣場，朝陽區各界人士五百餘

▲ 市民文化

人參加由朝陽區委宣傳部、朝陽區總工會、朝陽區文聯、朝陽區文體局共同主辦，朝陽區文化館等單位協辦的《勞動者之歌》晚會，通過文藝演出的形式展現朝陽區百姓的幸福生活。

二〇一三年九月七日，在長春市文化廣場舉行吉林省暨長春市百姓健康舞會演活動。這次活動由中國舞蹈家協會、吉林省文學藝術界聯合會、吉林省文化廳主辦，吉林省舞蹈家協會、長春市文化廣電新聞出版局承辦，長春市群眾藝術館協辦，共有來自長春

▲ 異彩紛呈的群眾文化

市二十四支會演隊伍兩千零八十名廣場舞愛好者參加表演，這是吉林省近年來規模最大的一次群眾性活動。二〇一四年九月十七日，「吉林省老年大學書畫研究會創作基地」揭牌儀式暨書畫作品進樂山農家筆會在樂山鎮樂府生態園舉行，省老年大學書畫名家現場揮毫潑墨，進行創作，並向樂山鎮代表農民贈送了書畫作品。

在長春的群眾文化活動中，興起了一批民間的文藝團體。從二〇一二年開始，吉林省嘗試建立民間民營演出聯盟，極大激發了大眾的創作熱情。目前吉林省民營院團有三百多家，除了東北風文化傳播公司、中箏集團等實力雄厚的民營企業外，還有數量眾多的民間小社團，主要有泰友曲藝社、魔術協會、三四劇社、京劇票友會、聲樂協會等，囊括了歌舞、戲劇、聲樂、曲藝、相聲、魔術、跑酷等多種藝術樣式。吉林省民間民營演出聯盟的成立，為草根文藝團體的發展提供了良好平台。

▲ 少數民族抒發情懷

豐富多彩的鄉村文化是新農村建設的重要支撐。長春地區打造歡樂莊稼院、農村文化大院、農家書屋，舉辦農村文化藝術節。每逢節假日，農民都會自發組織起來，敲起鼓，扭起秧歌，唱起二人轉，唱響新農村建設給生活帶來的巨大變化。二〇一〇至二〇一三年，黃龍府文化藝術節連續舉辦了四屆。在各屆黃龍府文化藝術節上，都以黃龍府本土特色文化為主線，其中國家級非物質文化遺產黃龍戲的表演，既有傳統劇目，又有新排劇目上演，可謂好戲連台。

　　在群眾文化活動中，在校學生也是重要的組成力量，如長春 57 中學的特色舞龍腰鼓，舞姿剛勁奔放，動作豪邁粗獷，充分體現出長春人對待生活的熱情與執著。該校代表吉林省參加了第二屆全國舞龍大賽，榮獲全國第四名的好成績。朝氣蓬勃的學生是長春大眾文化的繼承者和發揚者。

　　長春市素有科技文化城之稱，「文化」含量的豐富與厚重主要從長春的各種別稱中體現出來。長春市除了汽車城、電影城的稱號外，又逐年增添了客車城、大學城、森林城、雕塑城、動漫城等新的別稱，這些別稱為「長春」之名增添了新的註解。長春市委、市政府大力實施文化興市，用社會主義核心價值觀引領文化大發展大繁榮，倡導「創新、公正、包容、守法、誠信」的價值取向，大力弘揚「寬容大氣、自強不息」的城市精神，向著「把長春建設成為東北亞現代文化名城」的目標邁出堅定紮實的步伐。

第二章

——

文化事件

　　長春歷史上曾是少數民族的游牧之地，直到近代才逐漸由游牧文明向農耕文明過渡，現代化的建設起源於二十世紀三〇年代，新中國成立後進入快速發展時期。在長達數千年的地區發展歷程中，特別是在二百餘年的建城史上，長春發生了眾多影響這座城市文化演進的事件。所有文化事件都是這座城市一個個特有的亮點，將這些亮點串聯起來，形成了長春文化發展的路線圖，推動著長春從古代向今天走來。

乾隆長春賦詩

乾隆在吉林省賦詩很多，在吉林較早的地方志《吉林外記》中有很多記載，主要有《御製松花江放船歌》《柳條邊》《碧柳圖》《入伊屯邊門》等等，

其中《入伊屯邊門》即是在長春所作。乾隆十九年（1754年），歲在甲戌，乾隆巡幸關東，曾駐蹕在伊通河邊門，詩興大發的乾隆寫道：

> 部落行將遍，吉林望不遙。
> 迎人山色近，礙路漲痕消。
> 樹野經楓葉，邊牆近柳條。
> 初來原故土，所遇匪新招。
> 瞻就心何切，勤勞意豈驕。
> 省方逢大吉，寶穡報豐饒。
> （《入伊屯邊門》）

▲ 乾隆畫像

乾隆幾次在夏季到長白山祭祖都途經長春伊通河畔。長春的氣候比盛京涼爽，風景宜人，每次到這裡都讓乾隆龍心大悅，興致極高的乾隆還曾寫下「長白千載古錫州，春光無限在寬城」的詩句。從詩中可以感受到乾隆對故土的熱愛和眷戀，這也是他幾次來到長春的原因。乾隆的兒子嘉慶登基後去長白山祭祖，來到這個驛站時感到這裡的氣候涼爽舒適，對長春留下了深刻印象。嘉慶五年（1800年）設立地方行政機構時，嘉慶憶起父皇乾隆帝所做詩句，便取詩中第一句的兩字設「長春廳」。一八六五年長春開始建築城垣，占地五公頃，到一八八三年，長春人口達九萬餘人。

長影創造了新中國電影史上七個第一

第一部新聞紀錄片《民主東北》。一九四七年五月至一九四九年七月攝製。影片共編輯了十七集，真實地記錄了遼瀋、平津兩個具有決定意義的偉大戰役部分實況，記錄了東北解放區人民群眾加緊生產、支援前線，人民軍隊幫助群眾發展生產的歷史功勛和新的生活風貌。影片中有關戰爭的珍貴歷史鏡頭都是前方攝影隊隨軍拍攝下來的，青年攝影師張紹柯、楊蔭萱、王彭安在前線光榮犧牲，他們用自己的熱血澆灌新中國電影之花。影片放映後，反映強烈：「沒想到八路軍共產黨能拍攝出這樣真實的電影。」毛澤東等黨中央領導在西柏坡看完此片後，讚揚說:「仗打得好！片子拍得也好！」影片先後在蘇聯和朝鮮放映，還在一九五〇年七月捷克卡羅維‧發利第五屆國際電影節獲榮譽獎。

第一部木偶片《皇帝夢》。一九四七年十一月出品。生動地揭露國民黨政府的黑暗和腐敗，歌頌人民群眾的偉大力量。影片採用傀儡戲的誇張諷刺手法，運用京劇場景和唱腔，配以解說和人物對白，主題鮮明，構思巧妙，富有民族藝術特點和藝術感染力。

第一部短故事片《留下他打老蔣》。一九四八年二月出品。影片取材自當時的一則新聞報導，這篇報導描寫人民解放軍一個剛剛參加革命的小同志，因擦槍不慎走火，打死了一個老農民的兒子，當部隊組織決定嚴肅軍紀時，老農民卻跑來說情：「不要槍斃小鬼，讓他去打蔣介石反動派吧！」老農民的話感動了所有群眾，他們一致要求把小同志留下。後來小鬼果然到了戰場，立了戰功，受傷住院時老農民去醫院探望。影片就是以這個鏡頭為切入點，用倒敘的方法展開故事情節，生動表現了人民軍隊和人民群眾的魚水深情。

第一部科教片《預防鼠疫》。一九四八年夏出品。針對日本帝國主義曾在東北祕密試驗細菌武器，致使某些地區鼠疫災害盛行的實際，運用通俗易懂的方法，介紹了鼠疫的危害和當時條件下幾種簡便易行的預防辦法，如煮沸消

毒，藥物消毒，火燒滅蚤等。影片寓意日本鬼子就是災害，老鼠過街，人人喊打，對於抗擊日本帝國主義的細菌戰，撲滅鼠疫起到了重要的宣傳作用，同時開創了新中國科教電影創作的先河。

新中國第一部動畫片《甕中捉鱉》。一九四八年十二月出品。影片由朱丹編劇、方明導演兼動畫設計。該片描寫了蔣介石在美帝國主義的支持下發動內戰，但在人民力量的打擊下最終失敗，好似鱉在甕中一樣。影片想像豐富，巧妙誇張，達到相當高的藝術水平。這部十分鐘的短片，由美工科十位同志工作一百五十三天，繪製原畫八千三百七十張、背景八十五張、著色八千一百九十六張、描線八千二百二十六張、拍攝膠片八百一十米。放映時觀眾笑得前仰後合，掌聲不斷。

新中國第一部長故事片《橋》。一九四九年五月出品。影片是新中國電影的奠基開山之作，描寫東北解放戰爭時期，為修復被戰爭破壞了的橋梁，東北某鐵路工廠克服重重困難，使大橋勝利通車，支援瞭解放戰爭。周恩來總理看了《橋》以後，熱情地同導演王濱和主要演員王家乙、陳強、張平一一握手，興奮地說：「感謝你們，我們有了自己的電影。」《橋》在新中國電影史上又占多個第一：第一部長故事片；第一部寫工農兵，給工農兵看的人民電影；第一部以工人階級為主人公的電影；第一部體現執政黨對知識分子政策的電影等等。

新中國第一部譯製片《普通一兵》。一九四九年五月出品。當年，東北解放區上演大量的蘇聯革命影片，急需華語對白，袁乃晨挑起翻版片這個大梁。蘇聯原版片《亞歷山大‧馬特洛索夫》，後譯名《普通一兵》。影片根據蘇聯衛國戰爭中為國捐軀的列兵亞歷山大窯馬特洛索夫的事蹟創作的。戰士衝向敵人碉堡時高喊：「烏拉！」俄文意思是萬歲，上過戰場的袁乃晨果斷地把「烏拉」配成：「衝啊！」口型相近又符合劇情，中國人聽上去更習慣。從此，略帶東北味，自然樸素毫不造作的配音成為長影一貫的配音風格。影片上映後引起巨大轟動。在抗美援朝期間，湧現出黃繼光等馬特洛索夫式的英雄人物。

長影享有「國禮」待遇

　　長影享有「國禮」待遇，這是在新中國電影史上前所未有的。一九五八年二月十四日，毛澤東主席身著灰色大衣，健步走進長影大樓，早已在走廊等候的職工們看到敬愛的領袖真的出現在面前，激動得不知怎樣才好，只有「毛主席萬歲」的歡呼聲迴蕩在整個環形大樓裡。毛澤東來到第六攝影棚，當時是蘇里導演拍攝電影《紅孩子》的現場。毛澤東在和扮演細妹子的小演員寧和合影時，看到拍攝新聞紀錄片的攝影師開動機器，他笑說：「不要把我當戲給拍進去呦。」毛澤東又來到第一攝影棚，這是袁乃晨導演拍攝電影《懸崖》現場，扮演生病漁民的演員劉世龍立即從「病床」上站起來，搶著同主席握手說：「主席一來，我的病就好了。」毛澤東說：「我有這麼大的本領呀。」在混合錄音室時，毛澤東親切地與為秦腔戲曲影片《火焰駒》前期錄音的演員交談說：「你們是從陝西來拍電影的，很好啊。」長影也成為毛澤東主席一生中視察的唯一的一座電影製片廠。

　　一九六二年六月十七日，敬愛的周恩來總理與鄧穎超一同來長影視察。周恩來在第二攝影棚看了排練舞台劇《霧重慶》時說：「演員要長期培養，梅蘭芳在晚年時嗓子還能提上一個調，那是長期鍛鍊的結果。」在第一錄音室，周恩來觀看了林農導演的《甲午風雲》的樣片，但還沒有配音樂，總理說：「電影音樂不要喧賓奪主，不要賣弄音樂，應該突出影片的人物形象和語言。」在第三錄音室，周恩來看過一段譯製影片《盲人音樂家》錄音後高興地說：「很好，很好嘛，你們辛苦了，你們都是幕後英雄。」

　　一九六四年七月十日，鄧小平同志親臨長影視察。在第十二放映室，他認真地審看了剛剛攝製完成的故事影片《兵臨城下》。《兵臨城下》經過編劇白刃在原作基礎上的重要修改，導演林農的二度創作，從一個全新的角度展現了中國人民解放軍在東北解放戰爭最後階段的勝利，表現瞭解放軍利用敵軍內部

▲ 毛澤東視察長影

矛盾進行分化瓦解等政治思想攻勢的威力。鄧小平在聽到相關領導對這個過程的匯報後不住地點頭。

　　一九九一年一月十一日，江澤民總書記冒著嚴寒到長影視察。按照總書記要求，他們從機場乘車到長春後第一站就是長影。在與部分藝術家會面時，江澤民如數家珍地點出了著名演員琳瑯出演的幾部影片。琳瑯說：「我盡演壞人了。」江澤民說：「壞人演得越壞，大家越恨，就演得越成功。我是搞工業的，但對文藝很愛好，長影拍出很多好影片，在全國人民心目中印象都很深。你們資格老，陣容強大，祝願你們拍出更多更好的影片。」江澤民還應邀為長影揮筆題詞：發揚長影的優良傳統，為中國電影事業做出新成績。江澤民總書

記臨上車時，對長影領導說：「實在很忙，不能和全廠同志們見面了，請你們務必轉達我對全廠同志的問候。」

二〇〇八年二月三日，溫家寶總理踏著積雪到長影視察。他對長影近幾年在深化文化體制改革等方面做出的成績給予充分肯定：「長影過去創造過新中國歷史上很多個第一，如今正在用實際行動創造新的輝煌。」總理談到近幾年國產影片票房連續超過進口大片時，很有信心地說：「電影人要堅持為生活而藝術，為發展而藝術，為人民而藝術；要堅持用心思考，用心做事，用心寫文章，用心創作和表演。在藝術創作上面要倡導真實、真摯、真誠、真切。」

新中國成立以後，朱德、董必武、葉劍英、陳雲、陳毅、賀龍、鄧穎超、李先念、陸定一、彭真、劉伯承、羅瑞卿、徐向前、余秋里、彭沖、陳慕華、萬里、鄧力群、王任重、胡喬木、薄一波、李德生、姚依林等老一輩無產階級革命家，都曾經到長影視察。在新的歷史時期，喬石、李瑞環、李嵐清、丁關根、李鐵映、錢其琛等領導人也先後到長影視察，帶來了黨和國家對長影以及電影事業的關懷和期望。時任中共中央政治局常委的李長春幾次到過長影，二〇〇九年三月，他在參加全國人大會議吉林代表團審議時深情地說：「長影這面旗幟不能倒，它是新中國電影的搖籃，很多知名電影工作者都有在長影工作的經歷。現在電影產業發展態勢十分迅猛，各個電影製片廠都發展很快，不要因為長影地處東北就被邊緣化。」李長春希望長影通過改革能夠拿出一批在全國具有競爭力和影響力，並且能走向國際市場的優秀影片。他激勵長影負重前行，再續輝煌。

共和國幾代領導人分別來到電影製片廠視察並給予鼓勵，這一榮譽只屬於長影。

第一家電影頻道開播

　　電視興起對中國電影業產生了巨大的衝擊，電視和電影真的就是勢不兩立嗎？長影頻道的成立打破了這種對立關係，電視和電影被有機地結合在一起，電視和電影成了同盟關係。長春電影頻道是專業電影頻道，二〇〇四年開播，從「我的家庭影院」到「電影娛樂主題頻道」，實現的是突齣電影特色又雜糅時尚前衛理念的頻道總體風格。長影頻道充分利用長影的片庫資源、全球的採購網絡以及與 CCTV6 和全國多家電影專業頻道進行片源互換等方式，每天播出多部國內外的精彩大片，還有各類紀錄片、專題片、動畫片、美術片等。長影頻道以充足的片源，二十四小時全天候的播出方式，不僅滿足了各個層面收視群體不同的欣賞需求，還培養了自己固定的收視群體。長影頻道還創辦了自己的電影文化欄目，成為長影頻道特色傳播的重要載體。二〇〇八年，長影頻道又推出了《我的電影》和《一生要看的一百部電影》兩檔自辦的電影參與性、欣賞性新節目，取得了廣泛的社會認可與知名度。

▲ 長影頻道

▌長春萬達影城進入中國影院「十強」

　　長春擁有良好的電影文化基礎，過去老電影院已經成為歷史的記憶，新型的電影放映院線在長春興起。長春萬達國際影城、新天地電影院、人民電影院、文化宮電影院等大型現代化多功能、多廳電影院迅速崛起，重新喚起老一代長春人的觀影習慣，並在潛移默化中培養了新一代電影觀眾，其中萬達影城成為眾影院的佼佼者。

▲ 長春萬達影城

　　長春萬達院線於二〇〇六年四月落戶長春，二〇〇七年票房兩千六百萬元，觀眾一百萬人次，多次進入中國城市影院十強排行榜，成為東北三省票房業績和觀眾人氣第一的影院，也是中國千家城市影院排行榜十強影院。二〇〇

八年，萬達電影院線把世界上最頂尖的 IMAX3D 立體影院引入長春，連續開設四座國際影城，引爆了一個需求巨大的文化消費市場，帶動了長春市民消費方式甚至生活方式的轉變，二〇〇八年僅萬達的票房就超過四千三百萬元，觀眾人數也從二十五萬人次激增到一百六十萬人次，二〇〇九年票房達到了八千萬元，三年多激增近十五倍。長春有很多喜愛電影的觀眾，影院在他們的支持下煥發了新的生機和活力。

▲ 火爆的影城

電影《創業》引發的轟動

《創業》是長春電影製片廠恢復創作後拍攝的一部故事片，是二十世紀七〇年代中期，百花凋零的電影園地中迎風傲立的一株蠟梅。

▲ 電影《創業》海報

一九七四年，時任石油部部長余秋里受周恩來總理的委託，指示長春電影製片廠拍攝一部以反映大慶石油會戰為題材的電影。長影接到指示後，迅速組織由謝鐵驪任組長的《創業》籌備小組，由導演《蘆笙戀歌》《節振國》等影片的于彥夫執導（華克為副導演），著名編劇張天民負責劇本的寫作。這部影片以鐵人王進喜為原型、以大慶石油會戰為題材，真實地再現了當年大慶創業時的艱難和石油工人的風貌。這部影片在全國公映後，立即引起轟動。七月二十五日，毛澤東主席對電影《創業》做出過專門批示。電影《創業》中周挺杉這個以鐵人王進喜為原型的人物形象，用他火辣辣的堅毅品質，成為一代中國人奮起精神的代名詞，也體現了長影人捍衛電影創作權利的「創業」精神。

中國四大電影節之一──長春電影節

中國長春電影節與金雞百花電影節、上海國際電影節、珠海電影節並稱為中國四大電影節。

中國長春電影節創辦於一九九二年，每兩年舉辦一屆，由中華人民共和國廣播電影電視部、吉林省人民政府、長春市人民政府主辦，長春市人民政府、廣播電影電視部、電影事業管理局、吉林省文化廳、中國電影發行放映輸出輸入公司、中國電影合作製片公司和長春電影製片廠聯合承辦，是具有國際性的國家級電影節。

電影節的宗旨是：友誼、交流、發展。旨在繁榮華語影視創作、弘揚優秀民族文化。電影節評獎委員會由華語電影界知名人士和相關專家組成。

中國長春電影節已經成功舉辦了十一屆，走過二十二年的歷程。二十二年裡，電影節共評選出「金鹿獎」等各類獎項一百多個，舉辦大型群眾電影文化活動兩百多場（次），兩千多位電影界知名人士和七百多萬長春市民現場參與了電影節活動。電影節評獎委員會由華語電影界知名人士和相關專家組成，像謝晉、謝鐵驪、陳凱歌、于洋、王曉棠、姜文、濮存昕、侯勇、吳思遠、爾冬升、鄭佩佩、李行、王思懿，美籍華人盧燕、陳逸飛等人都曾擔任過電影節評委。

中國長春電影節的大獎名為「金鹿獎」，共設十二個獎項，即最佳華語故事片獎、最佳導演獎、最佳男主角獎、最佳女主角獎、最佳男配角獎、最佳女配角獎、最佳攝影獎、最佳音樂獎、最佳新人獎、最佳數字電影獎、最受群眾歡迎影片獎及評委會特別獎。作為第一個世界華語電影評獎賽事，參賽參展的電影來自內地和港、澳、台地區以及新加坡、馬來西亞、印度尼西亞等世界主要華語影片生產地。著名影星潘虹、梅豔芳、吳倩蓮、趙薇、李幼斌、郭富城、馬伊俐等人榮膺長春電影節影帝、影后。電影節活動豐富多彩，主要有參

賽參展影片展映、華語新片首映式、著名影星電影回顧展、電影論壇、中外影星聯誼會等。最受歡迎的外國電影週曾經舉辦過俄羅斯、法國、美國、日本、韓國、澳大利亞等國的影展。

電影節期間的群眾電影文化活動是中國長春電影節的一大特色，主要有露天電影放映、農村電影大集、校園電影文化週和劇組影星見面會、電影知識大賽、電影歌曲大賽、電影模仿秀和主題評選活動，讓電影以人們最喜聞樂見的方式，成為普通百姓的節日。

長春電影節成為華語電影界的一項重要品牌活動。二〇〇六年，中國長春電影節被國際節慶協會評選為「中國最具發展潛力的十大節慶活動」，被人民網評為「改革開放三十週年全國最具影響力的展會」，二〇一二年中國長春電影節被評為「二〇一二中國十大影響力節慶」。長春電影節為中國電影事業的振興做出了重要貢獻。

▲ 長春電影節

表現普通人夢想的中國長春微電影文化節

　　微電影是互聯網時代的產物。微電影的特點在於：微時長、微製作、微投資。它以其短小、精練、靈活的形式風靡於中國互聯網。微電影作為一種新的藝術傳播形式，不受任何條條框框的束縛，是個人自拍的隨性表達，在年輕人中甚為流行。

　　二〇一一年長春舉辦首屆微電影節，中國城市微電影系列活動由中國廣播電影電視報刊協會、中國電影股份有限公司、中國電影資料館、中國網絡電視台、國家廣電總局電影頻道電影網、廣西電視台等單位聯合主辦，全國一百多家各級廣播電視台及報刊單位協辦、十大國有電影製片廠、數十家國內外知名網絡公司、廣告公關公司、傳媒影視公司積極參與。舉辦一年度微電影盛事旨在踐行「中國夢」理念。城市微夢想活動將對微電影市場規範化，培養影視人才，探索中國城市形象新的宣傳模式，促進城市文化創意產業發展，打造微電影產業鏈發揮重要作用。城市微電影系列活動每年舉辦一屆，活動由啟動儀式、全國城市作品徵集、城市微電影巡展、活動開幕式、衛視大型真人秀欄目、城市微電影優秀作品評選、活動閉幕式及頒獎典禮、優秀作品衛視展播等環節組成。

　　「中國城市微電影系列活動主形象」主要選用了「嫣紅」「黑色」「金黃」作為主色調。美麗而又神祕的「嫣紅」代表了對愛的虔誠、光明與夢想。膠片「黑」是電影的符號，也是生活與造夢的象徵；而鱗次櫛比的高樓則代表了中國正在不斷建設和發展中的二百八十三座城市。「金色」代表著夢想，一個人的微夢想，鑄就了城市夢；無數人的微夢想，鑄就了中國夢。中國城市微電影系列活動，重心在於搭建微電影與城市的連接平台，展現城市風貌，反映貼近百姓生活的事件。微電影活動以「聚焦微影像、見證中國夢」為口號，旨在用城市微電影來表現普通老百姓的夢想，展示真善美，反映城市的夢想，最終匯聚成「中國夢」。

吉林大學建校

　　吉林大學坐落在長春市，是教育部直屬的一所全國重點綜合性大學，1995年首批通過國家教委「211工程」審批，2001年被列入「985工程」國家重點建設的大學之一。

　　吉林大學於2000年6月12日由原吉林大學、吉林工業大學、白求恩醫科大學、長春科技大學、長春郵電學院合併組建而成。2004年8月29日，原中國人民解放軍軍需大學併入吉林大學。合併前的六所學校，都有著光榮的歷史。原吉林大學的前身是始建於1946年的東北行政學院，1950年更名為東北人民大學，1952年經院系調整成為中國共產黨親手創建的第一所綜合性大學，1958年更名為吉林大學。1960年，吉林大學被列為國家重點大學。學校多年來為國家培養了大批優秀的高素質人才，取得了許多重大的高水平科研成果，是國家基礎科學研究和高層次人才培養的重要基地之一。原吉林工業大學的前身是始建於1954年的長春汽車拖拉機學院，1958年更名為吉林工業大學，是一所以汽車和農機為優勢，工、管、理、文相結合的多學科全國重點大學，是中國汽車工業和機械工業培養高層次人才的重要基地之一。

　　原白求恩醫科大學的前身是創建於1939年的晉察冀軍區白求恩衛生學校和第十八集團軍衛生學校。1948年與北方大學醫學院合編為華北醫科大學，1951年命名為中國人民解放軍第一軍醫大學，1959年更名為吉林醫科大學，1978年更名為白求恩醫科大學。學校為國家培養了大批醫學人才，造就了許多著名的醫學專家，取得了豐碩的科研成果。原長春科技大學的前身是創建於1951年的長春地質專科學校，1952年院系調整時成立東北地質學院，1958年更名為長春地質學院，1997年更名為長春科技大學，是一所辦學特色鮮明的多學科全國重點大學，為國家培養了大批礦產資源普查、勘探、開採、保護和綜合利用方面的人才，並豐富了中國地球科學的理論研究。原長春郵電學院是

▲ 吉林大學

中國東北地區唯一一所信息通信類工科高等學校。學院於一九四七年創建於黑龍江省佳木斯市，一九五五年更名為長春電信學校，一九六〇年更名為長春郵電學院，是一所辦學條件較為完善，發展勢頭較好的學校，為國家培養了一批又一批信息通信類人才。原中國人民解放軍軍需大學的前身是創建於一九五三年的中國人民解放軍獸醫大學，一九九二年更名為農牧大學，一九九九年更名為軍需大學，是一所以軍事獸醫教育和軍事後勤教育為特色的高等軍事學校，培養了大批高素質的軍事後勤人才。

　　吉林大學學科門類齊全，涵蓋哲學、經濟學、法學、教育學、文學、歷史學、理學、工學、農學、醫學、管理學、軍事學、藝術學等全部十三大學科門類。設有本科專業一百二十七個，一級學科博士學位授權點四十四個，碩士學位授權點二百九十九個，博士學位授權點二百三十七個，博士後科研流動站四十一個。有一級學科國家重點學科四個（覆蓋十七個二級學科），二級學科國家重點學科十五個，國家重點（培育）學科四個。

學校師資力量雄厚，有教師六千五百六十八人，其中教授兩千零五十八人，博士生指導教師一千一百八十六人，還有中國科學院和中國工程院院士二十四人（雙聘十五人），哲學社會科學資深教授六人，國務院學位委員會學科評議組成員十八人，中央馬克思主義理論研究和建設工程項目首席專家五人，國家「973」計劃（含重大科學研究計劃）項目首席科學家五人，國家有突出貢獻的中青年專家十三人，國家傑出青年基金獲得者二十八人。教育部「長江學者獎勵計劃」「長江學者和創新團隊發展計劃」入選者三十二人。

　　學校現有教育部人文社會科學重點研究基地六個，新一輪「985 工程」學科建設項目二十四個，國家工程實驗室一個，國家重點實驗室六個，教育部重點實驗室十一個，其他部委重點實驗室二十三個。學校承擔了大量國家級和省部級科研項目，有一批產業化前景好、技術含量高的國家攻關項目、「863」項目、「973」項目等高新技術成果。

　　吉林大學是首批建立研究生院的二十二所大學之一，現已建立起學士──碩士──博士完整的高水平人才培養體系。在校全日製學生六萬八千九百五十七人，其中博士生、碩士生共兩萬四千零二十一人，本（專）科生四萬三千零

▲ 吉林大學校園一角

二十四人，留學生一千八百零二人，進修生一百一十人，另有成人教育學生八萬一千零三十七人，其中成人本（專）科生一萬四千五百九十五人，網絡本（專）科生六萬六千四百四十二人。

學校對外交流廣泛，校際合作緊密，已與美國、德國、韓國等三十多個國家和地區的一百八十七所院校和科研機構建立了合作交流關係。先後與德國圖賓根大學、荷蘭阿姆斯特丹大學、俄羅斯托木斯克理工大學、美國佛羅里達大學、加拿大滑鐵盧大學、韓國高麗大學等世界知名高等學府建立了校際關係。

校科技園已被確定為國家大學科技園。學校堅持「積極發展、規範管理、改革創新」的指導方針，積極引導和推動科技產業在規範管理的基礎上健康發展。組建成立吉林吉大控股有限公司，統一規範管理學校經營性國有資產。全面推進學校全資企業的改革，建立和實行現代企業制度。大力推進學校科技成果的轉化和產業化，長春吉大‧小天鵝儀器有限公司、長春電信工程設計院有限公司、吉林省吉大機電設備有限公司等一批產、學、研相結合的高科技公司已經崛起。

吉林大學校園占地面積六百多萬公頃，校舍建築面積近三百四十八萬公頃。現有六個校區七個校園，分布在長春市的不同方位。新鋪設的光纜和計算機網絡把所有校區連為一體，使網上辦公、遠程教育等更加便捷。學校在珠海市建珠海校區，占地面積五千公頃。學校圖書館各類藏書六百九十八萬冊，已被確定為聯合國教科文組織、聯合國工業發展組織和世界銀行的藏書館。經教育部批准建設的 CALIS 東北地區中心為全國七大中心之一。

吉林大學已成為中國目前辦學規模最大的高等學府，在人才培養、科學研究、學科建設、師資隊伍等方面呈現出更加廣泛的發展前景。到 2020 年，學校的奮鬥目標是努力建成國內一流、國際知名的高水平研究型大學。成為在國家和區域經濟社會發展中具有重要地位的高素質創新人才培養、高水平科學研究和成果轉化、高質量社會服務、先進文化引領的重要基地；成為讓學生全面發展、讓教職工引以為豪、讓社會高度讚譽、讓世界廣泛認同的大學。

中國共產黨在東北創辦的第一所綜合大學
──東北師範大學

　　東北師範大學是教育部直屬高校，國家「211 工程」重點建設大學。本部校區地處人民大街中段，淨月校區設在風景如畫的淨月潭旅遊開發區。學校占地面積一百六十七萬公頃，其中本部校區占地七十三萬公頃，淨月校區占地九十四萬公頃。

　　學校原名東北大學，建校於一九四六年，是中國共產黨在東北地區創建的第一所綜合性大學，一九四九年定址於長春。一九五〇年，根據國家教育事業發展的需要，易名為東北師範大學。東北行政委員會副主席張學良將軍的胞弟張學思為學校首任校長，著名教育家張如心、成仿吾、丁浩川等先後擔任學校主要領導職務。

▲ 東北師範大學

學校現有各類全日制在校學生兩萬五千二百一十八人，其中，本科生一萬四千七百一十九人，博士、碩士研究生共九千八百六十四人，外國留學生六百三十五人。學校二○○四年經教育部批準成立研究生院，學科綜合實力顯著提升。現有二十三個學院（部），六十八個本科專業，一百四十六個碩士學位授權點、一百零九個博士學位授權點、三十四個碩士學位授權一級學科，二十二個博士學位授權一級學科，十六個博士後科研流動站；一個教育博士專業學位點，十七個碩士專業學位點；一個國家「985 工程」教師教育優勢學科創新平台項目，五個二級學科國家重點學科，八個「211 工程」重點學科建設項目，二十一個「十二五」吉林省一級學科優勢特色重點學科；歷史、中文、生物等三個學科是國家文科、理科基礎學科人才培養和科學研究基地，學科點覆蓋了除軍事學和醫學以外的十一個學科門類，形成了綜合性學科格局。

　　東北師範大學擁有一批國內外著名的專家學者。在全校一千五百二十四名專任教師中有教授四百三十三人，副教授五百一十五人，現有本校在崗博士生

▲ 東北師範大學校園一角

導師二百七十六人。有享譽海內外的科學院院士和歷屆國務院學位委員會學科評議組成員十七人,「千人計劃」兩人,長江學者特聘教授七人,長江學者講座教授四人,國家傑出青年基金獲得者四人,國家級有突出貢獻中青年專家三人,中國科學院「百人計劃」入選者三人,教育部跨世紀(新世紀)優秀人才計劃入選者六十九人,國家級教學名師四人。

二○○六年至二○一二年底,學校共承擔省部級以上科研項目兩千六百餘項,科研經費總額五億六千五百萬元。其中人文社科領域承擔馬克思主義理論研究和建設工程項目、國家社科基金重大項目、教育部哲學社會科學研究重大課題攻關項目、教育部人文社會科學研究重點研究基地重大項目、新世紀優秀人才支持計劃、國家清史纂修工程項目及部委重大委託項目八十二項,自然科學領域承擔國家「863」和「973」計劃項目、教育部和科技部重大項目一百一十項。二○○六年以來,CSSCI 論文五千餘篇,SCI 論文數三千一百餘篇,二○○九年 SCI 論文被引用次數在全國高校排名第二十位。二○○一年以來,人文社科獲省部級以上獎勵七百九十九項,其中全國高校人文社會科學研究優秀成果獎三十二項,全國教育科學優秀成果獎十二項;自然科學獲省部級以上獎勵共七十九項,其中國家級獎勵四項(合作三項),部級獎勵十八項(合作一項),省級獎勵五十七項(合作十八項)。

學校建有兩座圖書館,總建築面積三萬八千三百公頃,紙質藏書量約三百四十三萬冊,電子圖書一百三十四點八萬冊,閱覽座位五千一百五十四個;有較完善的數字圖書館平台,館藏各類電子資源 187.5T,擁有各種數據庫一百一十七個,其中自建數據庫二十個;有近九百台計算機供學生檢索和瀏覽網上文獻,是國內高校圖書館中藏書豐富、現代化程度較高的大型圖書館之一。學校建有自然博物館,總建築面積一萬六千七百公頃,收藏自然標本近九萬件,是面向社會開放,集科普教育、收藏研究、文化交流、智性休閒於一體的綜合性自然博物館,一九九九年被中國科學技術協會認定為「全國科普教育基地」,二○○○年被長春市教育委員會認定為「長春市中小學生科技活動基

地」，二〇〇七年被吉林省科技廳認定為吉林省科普基地，同年被共青團吉林省委、吉林省教育廳等七家單位共同認定為「吉林省青少年新聞小記者培訓基地」，二〇〇八年被國家文物局評定為國家一級博物館，二〇一〇年被國家環保部評為「國家環保科普基地」。

學校注重開展廣泛的國際合作與交流，已經先後與美國、加拿大、日本、英國、韓國、澳大利亞、俄羅斯等三十多個國家和地區的二百二十七所大學和科研機構建立了合作與交流關係，開展了一系列重要的交流合作項目。二〇〇〇年以來學校聘請了長期外籍專家學者七百零二人來校授課，先後聘請了以諾貝爾獎獲得者楊振寧教授為代表的二百七十二名外籍專家學者為名譽教授、客座教授。近五年派遣教師出國訪學、進修，開展國際學術交流達八百七十五人次。近年來，舉辦了八十多個國際性和區域性學術會議，開展了多項重大合作研究，促進了學校的建設發展，擴大了學校的影響和國際知名度。學校分別在韓國東亞大學、西班牙巴倫西亞大學、美國阿拉斯加大學安克雷奇分校、加拿大聖力嘉學院建立了孔子學院，在蒙古國立教育大學建立了孔子課堂。為進一步推廣中國語言文化及學校師範教育經驗，國家漢辦和國務院僑辦分別在學校設立了「國際漢語教師培訓基地」「華文教育基地」和「教育援外基地」。

邁進新的世紀，東北師範大學正按照「充分彰顯辦學特色，走強校之路、走開放之路、走和諧之路」的發展思路，積極踐行「尊重的教育」理念，堅持教育創新，發展辦學特色，提升教育質量，努力把學校建設成為世界一流師範大學。

長春的文化盛會 ── 圖書博覽會

　　長春圖書博覽會（簡稱書博會），是長春市大型文化活動之一，創辦於一九九五年，每年在長春定期舉行。長春圖書博覽會是長春市民自願參加人數最多的展會，廣大市民紛紛稱讚：「這是市委、市政府為市民辦的一件大實事、大好事」。

　　為了進一步促進新聞出版產業發展，決定在成功舉辦十四屆長春書市的基礎上（長春書市每年一屆，其中 1997 年 8 月舉辦了第八屆全國書市），舉辦長春圖書博覽會。從二〇一〇年開始舉辦，確定主辦單位為長春市人民政府、吉林省新聞出版局，定位於集行業展示、圖書展銷、信息交流、理論研討、全民閱讀於一體的綜合性、多功能、高品位的文化盛事，力爭把長春圖書博覽會培育成在全國乃至東北亞知名的品牌展會，使書博會成為廣大市民每年都翹首期盼的讀書節、購書節。書博會完成了由單一的圖書展銷向展示圖書文化、推廣閱讀交流於一體的多功能展會的過渡，展會已經由單一的圖書交易功能轉變為多功能的文化盛會，為城市文化的大繁榮提供了一個更廣闊的舞台。長春市委、市政府對書博會始終高度重視，從其舉辦開始就將其納入民生工作計劃並寫入政府工作報告，確定為加強公共文化服務體系建設，保證公民文化權益的重要舉措。同時，文化惠民、服務民生也是書博會本身的一大突出特色和亮點，在二〇一〇、二〇一一、二〇一二三屆書博會期間落實了市政府向城區低保戶等特殊群體發放八百餘萬元購書卡的惠民政策。

▲ 書博會上讀者

▲ 種類繁多的圖書

　　二〇一三年舉辦了第四屆長春圖書博覽會暨首屆長春讀書節。隨著書博會的日漸成熟，市政府決定以大文化的視角舉辦書博會，增加文化內涵，首次提出了舉辦長春讀書節，創造了圖書博覽會與全民閱讀活動相結合的節慶模式。二〇一三年九月二十六日至三十日，長春舉辦第四屆書博會，以「倡導全民閱讀、培育書香長春」為主題，建立了第四屆長春圖書博覽會與首屆長春圖書節相結合的辦會模式，向城區低保戶、城市特困職工、城市農民工、農民工子女、市道德模範、貧困大學生、優秀青年志願者、新疆班學生、環衛一線工人、傷殘軍人等群體發放八百五十萬元的購書卡，讓持卡人到會自由選擇圖書，使八萬五千個家庭受益。為體現首屆長春讀書節的特點，激勵和引導閱讀，組委會辦公室圍繞書博會在展前、展中和展後策劃了一千餘項閱讀活動。通過中國新聞出版報、中國文化報、新華社、新浪網、土豆網、中國連環畫網等國家級媒體和長春日報、長春電視台等省市百餘家媒體對首屆長春讀書節暨第四屆長春圖書博覽會進行了宣傳和推廣，激發群眾的參與熱情。展會期間共組織全國六百餘家出版單位的三十五萬種新書參展，組織閱讀文化活動一百項，參加人次八十三萬。第四屆長春圖書博覽會暨首屆長春讀書節也因其形式節儉、貼近群眾、氛圍熱烈、服務周到、文化惠民受到市民認可，獲得了「全國十大優秀特色展會」的殊榮。

世界名車匯聚地──長春國際汽車博覽會

　　中國（長春）國際汽車博覽會（簡稱長春汽博會）與北京、上海、廣州、青島舉辦的汽車展會被國際稱為中國五大汽車展會。長春汽博會以打造國內一流的汽車專業展覽會為目標，堅持市場化運作和政府主導相結合，突出國際化、專業化和信息化特徵，突出新能源、新技術的展示，是中國、世界汽車貿易、汽車技術交流、汽車產業投資合作、汽車文化融匯的平台。

　　首屆中國長春國際汽車博覽會於一九九九年八月十五日至二十日在長春國際展覽中心成功舉辦。展出規模三萬平方米，參觀人次近三十萬。來自八個國家及港、澳、台地區近六百家參展商參展參會，其中一汽紅旗、一汽解放、一汽大眾、德國大眾、上海大眾、一汽奧迪、德國奧迪、韓國現代、韓國起亞、天津夏利、浙江吉利、長豐獵豹、哈飛汽車、長安鈴木、神龍汽車、豐田汽車

▲ 長春汽車博覽會

等企業來長參展參會。參展品牌四十多個，參展車型一百多款。展會簽訂合資項目五個，簽訂金額四點二億，銷售汽車一千二百多台。展會期間還舉辦了全國頂尖選手參加的「中國汽車模特大賽」，代表亞洲最高水平的亞洲汽車拉力賽等活動，為長春車展躋身於國際著名車展拉開了序幕。

長春舉辦的最有影響、匯聚世界名車最多的汽車盛會要數第三屆汽博會。二〇〇三年七月十五日至二十二日舉辦的第三屆中國長春國際汽車博覽會以「品牌、理念、時尚、潮流」為主題，實現了開拓汽車市場、挑戰汽車技術、探索汽車未來、推進信息交流、迎接綠色革命的宗旨，對全面促進中國汽車工業的發展與壯大，加快與國際接軌起到了積極作用。此次參展的有大眾、奧迪、戴姆勒——克萊斯勒、寶馬、現代、日產、本田、法拉利、陸虎、通用等二十八家世界著名汽車企業的一百多款新車，一汽、華晨、上汽、廣汽、東風、天汽、北汽等七十二家國內外知名企業的產品分別在七大展館、兩大室外展場、十八個展區閃亮登場。展出最新款的車型，各類轎車及吉普車、大房車、專用車、特種車、載重車、軍車及五款概念車等多達六百多台，展覽面積達十

▲ 酷炫新款車型

萬公頃。展會安排活動主要包括：紀念中國汽車工業發展五十週年的「中國汽車——長春論壇」；北京、上海、大連、廣州、深圳、重慶等全國頂尖選手參加的「中國汽車模特大賽」；代表亞洲最高水平的亞洲汽車拉力賽等活動，充分展示了長春市的深厚汽車文化底蘊，營造了本屆展會濃郁的文化氛圍。

　　作為北方的汽博會，綠色環保成為永恆的主題。綠色、節能成為汽車發展的必然趨勢，長春汽博會一直以此為辦會理念。第五屆中國（長春）國際汽車博覽會以「科技創新、節能環保」為主題，以「開拓汽車市場、探索汽車未來、交流汽車信息、引領汽車時尚」為宗旨，通過展示中外汽車工業新產品、新技術，促進汽車產業地區和國際間的交流與合作，推動中國汽車工業加速與國際接軌，加快中國長春汽車城建設步伐。第六屆中國（長春）國際汽車博覽會以「科技、綠色、交融、發展」為主題，以「引領汽車時尚、建設第一車城、唱響汽車文化、展示魅力長春」為宗旨，突出國際化、專業化和信息化特徵。長春一汽大眾，展出的一系列新車型舒適環保，主要產品有 TSI 發動機搭載 DSG 雙離合自動變速器，不但使換擋感受更加平順舒適，極大提升駕駛的舒適度，而且動力輸出更加充沛。此次一汽大眾展出的無論是全新高爾夫、全新邁騰，還是速騰 1.4TSI+DSG，都搭載了這組堪稱當今最完美的動力組合。第七屆長春汽博會以「科技環保、綠色家園」為主題，讓全球車企日趨熱衷於對新能源汽車的研發。不僅國內外車企逐漸公佈其新能源戰略，而且有關新能源的新技術、新產品也在長春汽博會的舞台上集中亮相。新能源汽車受到了媒體與觀眾的廣泛關注，成為最受矚目的「明星」。第八屆展會以「科技・綠色・未來」為主題。第九屆以「綠・動・車城」為主題……綠色環保成為長春汽博會永恆的主題。

　　從第七屆長春汽博會開始設立了普通觀眾參觀日，長春市民從四面八方彙集到長春國際會展中心賞車、購車，參觀日觀眾人數突破十萬人次，創下新高。

散發鄉土氣息的展會 —— 長春農博會

　　長春農博會全稱「中國長春國際農業・食品博覽（交易）會」，由國家農業部、吉林省政府和長春市政府共同主辦。農博會從二〇〇〇年首次舉辦，到二〇一四年已成功舉辦了十三屆，每年舉辦時間都選擇在八月中旬左右。為了探索農博園常年辦展的途徑，自二〇一〇年起每年春節前後，還舉辦為期一個月的「吉林冬季農博會」，打造了具有北方冬季特色的綜合性農業展會品牌。

　　長春農博園由德國著名設計師阿爾伯特設計，位於長春淨月經濟開發區，東臨淨月大街，南依大頂山，與淨月潭國家名勝風景區毗鄰相望，依山傍水，景緻怡人，交通十分便利，四通八達。長春農博園開放時間不只限於夏季，從春天開始，市民到長春農博園中進行參觀、遊覽、採摘，有學校等組織到這裡學習和觀摩。農博園不定期地舉行農產品的展示活動，將長春農博會的開放時間由七天時間延長至整個夏季，甚至全年。在冬季農博會時，溫室內的很多果實都將成熟，農博園組織採摘活動，一般持續兩個月左右。

　　農民們來到農博會不僅是遊覽觀光，他們把先進的農業技術應用到自己的農業生產中。「南方果樹園」占地五千公頃，新引進栽培木瓜、蓮霧、番石榴等七十多種典型南方果樹優良品種，為「南樹北引」提供示範。「創意農業園」占地三千公頃，種植拇指西瓜、野生黃瓜、紫金藤等觀賞性較強的新奇特蔬菜、花卉及水果等七十多個品種、三十萬餘株，運用營養液垂直循環系統建設牆體綠植景觀，採用玉米、南瓜、蘋果、薑等果實、種子雕琢山川、水系、牌樓等十二組主題景觀小品，建成創意農業樣板園。「沙漠植物園」占地兩千公頃，重點展示巨鷲玉、霸王樹等近一百五十種熱帶沙漠植物，在北國春城打造大漠奇觀。「鳳梨花卉園」占地五千公頃，培育白秀公主、大帝王星、丹尼斯等二十四個優良鳳梨花卉品種，共六萬餘株，打造鳳梨花卉產銷基地。為配合在長春農博園召開的「全國種子雙交會」，擴大玉米種植區，面積由三千公頃

▲ 農博會上的「南瓜王」

增加到一萬五千公頃，種植品種由三十多種增加到一百八十多種，展示全國各地高產優質玉米主推品種。「棚膜蔬菜園」占地三千公頃，重點展示冬瓜配套榆黃蘑立體種植模式。巨型南瓜、精品西瓜、薰衣草、番茄、菜豆等種植小區合理調整布局，進一步更新品種。

農博園中六萬平方米溫室共分成營養液栽培區、基質栽培區、育苗栽培區、園林景觀花園、觀賞瓜園、漁業展館、植物工廠等七個功能展區，集中展示高新設施農業和創意農業。「營養液栽培區」占地六千四百公頃，新建仿真庭院、陽台，示範推廣「陽台經濟」模式，增加金字塔霧培、螺旋管道水培、椰糠培、陶礫培、樹狀栽培等無土栽培模式，還展示水生家居觀賞植物、瓜菜立體營養液栽培及植物生長燈的應用，種植品種包括地瓜樹、葉類菜等十二大類三十八個品種五萬餘株，更加具有城市推廣價值。「基質栽培區」占地一萬八千公頃，種植番茄、彩椒、黃瓜、南瓜、苦瓜、茄子等六十餘個營養價值、經濟價值和實用推廣價值較高的蔬菜優良品種，主要展示茄果類和瓜類作物的長季節規模化無土栽培技術、滴濺式節水灌溉技術等。「園林景觀花園」占地六千四百公頃，種植品種達到八十六種，比上屆增加二十六種，更新羽化成蝶、欣欣向榮、天鵝之戀等五組景觀小品，繼續增加國花和國內大中城市市花展示。「觀賞瓜園」占地三千二百公頃，種植五十多個觀賞性和實用性強的瓜類品種，打造景觀化種植的創意瓜園，別具特色；育苗區占地三千二百公頃，主要展示苗床種植芽苗菜、家南瓜、甜菜、葉類菜等五十多個品種。「漁業展館」占地六千四百公頃，引進「三花五羅十八子」等松花江流域特產魚種，增加海水觀賞魚、珊瑚等罕見水產品，增設了金魚展、錦鯉展、貝殼展。

農博園菌菜展區占地面積一萬五千平方米。一樓木腐菌生產線展示杏鮑菇、白靈菇工廠化生產全過程，以及黑木耳、蛹蟲草農法栽培技術和產品；二樓設菌物科技、菌菜科普、院士成果、雪國高榕特產、國內及省內菌菜企業產品等六個展廳，展示菌菜科研、生產、加工技術和產品。

農業科普活動是農民朋友最喜歡的園會項目，每年展會在展館環廊設立現場專家諮詢台，聘請省內外知名農業專家每天坐鎮，接受觀眾現場諮詢，開通熱線電話接受農民遠程諮詢。展會還向觀眾免費發放十萬冊農業科普圖書，在六萬平方米溫室八米通道內設置惠農政策及現代農業科普宣傳長廊，還精心設計上千個作物品種說明牌、十餘組科普宣傳板，詳細、系統地介紹農業科普知識。

農博會也是關東文化展的平台，在農博會上「關東（吉林）農耕民俗文化廳」在二〇一二年第十一屆長春農博會期間首次對外開放。這一展區劃分為關東文明史、「闖關東」歷史文化、關東農耕生活、農耕風情、特色文化、吉林農業六十年輝煌成就等六大展區，共展出各類文物實物五千餘件、不同時期珍貴歷史照片六百餘幅，新建關東四大民族民居、「闖關東」歷史微縮景觀、「吉林八景」沙盤、「關東八大怪」雕塑等各式景觀，並配以大量的文字圖片說明和現場詳盡解說，帶您一同「追溯農耕歲月、欣賞民族風情」。整個展區通過多元化的展示手法，更好地弘揚關東農耕文化和民俗文化，打造東北農耕與民俗文化結合最緊密，最有古樸感和原生態風格的「農業博物館」雛形。長春農博會作為會展文化已經深入民心。

▲ 農博園裡的植物

中外教育交流平台——長春國際教育展

　　發達的教育體系是長春作為文化城市的標誌，為創辦教育展奠定了雄厚的基礎。長春國際教育展創辦於一九九九年，成功地實現了中外高等院校教育機構、現代信息技術與教育軟件的雙向展示，成為國際教育全面交流與合作的大舞台。教育展現代化特色突出，為經濟服務意識增強，使國內外朋友更進一步認識和瞭解長春，為長春市招商引資和經濟發展提供更多的機遇。

　　長春教育展期間，吸引了來自美國、俄羅斯、加拿大、英國等國家院校及教育機構與國內院校教育機構參與，在教育展期間簽訂了一系列的中外教育交流與合作項目，例如吉林大學分別與美國阿姆斯壯大學、英國紐卡斯爾諾森比亞大學、拉脫維亞里加工業大學、泰王國大學簽署了聯合培養博士生、建立友好校際關係的項目。來長春參展的還有國內外名牌學校，簽訂中外教育合作與交流項目，例如長春職業技術學院簽下合作項目十七項，為長春職業教育提供了廣闊的發展前景。在教育展上，現代信息技術和教育軟件開發與合作收穫頗豐，例如長春技達計算機技術有限公司等廠家分別與英特爾公司等國外 IT 界廠商簽訂合作項目。

　　歷屆長春教育參展單位，總展位數量和參會人數不斷增加，拉動了餐飲、娛樂、旅遊、商業、廣告、交通等相關行業，展會期間長春各大賓館入住率達百分之九十五以上，赴長白山、俄羅斯、朝鮮等地旅遊人數同比增長四倍，全市十大商場的貿易額比平時都有顯著增長。

　　教育展會的成功舉辦，標誌著長春教育展正在走向成熟，並成為國內同類展會中規模最大、層次最高、內容最豐富的展會之一，這必將在長春教育史上譜寫新的篇章。

「心連心藝術團」到一汽慰問演出

二〇〇〇年四月二十七日，中央電視台「心連心藝術團」帶著黨中央和國務院的親切關懷到中國一汽慰問演出。

中央電視台「心連心藝術團」成立於一九九六年五月二十四日，全國所有藝術家和優秀演員都是藝術團成員。十八年來藝術團走遍全國，上萬人次的藝術家團隊走進老少邊窮地區，走進廠礦部隊、科研一線，在全國各地舉

▲ 慰問演出現場

辦義務慰問演出。在香港、澳門回歸之時，在抗擊「非典」一線，在「神五」「神六」成功飛天之後等重大事件中也都有藝術團的「身影」，許多藝術家也從觀眾熱烈的場面中感受到了自己的價值。二〇〇〇年四月二十七日，中央電視台「心連心」藝術團百餘名演職員到一汽，首次對祖國的汽車工人進行了盛大的慰問演出。藝術團成員分成三個小組深入到總裝配調發車間、轎車公司二輪廠新廠房、一汽——大眾公司轎車廠總裝車間，為生產一線工人慰問演出。二十七日下午，藝術團在一汽一號門廣場舉行了盛大的露天演出，歌唱演員宋祖英、毛阿敏、呂薇、白雪、孫悅，笑星馮鞏等四十多位演員參加了演出，汽車廠職工和群眾一萬餘人現場觀看了演出。中央電視台攝錄人員同期錄像，作為五一國際勞動節唯一的一台文藝晚會，在五月一日晚黃金時間向全國播出。

「城市熱讀」熱春城

　　長春圖書館「城市熱讀」一九九六年創辦至今，已走過十九個年頭。作為精心培育的讀者服務項目，「城市熱讀」講座一直以「打造文化服務品牌，培育社會閱讀風尚」為己任，不斷拓寬公共圖書館的服務領域、延伸讀者的閱讀範圍，努力提升城市文化品位。如今，它已成為省內較有影響力的公共文化服務品牌。

　　「城市熱讀」創辦以來，始終堅持「讓大家宏論走進百姓生活」的理念，邀請如王選、倪嘉繼、孫正聿、王汝梅、劉曦林、殷雙喜、邴正、胡維革、金海峰等國內著名學者作為主講嘉賓。另外，長春圖書館還聯合吉林省社科聯、吉林省中醫藥學會、長春市城鄉規劃設計研究院等單位，藉助它們在各自研究領域的專家資源，並依託省內雄厚的高等院校師資力量，建立自己的主講人資源庫，形成了涵蓋多個學科領域的主講人隊伍。為了使優秀文化資源打破時間和空間限制，在各個領域和行業更為廣泛地傳播，惠及更多群眾，「城市熱讀」從二〇〇五年開始走出圖書館，走進機關、社區、學校、軍營和鄉村。幾年來，「城市熱讀」開展的「五走進」活動共為春城百姓奉獻了五十九場內容豐富、針對性強的主題講座，聽眾超過十萬人次。聽眾中，既有離退休人員、在校學生，也有機關幹部、公司白領。許多人風雨無阻，跟隨「城市熱讀」的腳步，爭分奪秒地進行求知的追夢之旅，充分享受品牌講座帶給他們的樂趣。

▲ 專家評讀

薈萃民間藝術精品的博覽會

　　中國（長春）民間藝術博覽會（簡稱民博會）是在響應十六大提出的「扶持對重要文化遺產和優秀民間藝術的保護工作」要求，在中宣部、中國文聯、文化部、中國民協聯合發起的「中國民間文化遺產搶救工程」的大背景下產生的，以「挖掘民間藝術瑰寶、展現民間藝術風采、交流民間藝術成果、培育民間藝術市場」為宗旨，致力於挖掘、展示、搶救、保護中華民族優秀的民間文化遺產，使那些在歷史的塵封中，日漸衰弱甚至瀕臨消亡的民間藝術品得以重見天日，再煥生機，充分發揮中國民間藝術的獨特魅力，增強民族凝聚力和親和力，喚起人們對本土文化的熱愛，進而關注、保護和發掘璀璨的民間文化瑰寶，使民族民間文化發揚光大。

　　民博會是東北民間藝術展覽會，各種傳統民間手工藝品和新興的民間工藝品在展會上大放異彩。民間藝人成為展會的主角，他們每年像趕集一樣，來到民博會展示自己的拿手絕活。民博會激活了塵封的民間藝術，使它們獲得新的發展空間和發展機遇。

▲ 民博會展銷現場

首屆民博會於二○○二年八月二十八日至九月一日在吉林省文化活動中心舉辦，會期五天，參觀人數四十二萬人次。二○○三年第二屆民博會於八月二十八日至九月三日在長春市長江路步行街舉辦，會期七天。

二○○九年第五屆中國（長春）民間藝術博覽會由中國文聯國內聯絡部、中國民協、長春市政府主辦，提升為中國文聯、中國民協、吉林省政府、長春市政府主辦，自此以後升格為真正意義上的國家級展會，這也是中國民間工藝品類的最高級別展會。

二○一一年第六屆中國（長春）民間藝術博覽會，組織了民間藝術品展銷展示、「山花獎」評選、中國鄉俗民藝攝影展、國際名家書畫作品邀請展、民間藝術大師研討會、項目合作洽談等十餘項主體活動，還有陶瓷、面部彩繪、泥人、剪紙等民間手工現場創作表演等二十餘項輔助活動，評選出第六屆中國（長春）民間藝術博覽會優秀民間藝術作品獎二百零二名。

為了在民博會上有突出表現，所有參展的商戶們每年都爭取拿出水平更高、效益更佳的產品，這種競爭意識，帶動著民博會成為中國最高級別的民間藝術盛會。民博會是中國民間藝術及世界民間工藝的大集合和大展示。綜合歷屆民博會的情況看，效果一屆比一屆好，形式越來越新，水準越來越高。中國（長春）民間藝術博覽會已經成為長春市的重點展會，成為目前國內規模最大、級別最高、品種最全的民間藝術精品和民俗文化產品展示會。

民博會有力弘揚了中華民族優秀傳統文化，在挖掘、搶救、展示中國民間文化瑰寶，交流民間藝術成果，培育民間藝術市場，薈萃民間藝術精品等方面取得了重要成果。民博會有力地促進了相關產業和地方經濟的發展，為長春文化產業發展注入新的動力。民博會豐富了人民群眾的精神文化生活，是藝術的巡禮和文化的盛宴，真正辦成了百姓自己的文化節日。近年來，中國（長春）民間藝術博覽會成為中國最具影響力的專業性、國際化的品牌展會，為繁榮和發展民間藝術，做出了重要貢獻。

微笑的名片 —— 淨月潭瓦薩國際滑雪節

　　從二〇〇三年開始，長春市政府與瑞典諾迪維公司合作共同舉辦瓦薩國際滑雪節，開展越野滑雪運動，使中國成為繼瑞典、美國和日本之後第四個舉辦瓦薩越野滑雪賽的國家。瓦薩滑雪節彷彿是長春拋在天地間的一根紅線，牽來了眾多的「冰雪情緣」，成為長春和世界交往最暢通的橋梁，促進了多國間的交流與合作，成為展示中國文化的廣闊舞台，薈萃中西文明的盛宴。越來越多的國外友人認識了中國東北這座開放和大氣的城市，長春瓦薩成為一張微笑的官方名片，提升了長春的國際知名度。二〇〇三年三月十五日，第一屆淨月潭瓦薩國際滑雪節期間，從十五個國家來了七百五十名滑雪愛好者到長春參加這一富有歷史意義的賽事，有兩千多名觀眾在起點和終點給滑雪選手吶喊助威。從二〇〇四年起，瓦薩引領長春的冰雪旅遊活動，由剛開始的單一越野滑雪，擴大到了包括五十公里、二十五公里、三公里及兒童瓦薩（五百米）等不同級別，共有來自十五個不同國家的專業運動員及滑雪愛好者參加比賽，參與人數

▲ 長春淨月潭瓦薩國際滑雪節

▲ 雪地狂舞

上升至兩千二百多人。二〇〇九年的瓦薩國際滑雪節期間,包括奧運冠軍、世錦賽冠軍在內的世界二十五個國家的兩萬多名滑雪菁英齊聚長春,世界滑雪界都在關注著中國,關注著長春,給正在前進中的中國越野滑雪運動提供了交流的舞台。由於有了淨月潭瓦薩滑雪節這一「龍頭」,使越野滑雪運動在長春市、吉林省乃至全國得到「盡情舞動」。在長白山,在內蒙古,在雲南的香格里拉以及北京的長城都有越野滑雪,國際雪聯把長春、內蒙古、雲南作為巡迴賽三站,一些國際的頂尖賽事,包括國際雪聯世紀杯賽、遠東杯馬拉松賽越野滑雪、國際雪聯越野滑雪積分賽紛紛移至淨月潭。

吉林人熱愛冰雪由來已久,冰雪賦予了吉林人淳樸和豪爽的性情。因此,在籌辦瓦薩賽事過程中,以傳統民族文化為根基,注重創新東北特有文化,充分利用冰雪資源舉行冰上婚禮、雪雕大賽、雪地汽車拉力賽,同時開展與冰雪有關的各種文學書畫創作活動,邀請市民參與體驗越野滑雪的樂趣,讓人與自然互動,在玩冰、賞雪的同時感受東北韻味和長春風情。淨月潭瓦薩國際滑雪節在秉承傳統瓦薩文化的基礎上,擴大延伸了瓦薩滑雪節的內涵,舉辦「瓦薩之夜」「冰雪天使評選」「瓦薩國際交流大會」等一系列的精品活動,辦出中國瓦薩特有的韻味。

▌開辦國學大講堂

　　長春的國學大講堂是公益性講座，是由吉林省社科聯主辦，長春文廟、長春電視台「城市速遞」欄目、長春圖書館、長春市少兒圖書館承辦的系列講座。根據面向聽眾不同和講座內容不同，又分別在長春文廟、長春圖書館、長春市少兒圖書館分設講座。二〇〇五年十二月二十五日，國學大講堂在長春文廟正式亮相，每週六在文昌閣舉辦公益講座，並成為國內探索普及國學知識的先行者之一。國學大講堂先後邀請駐長大學教授、海內外文化名人進行授課，讓人們體會到中華文化的博大精深。國學大講堂曾系統講述《論語》《大學》《中庸》《弟子規》《三字經》《老子》等內容；舉辦了「五經系列」「諸子系列」「傳統文化核心理念與現代社會熱點問題結合系列」等講座。講座曾主辦的國學大講堂公益少兒培訓班，專家學者以豐富的國學知識、通俗易懂的講解，運用大量的史實材料，免費向小學生講授國學經典，並穿插孔子、孟子等古聖先

▲ 傳道正能量的國學大講堂

▲ 文廟的國學大講堂

賢的歷史故事。國學講堂開辦現代時尚的禮儀課堂，現代女性大講堂，《女性修養與文明禮儀》課堂等，隨著社會的文明進步，尤其是隨著女性在政治、經濟、文化、社會及家庭中地位的不斷提高，貢獻愈發凸顯，女性的修養與禮儀愈發受到女性及全社會的重視。內強素質，外樹形象，內外兼修是廣大女性共同追求的目標，是廣大女性朋友關注的話題。新時代、新女性、新理念、新形象、新追求是廣大女性的共識，專家從魅力形象提升的原理分析入手，通過案例解讀，積極塑造魅力女性的方法，娓娓道來職業女性職場形象和職場禮儀的標準。國學大講堂的禮儀課堂，將現代的審美理念和中國傳統文化有機地結合起來，在各個層面為推進中華民族優秀傳統文化的普及做出了積極貢獻。

別具特色的東北亞投資貿易博覽會

　　東北亞博覽會是國家級大型展會，是東北地區唯一由國務院批准，以東北亞區域合作為品牌，展示振興東北地區等老工業基地商機的盛會，旨在構建中國與東北亞國家互利共贏、交流合作、競爭開放的長期合作平台。二〇〇五年九月二日，首屆中國吉林・東北亞投資貿易博覽會（簡稱東北亞博覽會）在長春召開，來自東北亞的中、朝、日、韓、蒙、俄六國以及世界各地的嘉賓，歡聚在長春國際會展中心。

▲ 東北亞博覽會開幕式

　　長春地處東北亞地理中心，它同周邊的蒙古、俄羅斯、朝鮮、韓國、日本接壤或相鄰，長春至哈爾濱、瀋陽、延吉的直線距離在五百公里之內，與中國北京、大連，朝鮮平壤，韓國首爾，俄羅斯符拉迪沃斯托克、哈巴羅夫斯克直線距離在一千公里之內，至中國上海、蒙古國烏蘭巴托及日本全境不到兩千公里。東北亞是全球經濟最具活力的地區之一，有近十七億人口，經濟總量占世界的五分之一以上，區域內各國經濟各具特色，互補性強。

　　東北亞博覽會以東北亞區域為基礎，緊緊圍繞東北地區現代製造業、農產品深加工、現代中藥和生物製藥、光電子信息等產業，突出東北亞區域特色和東北產業特點，使參與者通過博覽會尋得商機，獲得發展。博覽會是由商品貿易、投資合作、國際會議、文體交流四大主要板塊組成，活動內容多達七十餘項。東北亞地區地域遼闊，發展空間廣闊，各國在能源、資源、資金、技術等方面共享，合作潛力巨大。

涼爽的節日 —— 中國長春消夏節

長春的夏天早晚涼爽，比起濕熱的南方，這裡是消夏避暑勝地。長春屬中溫帶大陸性季風氣候，最熱的七月份平均氣溫也只有 22.7℃至 23.2℃，夏季無酷熱是長春最大的氣候特點。相比南方城市高達 38℃甚至 40℃的高溫，涼爽成為長春不可多得的避暑資源。

二〇〇七年夏，長春市人民政府和吉林省旅遊局共同創辦了中國長春消夏節，這是一項綜合性旅遊節慶活動。首屆消夏節期間，長春狂歡夜萬人空巷，熱氣球似彩色水滴映襯著春城的藍天。消夏節期間，每年百餘項消夏活動，激發了長春人的熱情。消夏節作為城市的一項民生工程，她已深植於長春人心中；作為一個載體，它已成為長春市又一張特色鮮明的城市名片；作為一種經濟現象，其運作方式更成為旅遊產業發展的一個成功探索。

在消夏節的帶動下，各種文化消夏、體育消夏、商業消夏等專題消夏活動紛紛湧現，不僅活躍了長春市民的經濟和文化生活，也吸引了眾多國內外遊客，推動了長春夏季旅遊市場發展。長春找到了旅遊開發的新資源——涼爽，

▲ 熱鬧的長春消夏節

搭建了夏季旅遊新平台。

為了增添百姓的歡樂，長春這座幸福之城，傾城行動起來。不僅旅遊、文化、體育、會展等部門在發揮作用，各縣（市）區、開發區、度假區也踴躍參與其中。各大景區積極組織活動，鄉村、院校、企業、商場、社區、群團組織等領域的消夏活動也異彩紛呈。

為了提升百姓幸福指數，長春消夏節自創辦之初，就將關注民生、惠及市民作為宗旨，活動設計原則是「零門檻」，通過全面整合各個部門、各條戰線、各個方面的資源，進一步凸顯了「大消夏」概念。長春整個夏季的活動做到了和諧統一，在全市形成此起彼伏、遍地開花的火熱氛圍，努力使廣大市民通過參與活動，愉悅身心、健康消夏。在首屆消夏節期間，市民驚喜地看到了航模飛行表演、熱氣球升空、花車巡遊、民俗表演等一系列精彩活動，開幕式當晚的廣場消夏系列活動吸引了十餘萬市民參與其中。二〇〇八年，第二屆中國長春消夏節引進了動感時尚，參與性強的瑞典利丁國際森林徒步賽，僅開幕式當天就吸引六萬多市民和遊客進入園區參觀和參賽。在「二〇〇八中國熱氣球菁英賽」上，二十二組五彩繽紛的熱氣球飄過長春上空，讓市民大飽眼福。第三屆中國長春消夏節還引進了瓦薩國際公路自行車賽、萬茨博爾國際游泳賽兩項賽事活動。

長春消夏節是中國第一個最貼近民眾生活的旅遊節慶產品。長春消夏節強烈的民生取向，讓它在千節萬展中獨樹一幟，也成為長春市一百二十多個節慶展會中，群眾參與最廣泛的一個。長春消夏節曾獲得中華文化促進會舉行的《節慶中華獎》評選活動最佳創新提名獎，榮膺「中國十大最具潛力節慶」等獎項。

中央企業唱響愛國歌曲

　　二〇一〇年六月二十五日，由中央十部委主辦、中國一汽承辦、中央電視台現場錄製的「激情廣場——愛國歌曲大家唱，中央企業‧中國一汽篇」在一汽一號門廣場盛裝上演。一汽七千餘名職工與劉秉義、閻維文、郭峰等著名歌唱家一起激情高唱《咱們工人有力量》《走向復興》等愛國主義歌曲，抒發了廣大一汽職工把愛國之情轉化為報國之行、為發展中國民族汽車工業而奮鬥的豪情與決心。七千多名一汽職工參加節目錄製，這是中央電視台「激情廣場」節目開辦以來首次在產業工人中舉辦。歌唱家劉秉義領唱，七千名一汽職工合唱的《咱們工人有力量》唱響開場歌曲，著名的歌唱家和歌唱演員閻維文、呂宏偉、郭峰、常思思、馮曉泉、曾格格等與來自一汽各條戰線的職工一起，用嘹喨的歌聲、昂揚的熱情表達了「偉大祖國好、中國一汽好、自主創新好」的真摯情懷。一汽解放公司、一汽轎車公司、一汽大眾公司組成的合唱方隊演唱的《解放之歌》《我們走在大路上》《保衛黃河》與著名歌唱家和演員演唱的《中華全家福》《我的祖國》《紅旗飄飄》等愛國主義歌曲相結合，把「激情廣場」抒發的愛國主義激情與一汽職工心中自主創新的激情匯聚在一起。當《毛主席來到汽車廠》《搖籃頌》《老司機》這些記錄中國一汽重要發展時刻和汽車工人情懷的歌曲在「激情廣場」唱響時，一汽職工的心靈再次受到震撼，最後節目在職工和全體演員《走向復興》的合唱聲中落下帷幕。這台現場錄製的節目《「激情廣場——愛國主義歌曲大家唱」中央企業‧中國一汽篇》於二〇一〇年七月十五日在 CCTV-3「激情廣場」欄目中首播，而這一天是中國一汽第五十七個生日，也是中國汽車工業五十七華誕紀念日。在這個特殊的日子裡，一汽職工把對祖國、企業由衷熱愛，對自己所從事的自主事業執著追求的風貌，展示給全國電視觀眾。

樓道之歌引起央視關注

　　和諧樓道催生了和諧文化。由長春市民張啟華、劉長傑作詞，音樂人林濤譜曲的歌曲《和諧樓道如一家》，一經推出就在社會上產生強烈反響，「你家、我家和他家，進了樓道是一家……」在全省廣為傳唱。「樓道之歌」的三位詞、曲作者被評為「長春市好市民」，中央電視台、新華社每日電訊等多家媒體給予宣傳推介，產生了積極的社會影響和導向示範作用。很多市民被文明樓道的故事感動，《新文化報》為此徵集十個特色樓道，對方案入選後的實施者給予千元獎勵。二〇一一年十一月二十六日，「打造特色樓道唱響樓道之歌」頒獎儀式在東北風劇場舉行，十個文明特色樓道居民及社區藝術團成員近兩百人參加頒獎儀式。長春市委宣傳部、新文化報社、長春經濟技術開發區、可口可樂（吉林）飲料有限公司的領導為獲獎居民代表頒了獎。

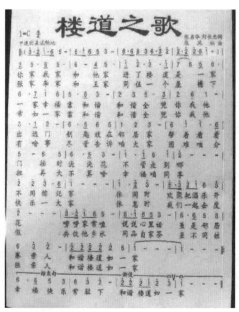

▲ 《樓道之歌》詞曲

▌譜曲創世界紀錄的《扶起你》

「你扶起我，我扶起你，扶起人間美麗。」這是農安秦雅麗經過長時間構思創作的《扶起你》中的歌詞，她說寫這首歌目的是為了喚起人們的社會公德意識，弘揚良好的社會風氣。

二〇一一年十一月十一日，秦亞麗創作的歌詞《扶起你》在《長春日報》《長春晚報》同時刊出，向社會徵集譜曲。歌詞針對一些社會現象，直面社會盲點，喚醒社會良知和弘揚正氣。這樣的正能量感染了很多人，得到了社會的廣泛關注和媒體的大力支持，音樂愛好者、作曲家紛紛譜曲。農安縣委宣傳部還專門召開了「『弘揚傳統美德、創建文明城市』文藝作品創作暨公益歌曲《扶起你》座談會」。長春市委宣傳部召開了「扶起你——觸及心靈的溫暖」座談會。長春大學音樂學院、特教學院師生舉辦《扶起你》演唱會，由師生譜曲十九首同唱《扶起你》。由長春市委宣傳部、長春市文明辦、長春晚報、騰訊網、吉林省合唱協會聯合舉辦了「良知的力量——《扶起你》」全民演唱會，並舉行了新聞媒體見面會。二炮文工團青年歌唱家喬軍，國家級作曲家王立東看到歌詞《扶起你》深受感動，連夜譜曲，特地從北京趕到長春參加《扶起你》全民演唱會。喬軍的深情演繹把演唱會推向了高潮。中央電視台、新華社、中新社、吉林省電視台、長春電視台、中國網、人民網等媒體進行報導。短短二十餘天，徵集曲作者為《扶起你》譜曲三十一首。十二月十五日，《長春晚報》向世界紀錄協會發出申請。十二月十九日，《長春晚報》為歌詞《扶起你》申報世界紀錄，世界紀錄協會的工作人員看到《扶起你》的相關資料後說：「詞作者秦雅麗及譜曲者的公益之心值得我們敬重和學習，經研究決定免除本紀錄的所有申報費用。」十二月二十日上午，世界紀錄協會給《長春晚報》發來了初審通知書。當日，《長春晚報》把覆審資料整理完畢，郵寄給世界紀錄協會。經過初審、覆審，《扶起你》申報世界紀錄成功。二〇一二年一

月十七日下午，《長春晚報》收到了世界紀錄協會證書，秦雅麗創作的歌詞《扶起你》成為世界上譜曲最多的華語公益歌詞。

　　一首歌詞《扶起你》經過地方報紙的報導，帶動三十餘家媒體介入，從一則地方新聞到全國關注的熱點，從一首歌詞到三十一個版本的譜曲，從全民演唱到創世界紀錄，證明社會公眾期待和呼喚社會良知，歡迎反映正能量的作品。

▲ 《扶起你》詞曲

《我們在長春相遇》綻放京城

　　一台以經典電影歌曲為特色的交響視聽音樂會——《我們在長春相遇》於二〇一二年九月二十一日在北京中山音樂堂上演。

　　作為「大地情深」——國家公共文化示範區創建城市群眾文化進京展演之一，《我們在長春相遇》圍繞示範區創建主題，以二十餘首經典電影歌曲為線索，通過長影樂團的精彩演奏，結合舞台背景屏幕播放的經典電影片段，充分展現了長春電影城的風采和「寬容大氣、自強不息」的城市文化精神。

　　演出在管絃樂《紅旗頌》中拉開帷幕，激情的旋律展現了長春人在創建國家公共文化服務體系示範區熱潮中的意氣風發、眾志成城；長春市歌

▲ 《我們在長春相遇》演出現場

《我們在長春相遇》用平實的語言唱出了長春人對家鄉的深情眷戀；經典歌曲《敖包相會》《地道戰》《山歌好比春江水》《在金色的沙漠上》等，以熟悉動聽的旋律引起了現場觀眾的共鳴。

　　展演隊伍由長影樂團、長春市群眾藝術館、長春市朝鮮族群眾藝術館及長春市的基層文化志願者共同組成，晚會充分體現出藝術性與群眾性相結合的特點。為打造長春電影文化品牌，長春市舉辦了「電影歌曲大家唱」活動，得到群眾廣泛參與。通過展演活動，展現了長春文化綜合實力，文化的力量和魅力。

接地氣的「草根宣講團」

長春市綠園區於二〇一二年設立了「草根宣講團」，成員來自基層，活躍在基層，是義務宣傳黨的理論，傳遞黨的聲音，宣講團成員被稱為「草根宣講員」。

▲ 草根宣講在基層

宣講貼近需求、貼近生活、貼近實際，注重「就地取材」，用工作和生活在百姓身邊的先進典型和家喻戶曉的案例故事來佐證宣講。這種群眾創意特色宣講，容易吸引聽眾。綠園區不拘泥於集中宣講的傳統形式，精心設計靈活多樣且群眾樂於接受的宣講方式。宣講員圍繞百姓普遍關注的就業、增收、教育、醫療等問題，開展面對面的交流互動。宣講團成員既當宣講員，又當信息員；既當科普員，又當服務員。二〇一四年九月，綠園區啟動了「金牌宣講員」大賽，全區評出十名金牌宣講員和十名優秀宣講員。每年年底，綠園區召開草根宣講工作總結表彰大會，交流經驗、推介典型，驗收工作成果。通過不斷地探索和創新，綠園區草根宣講工作已形成品牌。

▌多元多彩的東北亞文化藝術周

　　中國・長春東北亞文化藝術周於二〇一〇年開始舉辦，以「多元多彩・共建共享」為主題，所舉辦的各項活動都富有東北亞各國的鮮明特色，彰顯了藝術周的國際性、高規格和高品位。

　　二〇一〇年首屆中國・長春東北亞文化藝術周，由「文藝演出」「文化研討」「展覽交易」三大板塊構成，共進行了十五大項四十餘小項。在八天的時間裡，吉林省內的眾多藝術家與來自俄羅斯等國的藝術家們為觀眾獻上了精彩的演出和藝術精品。俄羅斯皇家歌舞團等帶來的舞蹈表演、國際鋼琴音樂會以及「激揚青春・相聚東北亞」——大學生專場文藝演出等也精彩上演。

　　二〇一一年舉辦的第二屆中國・長春東北亞文化藝術周，突出了東北亞元素、異域風情和群眾參與三大特色，成為一次文化藝術的盛宴。俄羅斯遠東紅旗歌舞團演唱的中國歌曲《我的中國心》《青藏高原》《今天是你的生日，我

▲ 熱鬧的東北亞文化藝術周

的中國》等唱出了地道的中國味。藝術家們婀娜多姿的舞蹈、動人的歌聲使整場晚會歌舞飛揚、撼動心弦。韓國首爾歌劇團獻上了經典歌劇《春香傳》。《春香傳》所述的春香與李公子純真的愛情故事在韓國家喻戶曉，贏得了幾代韓國觀眾的喜愛，並享譽歐美，成為韓國歌劇的經典作品。為紀念偉大的「鋼琴之王」李斯特誕辰兩百週年，藝術周還邀請了美國辛辛那提音樂學院鋼琴演奏博士謝承峰和巴黎高等音樂學院教授依夫·亨利演奏李斯特名曲。第二屆東北亞文化藝術周舉辦了系列文化論壇，東北亞各國專家學者、文化領事及文化參贊各抒己見，為東北亞文化交流與合作貢獻了智慧和力量。其中，中國吉林國際動漫遊戲論壇是本屆藝術周序曲和重頭戲，東北亞各國著名動畫、漫畫、遊戲等方面藝術家參與論壇，就動漫發展趨勢和對策展開研討。而東北亞智庫論壇是與東盟智庫論壇、中亞智庫論壇相對應區域性國際性論壇，與會各國專家學者深度解讀了東北亞區域合作與東北亞經濟發展、通商口岸建設與大圖們江開放、東北亞文化交流等議題。組委會特約東北亞六國藝術家、聯合國教科文組織領導、國內外經濟學家、文化藝術家等進行主題演講。

二〇一二年第三屆中國長春·東北亞文化藝術周，主體內容由「文藝演出」「文化研討」「展覽交易」三大板塊構成。文藝演出板塊安排了韓國京畿道歌舞團專場演出，該團是韓國最有影響的三大舞蹈團之一；東北亞流行音樂演唱會，邀請了港台歌手和東北亞各國明星演唱流行歌曲；第三屆東北亞國際鋼琴節，具有國際層次和水準，邀請了日本、韓國及台灣地區鋼琴大師同台獻藝；俄羅斯西伯利亞舞蹈團專場演出，極具俄羅斯地域風情；韓國抱川市民俗藝術團專場演出。文化研討板塊共舉行了國際山地紀錄片論壇；第三屆中國（吉林）國際薩滿文化論壇；國際動漫遊戲論壇暨國際動漫遊戲作品展；第三屆東北亞智庫論壇。研討活動邀請了國際薩滿學會主席霍柏爾、世界動畫協會會長尼爾森·申等一批國際著名的專家學者，使藝術周充滿了濃濃的學術氛圍。

二〇一三年第四屆中國長春·東北亞文化藝術周共舉行了十三項活動。一是舉行第四屆中國長春·東北亞文化藝術周開幕式暨第六屆中國吉林國際動漫

遊戲論壇，以國際動漫遊戲論壇為主題，開設了廣告、傳媒、設計、文化產業、影視戲劇等七個子論壇。二是舉行首屆「吉林動畫學院杯」動畫作品大賽，並舉辦大賽頒獎典禮。三是舉辦了第九屆中國（長春）國際動漫藝術博覽會，推動動漫招商引資和動漫企業間合作交流。四是舉行了「2013ChinaJoy Cosplay」嘉年華東北賽區預選賽。五是舉辦了動漫人物巡遊，所到之處深受市民歡迎。六是舉辦了大型動漫主題交響音樂會，展示了吉林藝術的風采。七是舉辦韓國現代綜藝晚會專場演出，涵蓋了韓國亂打秀、時尚街舞等演出形式，充分展示了時尚和動感的韓國藝術魅力。八是舉辦俄羅斯「小丑嘉年華」專場演出，奉獻給觀眾們一道俄羅斯原汁原味、詼諧搞笑的快樂大餐。九是舉辦露天交響音樂會，反響十分熱烈。十是舉辦了一場流行音樂會，邀請內地和港澳台地區演藝明星在五環體育館為觀眾現場獻藝。十一是舉辦了吉林省著名美術家作品展，集中展示吉林美術實力。十二是舉辦了第三屆全國農民攝影大展暨吉林省首屆「白山松水」攝影雙年展。十三是舉辦了中國作協文學高端論壇。

▲ 群眾藝術

▲ 小白樺歌舞團演出劇照

　　二〇一四年第五屆中國長春・東北亞文化藝術周舉辦時，眾多文藝明星齊聚春城，各界群眾積極參與，彰顯了藝術周的高端品位、豐富內涵和惠民情懷。本屆藝術週期間，東北亞國際動漫作品大賽、國際動漫藝術博覽會等大型動漫展會和賽事競相舉辦。二〇一四第二屆中國・長春東北亞國際動漫作品大賽，共有來自全國各地的八位著名動漫專家學者蒞臨此次盛會，來自英國、美國、韓國、中國等國家和地區的七十餘所大專院校的八百六十四（幅）件作品參加大賽。大賽從獲獎作品中選出部分作品進行了展覽。作為長春市重點國際文化交流平台和文化惠民載體，東北亞文化藝術節首次納入首屆吉林省市民文化節總體規劃，成為吉林省市民文化節的主要板塊之一。

　　作為第五屆中國長春・東北亞文化藝術周的壓軸大戲，俄羅斯國立小白樺歌舞團在長春市東方大劇院獻上了精彩演出，讓長春市民在家門口就享受到了原汁原味的異國文化盛宴。連續五屆的中國長春・東北亞文化藝術周，始終受到全社會的關注，新華社、中國日報、中央人民廣播電台、農民日報、中國新聞社、中國文化報、中華工商時報、香港文匯報、香港大公報、香港商報、吉林日報、吉林電視台、新華網、中國企業新聞網、吉林省政府網、長春日報等媒體都對藝術周各項活動進行了全方位報導。

第三章——

文化名人

　　人傑地靈，是讚美一方土地、一方人的最高讚詞。沒有人考證，究竟是土地養育了人，還是人成就了土地的名聲。如果將人也作為自然的一部分，那麼人與土地應該是相互依存的關係。無論是長春土生土長的人，還是因為人生追求遷移到這塊土地上的後來者，他們中有科學家、作家、學者、藝術家在這裡紮下科技之根、文學之根、藝術之根，為長春市、為吉林省、為中國的文化繁榮發展貢獻了才華和智慧。

元代大書畫家——張孔孫

　　張孔孫（1233年-1307年），金代隆安（今農安）人，元代大書畫家。張孔孫一生以「隆安張孔孫」自稱，在元朝官至集賢大學士，歷任燕南提刑按察使，大名路總管、府尹，淮東道肅政廉訪司使，禮部尚書等職。他為政期間秉公執法，體恤民情，懲貪除惡，曾向元帝進諫治國之策八條。他的傳世作品除《洞庭春色》《中山松醪》二賦卷後的跋文外，還有一軸山水畫。畫面上遠處層巒疊嶂，近處茂林茅舍，一老者彈琴，一少者靜聽，案上香菸裊裊，院外訪者叩門。畫面上書有「門前剝啄誰叩門，山翁未問君莫嗔」之句，屬款「大德丙午春二月隆安張孔孫」。此畫現收藏在吉林省博物館。

　　張孔孫善琴，工畫山水竹石，特別喜歡騎馬射箭。他的書畫作品流傳極少，他的跋文，具有重要的史料價值，不僅對鑑定蘇軾《二賦》的真偽及流傳經過有重要作用，同時也對研究金代書畫收藏史有一定的幫助。

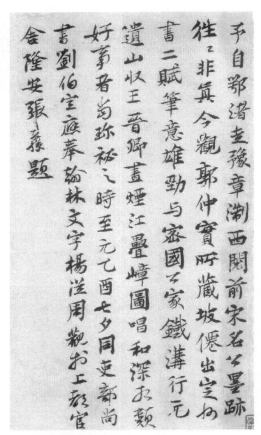

▲ 張孔孫書法作品

長春書院創始人 —— 李金鏞

　　李金鏞（1835 年 - 1890 年），江蘇無錫人，最早創辦了長春書院。李金鏞一八八三年十一月調任長春廳。赴任後，他立即訪鄉土風俗，得知有大批山東、直隸、河南闖關東的漢人來長春開墾定居，卻難於享受教育，加之清政府在東北採取「重武備，略文事」政策，阻礙了文化發展，導致長春教育事業長期落後。鑒於這種現狀，李金鏞著手創辦教育事業，揭開了長春教育史的篇章。光緒九年（1883 年）冬，李金鏞稟請吉林將軍倡導募捐創辦書院，得到吉林將軍和各界人士支持。他親為表率，自捐廉俸銀一千兩，各界捐款踴躍，經過三個多月的時間，共募集市錢九萬一千吊。一八八四年三月，書院正式動工興建，地址在長春城北（今西三馬路小學、西長春大街小學地址）。書院布局為四合院，正門為大門樓，中間為門廳，兩側為門房，門廳內有影壁一道。第一道院在正堂前立有兩塊石碑，高約兩米，外有碑亭。李金鏞在長春任職僅三年多，但他做了許多對百姓和人民有利的大事，尤其是他親手創立了長春養正書院。

　　李金鏞於一八九〇年殉職在黑龍江漠河金礦。臨終之際他的家人和僚友們守在身邊，他掙扎著坐起，說：「大丈夫視死如歸，有什麼遺憾的。我所抱憾的是金礦剛見成效，蒼天不給我年華，使我不能見到三年後的盛況。望諸君好自為之！」說完，吐血數升氣絕。臨到生命終結他也沒論及半句自己的私事，僚友們無不傷感流淚。把頭、礦工等聞訊也都趕來哭祭，皆泣不成聲。由於李金鏞所創辦的漠河金

▲ 長春書院創始人李金鏞塑像

▲ 李金鏞祠堂

礦達到了清政府的辦礦宗旨——興利實邊，因此李鴻章請旨加封李金鏞。清廷
頒旨，讓李金鏞的事蹟在國史館立傳，蔭襲一子，並准予在漠河及原籍無錫建
立祠堂以示恩寵。

　　直到現在，個別採金人在摳碃（即挖礦井）前都要頂拜李金鏞的亡靈。用
一根木棍繫一塊紅布，當成李金鏞的偶像，以表示對他的敬服。

「吉林三傑」之一——宋小濂

宋小濂（1860 年 - 1926
年），吉林省雙陽人，中國近
代傑出的愛國主義者，工詩
善書，被喻為「吉林三傑」
之一。清光緒三十年（1904
年），宋小濂被調任齊齊哈爾
任文案處總理，因其博學多
才，精通史治，不到三年便
被提升為秩監司長官，後又
任海倫直隸廳同知。

光緒三十二年（1906 年），
外務部派他到哈爾濱與東省
鐵路（亦稱東清鐵路、中東
鐵路）公司總辦霍爾瓦特會
談，交涉改訂由前負責人周
冕迫於沙俄勢力，擅自與俄
方訂立的購地、伐木合同。
當時中俄所訂展地、伐木、
採煤合同使中國主權受到侵
犯，他和張壽增、王莘林、
涂鳳書等人據理力爭，與俄
方相持近兩年，會談一百四
十餘次，終於在光緒三十三

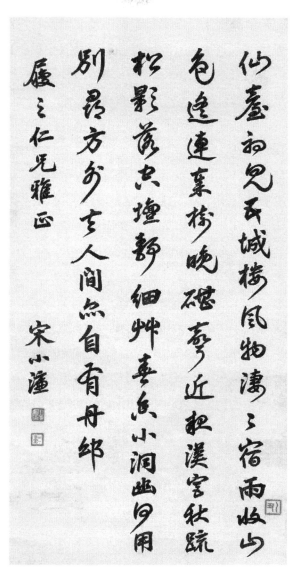

▲ 宋小濂手稿

年（1907年）廢棄前約，先後改訂上述三項合同，挽回很多主權。同年十月，宋小濂又被任為暫護呼倫貝爾副都統，後改任呼倫貝爾兵備道員。他為加強邊疆防衛，親自踏察一千五百餘里國境線，寫出《呼倫貝爾邊務調查報告》。他整頓重設二十一座邊防卡倫、創辦學校、設置警察、清理稅制、四處巡視、撫慰地方，為呼倫貝爾地方的安定發展和民族團結做出了很多有益的工作。當與俄方官員會勘西段國界時，俄人驕橫，欲將滿洲里劃入俄界。宋小濂大義凜然，堅持條約，寸土不讓。

宣統三年（1911年），宋小濂升任黑龍江民政長，同年又任黑龍江巡撫。民國初建，宋小濂被任為黑龍江省都督兼民政長。他在黑龍江二十餘年，熟悉情況，多次與俄交涉，屢挫其鋒，俄慮宋小濂，得逞其謀，乃藉齊齊哈爾巡警檢查俄籍朝鮮人之故，對北洋政府施以威脅，因此宋小濂於民國二年（1913年）被調入京。俄國十月革命後，東省鐵路長春以上段由中蘇管理，北洋政府於民國八年（1919年）命宋小濂任中東鐵路督辦。他到任後，組織新的董事會，更換管理局長，親自按站巡閱全線，勉勵職工，詢問旅客。他注重規劃，力求改革，有《巡閱東省鐵路紀略》記其事，稱道「事功有成，謗亦隨之」。時年六十三歲的宋小濂不得不提出辭職，後即定居於北京。

宋小濂善於作詩，書法也頗具特色，其詩以古風見長，書法以顏真卿為宗，筆法雄健，結體遒勁，在流宕中有雄渾肅穆之意，其著作有《呼倫貝爾邊務調查報告》《巡閱東省鐵路紀略》和《晚學齋詩草》等。

關東詩人——成多祿

　　成多祿（1864 年 - 1928 年），成多祿，字竹山，號澹堪。吉林市塔木屯（今九台市其塔木鎮成家瓦房屯）人，關東詩人。他自幼穎慧好學，五歲識字，八歲能詩。一八九〇年，二十六歲的成多祿就讀於吉林府崇文書院，才智愈加深廣，詩詞創作也取得較高成就。因自幼生長在東北農村，他的詩具有濃厚的鄉土氣息。在吉林定居後，他組織發起「雪蕉詩社」，經常與同學詩友共同切磋詩藝。八國聯軍侵占北京，沙俄軍隊侵入東北，成多祿以詩記錄了這場離亂和人民遭受的塗炭。兩年後，程德全出任齊齊哈爾副都統，途經吉林時特聘成多祿入幕相助，成多祿與徐鼐霖一起赴黑龍江，不久被派往綏化任知府。成多祿到任後擴充街基、修建衙署、整頓警政、提倡學務，盡心竭力辦了許多新政，綏化人民稱他為「清廉太守」。

▲ 成多祿書法集

　　一九〇九年程德全出任奉天巡撫，後調江蘇巡撫。在隨程南下期間，成多祿廣交南方文士名流，並創作許多著名的詩篇。至今蘇州網師園中還刻有他的詩作，現存於蘇州寒山寺大雄寶殿內，所刻程德全詩三十六首，都是成多祿手筆。一九一一年成多祿辭職，旅居齊齊哈爾，手訂《澹堪居士年譜稿》一卷。一九一二年，他返回吉林後相繼出版《澹堪詩草》和《思舊集》等詩文集。一九一六年，成多祿被選為吉林省參議員，後赴北平就職，任教育部審核處處長與圖書館副館長。在此期間，他與宋小濂、徐鼐霖相聚，開始了「十年燕市黃花酒」的詩酒生涯，贏得了「吉林三傑」的盛譽。

關東才子——金毓黻

金毓黻（1887年-1962年），遼寧省遼陽人，著名的東北文獻學家、地方史志專家，被譽為「關東才子」。

金毓黻1913年考入北京大學文科，1916年夏畢業。曾任國民政府中央大學史學系主任、國史館纂修、瀋陽博物館籌委會主任等職，職位最高時任遼寧省政府委員兼教育廳廳長，後來主要以教學和研究為業。解放後他曾任北京大學教授、中國科學院歷史研究所研究員等職，是一位畢生從事於史學編研的學者。他自1916年從北京大學畢業後，勤奮地檢索典籍、考據金石、搜訪掌故、著書立說，對東北史進行了認真系統地研究和考證，著有許多著

▲ 金毓黻

作。他曾於1922年7月至1923年初，1925年5月至1928年末兩度客居長春。在這期間，他一邊研究東北歷史，一邊研究長春歷史。

金毓黻與當時許多掛名的志書總編纂不同，他不僅不辭辛勞親自統稿，而且還親手檢索文獻，執筆撰寫，特別是他否定了長春即遼長春州的說法，將長春的歷史沿革敘述得無比清晰。他還懷著強烈的民族義憤，將日本人在長春盜買土地、強占大屯石山和開辦華實公司從事非法活動等醜惡行徑，如實記載在志，為後世留下鐵證。

金毓黻著有《渤海國志長編》《東北通史》《中國史學史》《宋遼金史》等著作，編有《遼海叢書》《奉天通志》《明清內閣大庫史料》（第一輯）等。其中《中國史學史》是國內史學史研究發端之作，不在梁啟超《中國歷史研究法》之下，而《渤海國志長編》更為補史難得之作。

中國地質之父──李四光

　　李四光（1889 年 10 月 - 1971 年 4 月），湖北黃岡人，原名李仲揆，一九一七年畢業於英國伯明翰大學，獲得碩士學位。一九五一年八月擔任東北地質學院（後名長春地質學院，現為吉林大學地學部）首任院長，長期從事地質力學的研究，對中國甩掉「貧油」帽子，創立地質力學理論和中國「兩彈」的研發貢獻巨大，一九五五年當選為中國科學院院士。

　　李四光的最大貢獻是創立了地質力學，一九二六年和一九二八年他分別發表了《地球表面形象變遷之主因》及《晚古生代以後海水進退規程》等論文，從理論上探討自水圈運動到岩石圈變形，自大陸運動到構造形跡等問題。一九二九年，他提出構造體系這一重要概念，建立了一系列構造體系類型。一九四一年，他在演講「南嶺地質構造的地質力學分析」時正式提出了「地質力學」一詞。一九四五年，他發表《地質力學的基礎與方法》，對地質力學理論作了系統的概括。地質力學是力學與地質學相結合的邊緣科學，即用力學原理研究地殼構造和地殼運動及其起因的科學。它從地質構造的現象（構造形跡）出發，分析地應力分布狀況和岩石力學性質，追索力的作用；從力的作用方式進而追索地殼運動方式，探索地殼運動的規律和起源。地質力學認為結構要素、構造地塊和構造體系是地質構造的三重基本概念，對於探索地殼運動規律具有極為重要的意義。現已認識的構造體系，可劃分為三大主要類型，即緯向構造體系、經向構造體系和扭動構造體系。這些體系主要是地殼的水平運動（經向的和緯向的）造成的；而水平運動則起源於地球自轉速度的變化。李

▲ 李四光

▲ 《李四光》圖書

四光把地球自動調節自轉速度變化的作用稱為「大陸車閥作用」，因而把這一假說稱為「大陸車閥假說」。

　　地質學家李四光還是一位音樂迷，在博物館裡展出的李四光生前物品中，他曾用過的小提琴引起眾多參觀者關注，對地質學家音樂才華讚歎不止。中國地質科學院地質力學研究所研究員馬勝雲稱，李四光在英國留學時就迷上了小提琴。

　　李四光在英國苦讀七年，一九二〇年回國前，他提筆寫下小提琴曲《行路難》。據上海音樂學院現代音樂室考證，它是有曲譜為證的中國最早的一首小提琴曲。

　　二十世紀五〇年代，李四光建議在松遼平原、華北平原開始大規模的石油普查。一九五六年，在他的主持下，先後發現了大慶、勝利、大港、華北、江漢等油田，在國家建設急需能源的時候，使滾滾石油冒了出來，不僅摘掉了「中國貧油」的帽子，也使中國人提出的陸相生油理論和創立的地質力學理論得到了最有力的證明，李四光為中國石油工業建立了不朽的功勛。

古文字學家——于省吾

于省吾（1896 年 - 1984 年），古文字學家，遼寧省海城市人，歷任北京大學教授、燕京大學名譽教授、故宮博物院專門委員、中國訓詁學會顧問、國務院古籍整理出版規劃小組顧問等職，一九五五年起任東北人民大學（現吉林大學）歷史系教授，古文字研究室主任兼校學術委員會委員。

于省吾從事學術活動五十餘年，在中國古文字、古文獻和古代史等研究領域裡取得了突出成績，在國內外學術界享有很高聲譽。他在古文字領域的研究

▲ 著名學者于省吾

主要集中在甲骨文、金文考釋和古代典籍的考證等方面，共考釋了前人未識或雖釋而不知其造字本義的甲骨文約三百字，占全部已識甲骨文字的四分之一還多。《甲骨文字釋林》（中華書局，1979 年）一書，是他在古文字研究方面的代表作，從而使該書成為羅振玉、王國維考釋甲骨文字的最重要的參考著作。他對古文字的研究不是孤立地進行的，而是結合許多有關學科的知識來進行的，合理地解決了「玄鳥生商」「《尚書·召誥》中一段五百字的話到底是誰說的」等久懸未決的問題。他利用古文字的研究成果，為中國古代史的研究做出了重要貢獻。

于省吾的藏書在東北三省位居第一，長沙葉德輝藏書歸於北平某書局，他獲悉後立即購得。他收集的圖書，涉及經、史、子、集、叢書、期刊等，共計一千一百一十種四千四百六十一冊。所藏明清善本甚多，尤多桐城派諸子文

集，精本有藍印本《吳都四子》、錢竹汀《南宋館閣錄續錄》、許瀚《攀古小廬文》稿本等。間亦收藏金石，因得到吳王夫差劍、少虞錯金劍，遂將其藏書樓名為「雙劍誃」，另有「未兆廬」「澤螺居」等，所藏書共有五萬冊左右。後為生計所累，他曾將部分古籍換米。逝世後，其家屬將這批圖書捐獻給吉林大學圖書館，為了紀念其捐書和對吉林大學所作出的重要貢獻，吉林大學圖書館特闢「于省吾圖書專藏紀念室」。

在對先秦等古代文獻典籍的考證方面，于省吾著有多部（篇）論著，並因而被《中國訓詁學史》作者胡樸安推許為「新證派」的代表人物。另有考釋單字論文多篇。他晚年想將已發表和未發表的金文考釋編成《吉金文字釋林》，可惜未能完成。

▲ 于省吾書畫作品

開創高等師範函授教育先河——成仿吾

成仿吾（1897 年 8 月 - 1984 年 5 月），
無產階級革命家、教育家、社會科學家。成
仿吾曾與郭沫若等創建著名革命文學團
體——創造社。一九五二至一九五八年在擔
任東北師範大學校長和黨委書記期間，教學
內容和課程體系得到基本改造，東北師範大
學成為東北和全國師資培養的重要基地。一
九五三年，他還倡導創辦了函授教育，開創
了中國高等師範函授教育的先河。東北師範
大學校園內矗立著他的塑像，表達了師生對
老校長成仿吾的永遠紀念。

▲ 筆耕中的成仿吾

成仿吾事業心很強，革命意志至老不衰，儘管進入耄耋之年，依然為教育
事業不辭辛苦地操勞。一九八二年，八十五歲的成仿吾同志，口述完成《戰火
中的大學》一書。這年，成仿吾這樣總結自己的一生：「我是從文學革命到革
命文學，從文化人到革命戰士。」

中共中央書記處審定的《成仿吾同志生平》高度評價成仿吾同志是「中國
無產階級革命家，忠誠的共產主義戰士，新文化運動的重要代表；無產階級教
育家、社會科學家」。稱讚他的一生是「為共產主義事業永遠進擊的一生，是
無產階級教育事業艱苦開拓和創造的一生，是為馬列主義、毛澤東思想的傳播
鞠躬盡瘁的一生」。其主要作品有小說《守歲》、評論《使命》，小說、詩合集
《流浪》和論文《仿吾文存》、論文集《從文學革命到革命文學》、回憶錄《長
征回憶錄》《戰火中的大學》《成仿吾文集》等。

探尋遠古奧秘的人——俞建章

▲ 俞建章

俞建章（1898 年 1 月 - 1980 年 10 月），安徽省和縣人，一九二四年畢業於北京大學地質系，獲理學士學位，一九三五年在英國布里斯托爾大學修業，獲博士學位。一九五一年任長春地質專科學校地質科主任，一九六四年任長春地質學院副院長，長期從事晚古生代地層及四射珊瑚化石的研究。一九五五年當選為中國科學院院士。俞建章不僅是中國珊瑚化石專家，同時也是鸚鵡螺類化石研究的奠基人。早在一九二八年，俞建章調查湖北西北部地質礦產時，除研究該地區的地質礦產外，還對這一地區奧陶紀鸚鵡螺化石進行研究。

他在科學研究工作中，態度嚴謹，致力創新。隨著中國地質事業的發展，他蒐集了遍布中國各地的下石炭統珊瑚化石材料，補充了過去研究資料的侷限性，並重新對泡沫內溝珊瑚屬進行了系統發育和個體發生的研究，證實了他在三〇年代所產生的疑問，即該屬的新生隔壁可以發生在六個區域內，在對隔壁與對側隔壁之間也可以發生後生的一級隔壁，這與皺紋珊瑚的隔壁發生規律不同，而頗似中生代六射珊瑚早期階段的特點，為研究古生代皺紋珊瑚演變為中生代六射珊瑚提供了重要線索。另外，他還研究了中國青海、新疆的石炭紀珊瑚材料，以實現他在以前所渴望的研究課題。通過與新疆地質礦產局合作，在新疆東部地區開展生物地層的研究工作，對石炭紀地層和珊瑚做了全面、系統的工作，採集了大量標本。一九三〇年發表了第一本專著《中國中部奧陶紀頭足類化石》，其中記述了揚子地台區奧陶紀鸚鵡螺類化石的分類、地層及地理

▲ 鸚鵡螺化石

分布，還對該類動物群特徵、生物地理區也有較詳的論述。這是中國古生物學
家論述華中西南區奧陶紀直角石類動物群第一本專著。俞建章除對中國奧陶紀
鸚鵡螺化石有深入的研究，還對中國二疊紀海綿化石、侏儸紀菊石及奧陶紀腹
足類等門類進行了研究，成果突出。

象徵派詩人代表——穆木天

　　穆木天（1900 年 3 月 - 1971 年 10 月），吉林伊通縣靠山鎮人，中國現代詩人、翻譯家，象徵派詩人的代表人物。穆木天原名穆敬熙，一九一八年畢業於南開中學，一九二六年赴日本留學，畢業於日本東京大學，回國曾任中山大學、吉林省立大學教授。一九三一年在上海參加左聯，負責左聯詩歌組工作，並參與成立中國詩歌會，後歷任桂林師範學院、同濟大學教授，暨南大學、復旦大學兼職教授，東北師範大學、北京師範大學教授。一九二六年開始發表作品，一九五二年加入中國作家協會，著有詩集《旅心》《流亡者之歌》《新的旅途》等。

蒼白的鐘聲

蒼白的鐘聲衰腐的朦朧

疏散玲瓏荒涼的濛濛的谷中

——衰草千重萬重——

聽永遠的荒唐的古鐘

聽千聲萬聲

古鐘飄散在水波之皎皎

古鐘飄散在灰綠的白楊之梢

古鐘飄散在風聲之蕭蕭

——月影逍遙逍遙

古鐘飄散在白雲之飄飄

一縷縷一縷縷的腥香

水濱枯草荒徑的近旁

──先年的悲哀永久的憧憬新觴──

聽一聲一聲的荒涼

從古鐘飄蕩飄蕩不知哪裡朦朧之鄉

古鐘消散人絲動的游煙

古鐘寂蟄入睡水的微波潺潺

古鐘寂蟄入淡淡的遠遠的雲山

古鐘飄流入茫茫四海之間

──冥冥的先年永遠的歡樂辛酸

軟軟的古鐘飛蕩隨月光之波

軟軟的古鐘緒緒的人帶帶之銀河

──呀遠遠的古鐘反響古鄉之歌

渺渺的古鐘反映出故鄉之歌

遠遠的古鐘入茫茫之鄉無何

聽殘朽的古鐘在灰黃的谷中

入無限之茫茫散淡玲瓏

枯葉衰草隨呆呆之北風

聽千聲萬聲──朦朧朦朧──

荒唐茫茫敗廢的永遠的故鄉之鐘聲

聽黃昏之深谷中

▲ 穆木天翻譯作品

中國歷史科學拓荒者 —— 呂振羽

　　呂振羽（1900 年 1 月 - 1980 年 7 月），中國歷史學家，有「紅色教授」之譽。湖南武岡（今邵陽縣）人。出身世代農家，他懷著「工業救國」的志向，考入湖南大學，專攻電機工程。一九二六年夏畢業於湖南大學工科，後參加北伐軍。

▲ 呂振羽

　　大革命失敗後，他脫離軍隊，東渡日本，在明治大學攻讀經濟學課程。一九二八年，呂振羽回國到北平，受聘為《村治》月刊社編輯，次年出版了《中國外交問題》一書。一九三〇至一九三二年，他擔任《新東方》雜誌編輯。自一九三〇年冬至一九三二年初，相繼發表了《中國國民經濟的趨勢之推測》《中國國民經濟的三條路線》《中國革命問題研究》等論文。一九三三年他在李達的支持下，開始了歷史研究的生涯，先後出版了《史前期中國社會研究》（1934）、《殷周時代的中國社會》（1936）和《中國政治思想史》等專著，成為一名有影響的馬克思主義史學家。一九三六年三月，加入中國共產黨。從一九三四年六月至一九三七年六月，相繼出版了《史前期中國社會研究》《殷周時代的中國社會》《中國政治思想史》等專著。

　　一九三七年七七事變後，呂振羽回到湖南長沙，和翦伯贊等人籌組了湖南文化界抗敵後援會和中蘇文化協會長沙分會，創辦《中蘇文化》月刊。次年他又在武岡縣創辦「塘田戰時講學院」，任副院長兼地下黨代表，為我黨培養幹部。一九三九年他接受周恩來電召，到重慶任復旦大學教授，一面從事教學和學術研究，一面進行統戰工作。為了批駁日本學者秋澤修二的錯誤觀點，痛斥民族投降主義，鞏固和發展抗日民族統一戰線，在到重慶一年多時間裡，呂振

羽就連續發表了《關於中國社會史的諸問題》《中國社會史上的奴隸制度問題》《「亞細亞生產方法」和所謂中國社會的「停止性」問題》《創造民族新文化與民族遺產的繼承問題》《本國史研究提綱》等文章，一九四二年輯成《中國社會史諸問題》一書，由上海耕耘出版社出版。他還致力於《簡明中國通史》的編著，並於一九四一年由生活書店出版了上冊。一九四二年他到延安，任劉少奇政治秘書。一九四七年出版了《中國民族簡史》一書，這是以馬克思

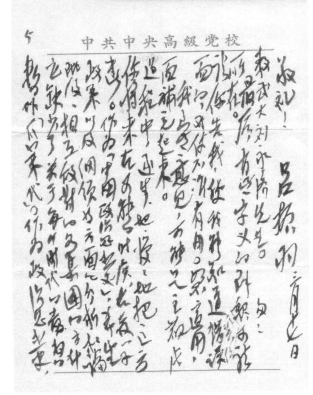

▲ 呂振羽手稿

主義為指導思想的通史著作。一九四八年《簡明中國通史》下冊完成並出版，這是運用馬克思主義觀點闡述中國各民族歷史的重要著作。

　　中華人民共和國建立後，呂振羽曾任大連大學校長兼黨委書記，東北人民政府文化教育委員會副主任兼東北人民大學（現吉林大學）校長兼黨委書記，中共中央歷史問題研究委員會委員，中國科學院哲學社會科學學部委員、考古研究所和歷史研究所學術委員，第三屆全國政協委員，全國人民代表大會民族委員會委員，國家民族事務委員會委員，民族歷史指導委員會委員等。此外還擔任中央高級黨校兼任教授及歷史教研室顧問、中央軍委顧問、中國史學會理事和一些重要刊物的編委等。

京派代表作家——廢名

　　廢名（1901 年 11 月 - 1967 年 10 月），原名馮文炳，曾為語絲社成員，師從周作人的風格，在文學史上被視為京派代表作家，也是二十世紀中國文學史上最有影響力的文學家之一。一九五二年調往東北人民大學（現吉林大學）中文系任教授，一九五六年任中文系主任，先後被選為吉林省文聯副主席，吉林省第四屆人民代表大會代表，吉林省政協常委。廢名小說以「散文化」聞名，其獨特創作風格人稱「廢名風」，對沈從文、汪曾祺以及後來賈平凹等文學大師產生過影響。

　　廢名的代表作有《竹林的故事》《橋》《莫須有先生傳》《莫須有先生坐飛機以後》等。廢名名氣雖大，但因為其文章晦澀難懂，讀者卻少。在文學上，周作人和俞平伯是他的兩個著名知音。周作人在為廢名和俞平伯的「澀」作解釋時說：「本來晦澀的原因普遍有兩種，即是思想之深奧或混亂，但也可以由於文體之簡潔或奇僻生辣，我想現今所說的便是屬於這一方面」。

　　在《廢名小說選·序》中，廢名對於自己的風格有如此評論：「就表現的手法說，我分明受了中國詩詞的影響，寫小說同唐人寫絕句一樣，絕句二十個字，或二十八個字，成功一首詩，我的一篇小說，篇幅當然長得多，實在用寫絕句的方法寫的，不肯浪費語言。這有沒有可取的地方呢？我認為有。運用語言不是輕易的勞動，我當時付出的勞動實在是頑強。讀者看我的《浣衣母》，那是最早期寫的，一支筆簡直就拿不動，吃力的痕跡可以看得出來了。

▲ 廢名著作

到了《桃園》，就寫得熟些了。到了《菱蕩》，真有唐人絕句的特點，雖然它
是五四以後的小說。」

十二月十九日夜
廢名

深夜一枝燈，
若高山流水，
有身外之海。
星之空是鳥林，
是花，是魚，
是天上的夢，
海是夜的鏡子。
思想是一個美人。
是家，
是日，
是月，
是燈，
是爐火，
爐火是牆上的樹影，
是冬夜的聲音。

醫學事業傑出貢獻者——周澤昭

　　周澤昭（1901 年 12 月 - 1990 年 4 月），重慶江津人，科學院院士。1921 年入上海同濟大學德語速成班，1922 年轉入私立同德醫學院，1925 年入廣州中山大學醫科，後留校任教，專攻普外、骨科。1926 年畢業於中山大學醫學院。1931 年應聘任南寧軍醫院外科主任，任廣西軍醫學校教育長兼外科教授。1937 年抗戰爆發後轉攻戰傷。1940 年應周恩來邀請赴延安為中央領導會診，途中被寶雞警方扣押。1945 年到達延安，任延安中國醫科大學外科教員，講授普外科、骨科和戰傷外科。抗戰勝利後升任中央醫院外科主任，主要工作是為中央領導人做保健和培訓全軍醫學幹部。1949 年入黨，在解放戰爭中收治傷員萬名以上，榮立特等功。1949 年東渡黃河任平山朱家村中央醫院院長兼外科主任、教授。1953 至 1957 年任北京醫院院長、外科主任，負責毛澤東的保健工作，並曾為金日成、西哈努克、德田球一、拉達克里希等治過病。1957 年調任重慶醫學院院長兼重慶外科醫院院長。1960 年率中國外科醫學代表團赴莫斯科參加外科會議。1972 年調任四川省衛生廳副廳長。

　　周澤昭曾任第一軍醫大學校長，長期從事醫療研究，1955 年當選為中國科學院院士。在抗日戰爭中，他冒著槍林彈雨，全力投入戰地救護，編印了《救護手冊》《戰爭毒氣病的病理治療》《戰爭外科學》等著作，創建了中央醫院，為戰地救護和保證中央主要領導同志，特別是毛澤東主席的健康做出了貢獻；在開展教學、醫療、科研三結合的活動中取得了顯著成績；他認真貫徹執行了團結中西醫的政策，為中醫事業的發展做出了貢獻；他組織和參與了斜頸矯形的研究工作，設計了「完全性纖維中間切斷術」用於手術方法矯正斜頸，摒棄了手術後石膏固定，改做早期運動。周澤昭為祖國的醫學事業做出了傑出貢獻。

終身踐行「實業救國」——蔡鎦生

　　蔡鎦生（1902 年 8 月 - 1983 年 10 月），福建省泉州市人，物理化學家。1924 年畢業於燕京大學化學系，1932 年畢業於美國芝加哥大學化學系，獲博士學位，1952 年 9 月任東北人民大學（現吉林大學）教授、化學系主任，長春市科學技術協會副主席，《化學通報》編委，長期從事光化學研究，1957 年當選為中科院院士。蔡鎦生的催化動力學研究中心，在甲烷氧化方面的研究成果達到了國際先進水平；他所從事的吸附、膠體化學和化學動力學的研究，取得了豐碩成果，發表的論文主要有《溶液吸附的研究》《氰的光化聚合》《魚藤酮的光分析》《加熱溫度和時間對熱裂棉籽油的影響》等。

　　蔡鎦生創建吉林大學化學系。他到吉林大學，與唐敖慶、關實之、陶慰孫等教授通力合作，率領來自燕京大學、北京大學、清華大學、交通大學、浙江大學、復旦大學、金陵大學和東北師範大學的七名中青年教師和十一名應屆大學畢業生，創建了吉林大學化學系，為國家培養本科生近五千人，研究生近四百人。承擔和完成了一系列國家重點科研任務，許多科研項目獲得了中國科學大會獎、自然科學獎、科技進步獎等部委和省市的獎勵。吉林大學化學系已躋身於中國先進行列，並在國際上有一定影響。根據國家建設的需要，又先後從化學系派生出理論化學研究所、分子生物學系和環境科學系等。蔡鎦生致力於催化動力學和光化學研究，其中閃光光解裝置在 1964 年已經能用來研究微秒級的化學過程，填補了國內空白。

　　蔡鎦生在晚年特別注意分子有序體系的製備和功能特性的研究動態。1979 年，他指導一名研究生開展了 LB 膜的研究。他去世後，他的研究集體在他的學術思想基礎上，繼續深入研究，取得重要進展，一名博士研究生，獲得了中國化學會 1988 年中國青年化學獎。

國際學術界關注的華人 —— 吳學周

　　吳學周（1902 年 9 月 - 1983 年 10 月），江西萍鄉人，物理化學家。一九二四年畢業於南京高等師範學校數理化部，同年冬，畢業於東南大學化學系，一九三一年獲美國加州理工學院博士學位。吳學周組建了中國科學院長春應用化學研究所，並擔任所長。一九五八年創辦了長春化學學院和附設的化學學校與技工學校。吳學周主要從事多原子分子的紫外、遠紅外光譜研究。吳學周是中國最早把光譜數據應用於分子常數和熱力學函數計算的光譜學者，他所做的氰酸、氰酸酯、異氰酸酯和鹵化氰分子的解離能的確定；HCN，CICN，BrCN，ICN，C2N2 和 C2H2 等分子在 298K 的熵值計算，對光譜研究均具有指導意義。他在開展光譜基礎研究的同時，就注意了這門學科在物理化學研究中的應用，在硫氰酸酯和異硫氰酸酯的吸收光譜考察中，基於每個分子具有兩個連續吸收區而求出兩種解離能，並認為解離成烷基或芳基，硫氰酸基或異硫氰酸基，是初始光化學過程。在裝備了紅外光譜儀以後，他又開展了紅外與紫外在化學反應中的應用，開創了中國多原子分子光譜研究的新局面，對國際化學界做出了貢獻。

▲ 吳學周傳記

　　吳學周為發展祖國科學、繁榮學術做了許多組織領導工作。自一九三九年開始，曾十次被選為中國化學會理事或常務理事，並擔任過該會物理化學委員會主任委員。一九四八年當選為中央研究院院士，一九五七年被任命為國務院科學規劃委員會化工專業組副組長，一

▲ 吳學周與院士們

九七八年由國家科委聘為化學組成員,一九七九年兼任中國科學院環境化學研究所所長,一九八○年任中國科學院環境委員會副主任,同年又當選為吉林省科協主席。擔任過《中國大百科全書・環境科學卷》主編,《分析化學》《應用化學》和《應化集刊》等出版物的主編。

首批部評中國古代史專業博士生導師
——金景芳

金景芳（1902 年 6 月 - 2001 年 5 月），著名歷史學家、文獻學家、國學大師、吉林大學教授。一九五四年調入東北人民大學（現吉林大學），歷任歷史系教授、歷史系主任、名譽系主任、古籍研究所教授、顧問、博士生導師。他還兼任國家古籍整理出版工作領導小組顧問、中國孔子基金會顧問、國際儒學聯合會顧問、東方易學研究院顧問、中國孔子基金會顧問、國際儒學聯合會顧問、中國先秦史學會顧問。他對先秦史和先秦文獻研究方面的貢獻，在於構建了自己的上古史體系，對古史分期、古代制度、古代社會結構、思想文化等方面都有許多獨到見解。對詩、書、三禮、春秋三傳等都有超過前人的精闢研究。對孔子思想和先秦儒家思想的研究貢獻，在於對孔子思想體系、孔學的現代價值以及孔子和六經關係等研究更是獨樹一幟，為世人所矚目。在易學的研究主要貢獻，在於對易學源流、易經深邃內涵的研究，特別對孔子與《易經》關係等研究更是探幽闡微，尤多創獲。

金景芳一生教書育人，潛心學問，學開一派，他執教八十餘年，桃李滿天下，弟子遍寰中，形成了史學界氣度不凡的「金氏學派」。活躍於學術界的金門弟子及其豐碩成果，集中展現了金氏學派的學術實力和學術成就。

他早年撰寫的《春秋釋要》《易通》以及解放後撰寫的論文如《論宗法制度》《中國奴隸社會的階級結構》《也談關於老子哲學的兩個問題》《釋「二南」「初吉」「三洽」「麟止」——讀書札記》《中國古代史分期商榷》《商文化起源與中國北方說》《孔子的思想有兩個核心》以及著作《中國奴隸社會的幾個問題》《論井田制度》《中國奴隸社會史》《周易講座》《孔子新傳》《〈尚書·虞夏書〉新解》等，皆對先秦史研究領域一些重大的基本問題提出自己的獨到見解。

他在晚年主要從事中國古代思想史的研究，除撰寫了大量論著外，還積極致力於將這一研究與古代文獻學研究、經學研究和古代社會史研究融為一體，從而為中國思想史研究的方法論建設做出了創造性的貢獻。

▲ 金景芳文獻

中國分子光譜研究先驅──柳大綱

柳大綱（1904 年 2 月 - 1991 年 9 月），江蘇儀徵人。一九二五年畢業於南京高等師範學校和東南大學化學系，一九四八年獲美國羅徹斯特大學博士學位，一九五四至一九五六年在中國科學院長春應用化學研究所工作，從事無機化學、物理化學工作，主要進行分子光譜研究，一九五五年被選聘為中國科學院院士。新中國成立後，柳大綱又全身心地投入到新中國的建設事業，放下了自己多年的研究方向，著手搞螢光料、土壤加固等國民經濟急需的科研課題。他在二十世紀五〇年代中期到六〇年代投身到祖國大西北的鹽湖資源的調查研究，每年有好幾個月到條件極為艱苦的西北戈壁灘去，為祖國大西北鹽湖資源的調查和開發做了大量工作。他還從事了祖國十分急需的原子能化學的一些工作，並最早參與中國的環保工作。臨終前，他在病床上還念念不忘祖國大西北的鹽湖，關心著在西北的青年科學工作者。

柳大綱十分關心物理化學研究。一九七一年，他籌劃在中國科學院化學研究所開展電子能譜的研究工作，親自組織文獻調研與方案論證，並邀請中國科技大學教授梅鎮岳和瀋陽科學儀器廠參加這項工作。這是一項在國內最早開展這一領域研究的工作，至今已形成一支有高學術水平的

▲ 柳大綱雕像

科研力量。該課題組的同志們在柳大綱先生親自領導下，開展了光電子能譜應用的基礎理論研究，特別是在生物大分子和絡合物結構的 ESCA 研究、材料表面和深度的 ESCA 分析，以及光電子能譜學的基礎和實驗方法研究等幾個領

域，均取得突出進展，處於國內領先地位，其中一些新發現和新見解亦屬國際水平。有關這方面的研究工作柳大綱出版專著兩本，在國內外一級刊物上發表論文近百篇。其中《有關生物大分子方面的光電子能譜研究》，獲一九八一年衛生部二等獎；《光電子能譜應用基礎理論研究》，獲一九九〇年中國科學院自然科學獎三等獎。

　　柳大綱為人公正、厚道，心懷坦蕩，嚴於律己，寬以待人。在工作中，他平易近人，學風民主，無門戶之見。對求教或與之論學者，無論長幼均一視同仁，熱情探討，耐心指點。柳大綱數十年如一日地辛勤耕耘，使中國科學院化學研究所不斷擴展了新的研究領域，培養了大批人才，在承擔國民經濟建設所需要的科研任務方面，取得了極其豐碩的成果。他正是以其高尚的道德風貌和赤誠的獻身精神，贏得了化學研究所廣大員工的愛戴，受到化學界同行們的敬重。

▲ 柳大綱畫冊

國際上第一流晶體學家 —— 余瑞璜

余瑞璜（1906 年 4 月 - 1997 年 5 月），江西宜黃二都人。一九三〇年一月畢業於中央大學（現南京大學）理學院物理系，一九三七年獲英國曼徹斯特大學理學博士學位，一九五二年籌建東北人民大學（現吉林大學）物理系，一九五五年當選為中國科學院院士。

他主要從事 X 射線晶體學金屬物理固體物理理論等方面的研究並取得突出成就。他還繼續開展在返國途中構思的「X 光新綜合法」的理論研究工作。原來他在英國進行研究時主要採用傅里葉、帕特遜綜合法。他的新綜合法比原有方法可以提供更為豐富的資料，為複雜結構的分析提供了方便。這期間余瑞璜在英國的《自然》（Nature）和中國的《科學記錄》等雜誌上先後發表了十幾篇有關論文，引起了國內外學者的廣泛關注和好評。他發表在《自然》上的一篇題為《從 X 光衍射相對強度測定絕對強度》的文章引起了國際學術界的高度重視。英國皇家學會會員、國際晶體學雜誌總編 A.J.C.Wilson 給予了很高評價，另一位英國皇家學會會員、曼徹斯特大學教授 H.Lipson 在一九七八年寫給余瑞璜的信中說：「你是否知道，戰爭時期你在《自然》上發表的快報開闢了強度統計學的整個科學領域。」由於余瑞璜的傑出貢獻，在紀念「X 光衍射五十年」的物理學史冊（英國）

▲ 流晶體學家余瑞璜

中，他的名字被載入了該書（該書中三位學者的文章都提到了余瑞璜的名字），他是唯一被載入該史冊的中國人。該書的總編輯 P.P.Ewald 在書中讚揚余瑞璜是世界上第一流的晶體學家。他為祖國爭了光，成為國際上知名的物理學家。

▲ 余瑞璜傳記

二十世紀三〇年代，他帶領科研小組研製出中國第一台蓋革計數器。二十世紀四〇年代研製出中國第一台抽氣式 X 光機。一九五〇年研製出中國第一支醫用封閉式 X 光管。除了專業工作之外，他很喜歡中國古典文學，尤其是唐詩、宋詞。余瑞璜從事教學工作六十餘年，在國內外都有他的學生，可謂桃李滿天下。他以一生都獻給教育事業而欣慰，常常自吟：春蠶到死絲方盡，蠟炬成灰淚始乾。

孔學泰斗 —— 匡亞明

▲ 學者匡亞明

匡亞明（1906 年 3 月 - 1996 年 12 月），江蘇丹陽導墅匡村人。他是中國傑出思想史專家，集革命者、記者、學者、教育家於一身，對中國高等教育事業做出了許多開創性工作，被學術界譽為「孔學泰斗」。匡亞明從一九五五年來長春，到一九六三年一直擔任東北人民大學（現吉林大學）校長。深受蔡元培「大學之大，在於大師之大」影響的匡亞明，到校伊始就明確主張：「標誌一所大學水平的，是教授的數量和水平。」為此，他尊重人才，求賢若渴，推心置腹，真誠地和專家交朋友，被廣大知識分子，包括許多知名學者、教授引為知音、良師和益友。他提出「三難」（入學難，畢業難，當老師難），始終保持了大學教育的高水準。

他長期從事黨的宣傳、理論、教育工作，在馬克思主義理論研究、中國傳統文化研究、高等教育理論研究與實踐中，建樹卓越。他是吉林大學的重要奠基人之一，並兩度出任南京大學校長。在他領導下的吉林大學和南京大學，無論是在學校的專業設置和學科建設，還是在人才引進和人才培養方面；無論是在教師隊伍的管理，還是在校風建設方面；無論是在教學科研，還是在行政管理方面都取得了巨大成就。

匡亞明在治學方面，高瞻遠矚，態度嚴謹，著述頗豐。其教育論著《匡亞明教育文選》，是研究中國高等教育的寶貴遺產。他多年鑽研孔子思想，著有

匡亚明在吉林大学的几件小事

丹阳市教育局　周竹生

3月28日，南京大学举行匡亚明诞辰100周年座谈会暨匡亚明学院揭牌仪式，这是匡亚明的荣誉，也是我们丹阳人的光荣。

在全国各地，丹阳籍的大学校长或者党委书记也有一些人，而在他们当中，曾任过吉林大学和南京大学校长的匡亚明影响最大，被誉为中国最优秀的大学校长。在匡亚明诞辰100周年之际，想到了过去阅读过的他的一些生平事迹，从中选择几则匡老在吉林大学鲜为人知的大刀阔斧、雷厉风行办大学的事情记下，也算作对匡老的纪念。

学走路

匡亚明接受过传统教育，非常注重尊师重教。有一次，有两位学生在校园里走动，看到匡老，出于敬畏，绕着匡亚明刚想走开，被匡亚明叫住。匡亚明告诉他们，见到老师要行礼，让他们重新从面前走一遍。远处围观的许多同学看着发笑，两位学生很尴尬，不知道如何才好。匡亚明向他们认真地示范了一遍，两位学生胆怯地从匡亚明面前重新走了一遍。

摘牌子

有一次，外单位的一位职工来吉大教务处办事，教务处没人。匡亚明见了对这位同志说，很对不起，让你白跑一趟，你先回去，明天我找人去你那里办这件事。回到办公室以后，匡亚明马上把门卫叫来，说你去把教务处的牌子摘下来，门卫只好照办。教务长回来后，看到牌子没有了，四处找。门卫告诉他，你去匡校长那里找吧。教务长大概也知道脸上无光，低着头去见匡校长，但还是被匡亚明狠狠骂了一顿，说你这块牌子是吉林大学一张脸，你今天就是丢了吉林大学的脸。

评职称

匡亚明有一个特殊的爱好，就是没事喜欢在教室间穿梭，随时会从教室的后门溜进去听课。有一次，他听了一位名叫高清海的年轻教师的课，走出教室，非常兴奋，不断念叨"这个青年人不简单"。他立即找到当时该系的系主任，问这个年轻人有没有当教授的水平。主任回答说，也有也没有。说有是因为他的学术水平确实够了，说没有是因为他太年轻了，而且从助教直接评为副教授也不符合规程。匡亚明说，能力够就行了，别的你不用说了。因为当时恰逢学校评职称，第二天匡亚明就让这个年轻人去填表。这件事在该系引起了轩然大波，其他老师议论纷纷。匡老听说后，马上召开该系教师大会。他一进门就说，我今天就讲两件事，第一件，这个年轻人评副教授是我特批的，如果大家有意见，可以直接和我谈，不要在私下议论。第二件，我平时工作官僚，不知道谁有他那样的学术水平。在座各位如果有，回去马上填表，填好后马上参评，如果没有，散会。

王兴阁　摄

▲ 匡亞明的「小事」

《孔子評傳》。他晚年主持編撰的《中國思想家評傳叢書》，對中國傳統思想文化進行全面和系統的總結，被稱為「二十世紀中國規模最大的思想文化工程」。

東北作家群代表之一——蕭軍

　　蕭軍（1907 年 7 月 - 1988 年 6 月），遼寧省義縣人，中國著名作家。蕭軍曾經在長春居住學習，一九二五年考入「少帥」張學良在瀋陽辦的東北陸軍講武堂第七期，學習法律和軍事。一九二九年蕭軍寫出了他的第一篇白話小說《懦……》，以「酡顏三郎」為筆名，發表在當年五月十日瀋陽《盛京時報》上。一九三二年初，蕭軍到了哈爾濱，正式開始文學生涯，也正式成為黨的地下組織所領導的革命文藝隊伍中的一員。一九三三年秋天，他和蕭紅（蕭紅、蕭軍意為：小小紅軍。）合印了一部短篇小說集《跋涉》。一九三四年十月創作了著名的《八月的鄉村》，奠定了蕭軍在文壇上的地位。從此，他與蕭紅成為「東北作家群」的著名代表。

　　蕭軍先後擔任了東北大學魯迅藝術文學院院長、魯迅文化出版社社長、《文化報》主編等職務。蕭軍在極端困難的逆境中寫出《五月的礦山》《吳越春秋史話》以及《第三代》最後部分等大量作品。後來，又有《魯迅給蕭軍、蕭紅信簡註釋錄》《蕭紅書簡輯存註釋錄》《蕭軍近作》等重要著作問世。蕭軍解放後所寫的作品，思想更見深沉，藝術上更加精益求精，是非常優美的散文藝術珍品。特別是他後兩部作品，名為「註釋」，其實是別具一格的藝術品。二〇〇六年六月，他的回憶錄全集《人與人間》由中國文聯出版社出版。

▲ 蕭軍與蕭紅

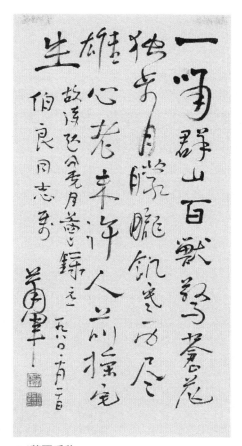

▲ 蕭軍手稿

　　蕭軍去世後，二〇〇七年七月三日，「蕭軍故居」和「蕭軍文化廣場」在凌海市沈家台鎮落成。二〇〇八年六月，蕭耘、王建中主編的《蕭軍全集》（20卷），由華夏出版社出版。同年七月二日，「蕭軍紀念館」新館在遼寧省凌海市落成。

▌用畫筆寫人生——李又罘

　　李又罘（1908 年 4 月 - 1976 年 11 月），山東諸城人，著名畫家。李又罘曾於一九二五年進上海美術專科學校學習，後在山東從事美術教育工作。盧溝橋事變後，他參加抗日宣傳活動，曾在濟南與施展、王景魯等三人組織「無名畫展」。一九三八年到延安，在陝北公學、魯藝美術系學習。同年加入中國共產黨，曾任延安新華書店經理和延安俱樂部負責人等職。一九四六年被派往東北任黑龍江省綏化第一中學校長。次年東北解放，任瀋陽故宮博物館館長兼東北展覽館館長。

　　建國後，李又罘一直從事文化教育工作。一九五四年調入吉林省，任長春市文化局副局長、吉林省美協主席、中國美術家協會理事。他曾擔任瀋陽故宮博物館館長兼東北工藝美術展覽館館長、長春市文化局副局長、中國美術家協

▲ 李又罘作品

▲ 李又罘抄錄手稿

會吉林分會主席等職。他繪畫，先學趙之謙、吳昌碩，後師齊白石。他的早期
作品，因戰亂保留殊少，現存作品，多為解放後創作。他博采眾長，擅長寫意
花鳥，題材豐富多樣，意境深遠，富有生活氣息，形成自己獨特的風格。所繪
花卉、鳥羽等作品，形神兼備，耐人尋味，對古體詩詞也有較深修養。自一九
六二年起先後在吉林、遼寧、黑龍江、浙江、廣州、天津等省市舉辦個人畫
展，受到好評。代表作品有《小米、南瓜和步槍》《雄雞報曉一鳴驚人》等。

用生命寫詩的人——公木

▲ 詩人、學者公木

公木（1910 年 7 月 - 1998 年 10 月），河北省辛集市人，是中國著名詩人、學者、教育家。公木原名張永年，又名張松甫、張松如，筆名公木，他是東北師範大學創始人之一，東北師範大學校歌詞作者。他曾擔任吉林大學副校長兼中文系主任，吉林社會科學院院長兼文學研究所所長，吉林社會科學聯合會副主席兼語文協會主席，吉林省文學藝術聯合會副主席暨中國作家協會吉林分會主席等職務。公木是《英雄讚歌》《八路軍進行曲》的歌詞作者。《八路軍進行曲》一九六五年改名為《中國人民解放軍進行曲》，一九八八年七月二十五日，被中共中央軍事委員會確定為中國人民解放軍軍歌。公木堪稱是用生命寫詩的人，老詩人的心裡燃燒著一顆永不熄滅的火種。

他在《公木詩選》後記中自述「吾十有五而志於詩」。他以驚人的毅力從《千家詩》學起，酷愛唐詩宋詞，在漫長的學者之途當中，邊學習邊創作，終於打下了廣泛的古典文學和語言學的堅實基礎。公木在八十四歲高齡時依然思想活躍，精力旺盛。在他的倡議下，又組起了《中國詩歌簡史》編委會，他團結了一批人，立志填補中國詩史的空白。一九八八年十月三十日，公木病逝於吉林省長春市，安葬於河北省辛集市烈士陵園，公木先生的塑像一直矗立在吉林大學的校園內。

具有齊派風範的畫家——崔廣武

　　崔廣武（1911 年 11 月 -），遼寧營口人。崔廣武師承李旺剛、張松軒學中國畫、油畫、雕塑。曾拜齊白石大師為師後，言傳身教，傳授給他蝦蟹畫法與技巧。經過刻苦的磨煉，崔廣武掌握了齊白石畫蝦蟹的技巧，特別是畫蝦時，有一筆是要蘸水畫的技巧，成為一絕。一九九六年自辦「當代白石畫館」。一九九八年，齊白石的長孫齊佛來先生找到崔廣武，看過崔廣武的作品之後，親筆在畫上題字：具白石筆意，齊派風範。這是業內人士對崔廣武藝術成就的認可。

　　在中國共產黨建黨九十週年時，年近百歲的崔廣武老人，又一次到北京，為偉大的中國共產黨生日獻禮作畫。崔廣武的中國畫作品獲全國人體科學研討會畫展壽星銀獎，一九九七年獲北京和平杯國際書畫藝術交流大展金獎。

▲ 崔廣武及其作品

遼史四家之一——羅繼祖

羅繼祖（1913年4月-2002年5月），字奉高，祖籍浙江上虞，後取魯迅「俯首甘為孺子牛」詩意改字甘孺，晚年號鯁庵、鯁翁。自幼與祖父、著名金石學家、文獻學家羅振玉一起生活，接受嚴格的庭訓，從塾師讀古書、習書畫。他從未進過學校，也沒取得過任何學歷，卻熟讀《四書》《五經》到《東華錄》等典籍，學貫文史，博涉多通，在歷史、考古、文博、圖書、書法等領域皆有建樹，尤其在文獻學

▲ 羅繼祖揮毫潑墨

和東北史研究方面有突出貢獻。他十八歲時即協助祖父羅振玉作《朱笥河年譜》並刊行。二十六歲時寫成的《遼史校勘記》，以遼代墓誌碑刻等核校遼史，奠定了學術地位，至今仍為研究遼史的重要參考書。一九三九年十月任瀋陽醫科大學預科國文課講師。一九四二年赴日本任京都大學文學部講師，寫成《遼史表訂補》等，一九四四年辭職回國。一九四六年參加革命，任旅順市教育局科員，負責整理家中的九萬多冊藏書，並捐獻給國家。一九四九年任瀋陽博物館研究員，一九五五年到東北人民大學（現吉林大學）歷史系任教，後任古籍研究所文獻研究室主任。羅繼祖為九三學社社員，中國歷史文獻研究會學術委員，曾為長春市政協委員，兼任文史委副主任。

在吉林大學，羅繼祖全心全意教書育人，對學生循循善誘，曾利用休息時間給學生講《論語》。同時潛心學術研究，發表了不少遼史研究論文，如《遼承天后與韓德讓》等，為學界所關注。一九六三年，借調到中華書局點校《宋史》。他一生耽於各種史籍，每有心得，便記下來。二十世紀八〇年代中期，

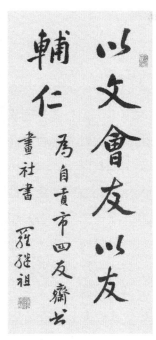

▲ 羅繼祖書法作品

自選其中部分編成《楓窗脞語》一書，後續選為《壖戶錄》，再加此前未刊的《留燈錄》及昔年子遺和晚年新作，編成《楓窗三錄》。全書分史札、尚論、表徵、文物、東北史叢話、雜俎六部分。史札評述歷史上的事情；尚論專評歷史人物，力求探索歷史變遷的因革軌跡，為治史者提供借鑑；表徵專門表彰歷代賢媛才女和有突出事蹟的婦女；文物講述各種文物的流傳；東北史叢話為研究東北史的獨特收穫。《楓窗三錄》用筆記體文言寫作，文章長者數千言，短者僅四十餘字。持論平和，見解獨到，文筆雅緻，精彩紛呈，表現出廣博的修養和卓異的史識，被譽為當代的《容齋隨筆》。

羅繼祖自幼喜愛書畫，十六歲習唐人寫經，後兼學各家，宗法唐宋，精研筆法。其書法嚴整挺拔，極富書卷氣，在國內外都享有盛譽，入選「全國第一屆書法篆刻展覽」和一九八七年在日本東京舉辦的「中國書法家百人展」等重要展覽。他稱自己的字為「金不換」書，因為有人求其書法，不論識與不識，他都會欣然應允，並且不收一分錢潤筆。繪畫多山水小品，筆墨精到，一絲不苟，極具傳統功力。其論書法的專集《墨傭小記》，雖然只是不足二百頁的小冊子，卻與章太炎、朱自清、朱光潛、賀麟、顧頡剛、葉聖陶等二十世紀學術大家的著述，同列「學者講壇系列」叢書，可見其非同一般的學術地位。

羅繼祖非常關心時事，即使在晚年耳目不便時，也堅持讀報看電視。年近九旬時，還要在看完中央電視台的《今日說法》後才去午睡。一九九四年，羅繼祖曾自擬輓聯，對自己做了恰如其分的評價：「尊儒尊孔尊董史尊馬列求是務實，研經研史研詩文研書畫適性怡情。」

紅色音樂家──李劫夫

　　李劫夫（1913年11月-1976年12月），吉林省農安縣人，中國著名歌曲作曲家，紅色音樂教育家。李劫夫原名李雲龍，曾用名李捷夫。他有廣泛的文藝才能，對美術、文學、戲劇都有較高的造詣，其突出的藝術成就表現在歌曲創作方面。他對中國民族民間音樂及人民群眾的音樂審美習慣有深刻的瞭解，他的作品大都具有濃郁的民族風格和通俗、質樸、自然、生動的藝術特色。他以民間分節歌形式寫作許多敘事歌曲，如《歌唱二小放牛郎》《王禾小唱》和《忘不了》等，二十世紀五六十年代，李劫夫創作的歌曲傳唱甚廣，如《我們走在大路上》《革命人永遠是年輕》《沁園春·雪》等。李劫夫為毛澤東公開發表的所有詩詞都譜了曲，寫下了大量的「語錄歌」，並被廣為傳唱。他為毛澤東詩詞譜曲的《蝶戀花──答李淑一》是一首有高度藝術價值的歌曲，深沉、委婉、曠達、激情，既有濃郁的民族風格，又表現了無產階級革命的情懷，是毛澤東詩詞曲中難得的好作品。

　　李劫夫是人民的知音，人民是李劫夫的知音。他用實踐證實了民族的才是經典的道理。著名音樂理論家周蔭昌認為，李劫夫的歌曲是大眾裡面最專業的，也是專業裡面最大眾的。他為中國的民族音樂留下了許多經典的歌曲，這與他的創作激情是分不開的。周蔭昌還回憶說，有一次一個共產黨的幹部被日本鬼子抓住了，但在敵人的嚴刑拷打下，沒有透露一點機密。後來，別人問他是什麼力量支持他？他回答說是兩首歌：《歌唱二小放牛郎》和《王

▲ 紅色音樂家李劫夫

禾小唱》。這兩首歌就是李劫夫的作品。正是李劫夫的這些具有民族特色和精神的作品鼓舞了幾代人，才會讓眾多的人至今難忘。中國藝術研究院音樂研究所研究員向延生說：「李劫夫對中國音樂的貢獻不僅僅在於那麼多優秀的作品，他在音樂教育上的作用不亞於他的創作。」

周總理到遼寧視察時，接見了李劫夫等人並就當時的形勢鼓勵他們創作出激勵中國人民奮發向上的作品來。當時的李劫夫正在醞釀創作，在總理的鼓舞下，他終於寫出了《我們走在大路上》這首經典的歌曲。李劫夫的夫人張洛感慨萬千地說：「劫夫的作品之所以有魅力，是因為他的歌記錄了一個英雄輩出的時代！」

▲ 李劫夫塑像揭幕

中國「量子化學之父」——唐敖慶

　　唐敖慶（1915 年 11 月 - 2008 年 7 月），江蘇宜興人。1940 年畢業於西南聯合大學化學系，1949 年獲美國哥倫比亞大學博士學位。1952 年 9 月在長春東北人民大學（現吉林大學）化學系任教授，1953 年至 1959 年在中國科學院長春應用化學研究所兼職，1978 年任吉林大學校長。他在中國建立了理論化學學科，形成了具有自己特色享譽國際的中國理論化學學派，連續四次獲得國家自然科學獎，並獲得 1993 年度陳嘉庚化學獎和 1995 年度何梁何利科技成就獎。其學術專長為物理化學和高分子物理化學，特別是量子化學方面成就突出。他的有關分子內旋轉、高分子化學反應統計理論、配位場理論、分子軌道圖形理論及分子軌道對稱守恆原理等研究成果，均受到國家獎勵，其中，關於「配位場理論」的研究，獲 1982 年國家自然科學一等獎。他一生共發表學術論文兩百六十多篇，與其他人集體合作研究出版《配位場理論》英文版等八部學術專著。二十世紀六〇年代，唐敖慶和他的八名學生組成科研集體，在國內被稱為「八大員」，國際上稱中國學派。八名學生分別是劉若莊、江元生、孫家鐘、張乾二、鄧從豪、鄢國森、戴樹柵和古正，皆為國內知名教授和博士研究生導師。這八個弟子中，鄢國森曾任四川大學校長；江元生一九九一年成為中國科學院院士；劉若莊 1999 年成為中國科學院院士；張乾二先生 1991 年成為中國科學院院士；鄧從豪曾任山東大學校長，1993 年成為中國科學院院士；孫家鐘先生 1991 年成為中國科學院院士。

▲ 唐敖慶教授紀念冊

唐敖慶教學風格獨特，歷來主張高等學校的教師，應該既從事教學又搞科學研究，必須同時具備這兩種能力，因為這二者之間是相互促進、相輔相成的。搞教學的教師知識面要寬，如果不搞科研，教學就達不到應有的深度，教學質量也不能提高；搞科研的教師在某一領域的知識要有深度，不搞教學就無法開拓知識面，科研水平也很難提高。

他一貫重視教學工作，並身體力行，即使進入老年之後，仍然堅守在教學第一線，繼續進行開拓性的教學工作。師生對他講課的反映是：「唐老師講課常聽常新，永遠保持著有國際水平的新鮮內容。」還有的學生說：「聽唐老師講課，好比是一次藝術享受。」唐敖慶由於青年時代就患有高度近視，從大學學習開始便練就成驚人的記憶力，所以在備課時，主要靠思維記憶，只寫簡單提綱就走上講壇，課講得深入淺出，富有邏輯性和啟發性。他這種獨特的講課風格，在課堂上可以使師生精神高度集中，思維活動交織在一起，對提高教學效果起到很好的作用。他的廣博學識與精湛的講課藝術，對中青年師資的培育影響深遠。

▲ 唐敖慶化學獎學金頒獎典禮

國家現代光學技術及光學工程開拓者 —— 王大珩

王大珩（1915 年 2 月 - 2011 年 7 月），原籍江蘇蘇州，應用光學家，一九三六年畢業於清華大學。一九五八年作為主要創始人的王大珩，創辦了長春光學精密機械學院（現長春理工大學），並擔任第一任院長。他是中國光學事業奠基人之一，一九五五年選聘為中國科學院院士，一九九四年當選為中國工程院院士。王大珩對中國技術光學、激光、光學計量、光學玻璃和光學工程等研究較深，指導研製成功多種光學觀察設備，為中國應用光學、光學工程、光學精密機械、空間光學、激光科學和計量科學的創建、發展做出傑

▲ 青年時的王大珩

出貢獻。王大珩的主要成就有：建立了中國科學院長春光電所；與王之江院士一起主持了中國第一台激光器的研製；建議設立八百六十三個項目；參與航天測試的研製工作，研製了跟蹤經緯儀；關注計量研究工作，擔任國際計量委員會的委員；中國的遙感工作，中國發射的一系列遙感衛星，也是在王大珩的指導下進行的；建議成立中國工程院；建議中國自製大飛機；建議中國設立光學工程專業；建議成立中國光學學會和中國儀器儀表學會；建議科學院和工程院做國家的諮詢工作；建議重視中國的人才培養；為中國的儀器儀表發展提出了一系列的建設性意見。

一九九六年，王大珩出資在中國科學技術發展基金會設立基金，以其一部分於一九九六年開始用於「中國光學學會科技獎」的頒發。在二〇〇〇年三月三十日舉行的中國光學學會常務理事會會議上，決定將該獎的名稱改為「王大

▲ 現場輔導

珩光學獎」。為使「王大珩光學獎」得以連續發展，除王大珩教授在中國科學技術發展基金會設立基金外，又從長春光機所、西安光機所、江西光學儀器廠等單位募集了五十二萬八千元資金。此項基金與中國科學院長春光機所簽署了《「王大珩光學獎」管理協議》，自二〇〇一年五月起該單位接受本會委託管理「王大珩光學獎」基金，並承諾在管理期間使基金總額在當年的基礎上每年增加百分之十。

　　二〇〇五年七月，以榮譽院長王大珩名字命名的科學技術學院經過一段時間的醞釀，在長春理工大學（原長春光學精密機械學院）揭牌成立。王大珩科學技術學院以培養創新型人才為目標，實行導師負責制，採取兩段式培養，執行單獨的教學計劃，重點提高學生的學習能力、實踐能力和創新能力。凡通過選拔進入王大珩科學技術學院創新實驗班的學生，在參評校優秀學生獎學金的基礎上，享受王大珩科學技術學院創新實驗班專項獎學金，每生每年一千元。

兒童文學研究家──蔣錫金

　　蔣錫金（1915 年 1 月 - 2003 年 5 月），江蘇宜興人，著名詩人、作家、學者、魯迅研究專家及兒童文學研究家，是東北師範大學著名教授。蔣錫金一九三四年畢業於上海正風文學院國學系，一九三八年加入中國共產黨。五卅運動時期，他受其父的影響和當時革命濟難會李谷和應修人的教導，積極參加學生救亡運動，組織宣傳隊到鄰縣農村宣傳，參與由「左聯」發動的愛國活動。學生時代，他曾在《申報·自由談》《人世間》發表詩歌，參與編辦《當代詩刊》《中國新詩》。一九三四年畢業於上海正風文學院國學系。一九三八年在漢口加入中國共產黨，曾任《抗戰文藝》副刊主編。一九三九年參加江南遊擊戰爭，在江南抗日義勇軍（新四軍）任江南社（新華社）記者，後在上海組織行列社，編輯《行列》詩歌半月刊和《上海詩歌叢刊》，並與樓適夷等合編《文藝陣地》《奔流新集》。太平洋戰爭爆發後，在上海建承中學任教。抗戰勝利後回新華社，編輯《新華日報》華中版副刊。後曾在華東局宣傳部、山東省文聯工作。

　　蔣錫金曾經在佳木斯東北大學任教，後任吉林師範大學中文系教授，著有抒情詩集《黃昏星》（1940），兒童敘事詩《瘸腿的甲魚》（1957），劇本《台兒莊》（六人集體創作，1938）、《橫山鎮》（1939）、《賭徒別傳》（1941）等十部，編有《魯迅年譜》（1979），譯有《俄羅斯人民的口頭創作》（與曲秉誠合譯，1950）、《亡靈書》（1955）等。

　　建國後，蔣錫金一直擔任東北師範大學教授，曾任中國作家協會會員、中國作協吉林分會副主席、吉林省社會科學學會聯合會副主席、省魯迅研究會會長、省兒童文學研究會會長等職。他專於文藝理論、中外文學的研究，致力於魯迅及其作品的研究和教學，參加《魯迅全集》的註釋和定稿工作。

躬身耕耘文壇的女性——梅娘

梅娘（1920 年 4 月 - 2013 年 5 月），女，吉林長春人，著名作家，原名孫嘉瑞，曾用名孫加瑞。她自幼聰明，早年喪母，梅娘諧「沒娘」之音。梅娘十一歲考入吉林省立女子中學，十七歲出版中學時期習作集《小姐集》，隨即赴日本求學，二十歲出版小說集《第二代》，其創作由單純描寫「小兒女的愛與憎」發展為「橫透著大眾的時代的氣息」。她一九四二年歸國，受聘在北平《婦女雜誌》任職，先後在《大同報》《中華

▲ 作家梅娘

週報》《民眾報》《中國文藝》《中國文學》《華文大阪每日》《婦女雜誌》等媒體發表小說、散文及翻譯作品，並結集為《魚》《蟹》出版，在華北淪陷區影響廣泛，分別獲得「大東亞文學賞」的「賞外佳作」和「副賞」。

她的作品以婚姻戀愛為題材，凸顯追求獨立、自由的女性形象，關注女性的生存狀態與困境。當時有人評論說：「不僅在滿洲，在當今的華北，梅娘也

▲ 《梅娘小說散文集》

是首屈一指的一流作家，創作歷史已近十年，是真正地獻身於文學的女性。她那豐富的創作力在當今的女作家中實屬罕見，而且，不僅在創作，還在譯著，可以說梅娘的文學前途無可限量。」（1942 年大連《滿洲女作家短篇作品選》評語）由於淪陷區特殊的文化氛圍，梅娘的創作如張愛

玲一樣，只能站在女性與弱勢群體的立場，以「一種女人的鬱結」，講述殘破的男女情愛故事，展示女人的不幸和人世間的不平，以強烈的女性意識反抗男權壓抑和社會不公。纖巧細膩之筆，悲天憫人之懷，訴哀矜淒婉之歌。一九四二年北平的馬德增書店和上海的宇宙風書店聯合發起「讀者最喜愛的女作家」評選活動，梅娘與張愛玲雙雙奪魁，從此有「南玲北梅」之譽。

▲ 梅娘（左）與女作家合影

開創「仿生軟地面行走機械」新領域
——陳秉聰

　　陳秉聰（1921 年 10 月 - 2008 年 9 月），山東黃縣人，童年就讀於該村第一模範小學，自幼聰穎，勤奮好學，且興趣廣泛。他初中畢業後考入青島市禮賢高中，這是一所由德國人辦的教會學校，以教學嚴格著稱，教師大部分都有留德經歷。他在這裡雖然只讀了一年書，卻在各方面尤其是德語方面打下了很紮實的基礎。教德語的德籍教師採用傳統的辦法——即每堂課必先背誦，然後才講授新課，且全用德語進行，使他學到的許多內容至今不忘。

　　一九三九年，他以優異成績考入國立西北工學院（由原北洋大學（現天津大學）、北平大學、東北大學的工學院和焦作工學院（現中國礦業大學）合併而成）機械系。它雖然是一所實力雄厚的名牌學府，知名教授多，設備又比較齊全，但生活條件很差，擠住在當地天主教堂的統倉式房子裡，依靠政府發給菲薄的所謂「貸金」維持吃飯，穿著草鞋上課。晚上點的是用通心草為撚的菜油燈，黃豆大的火光若明若暗。在這樣惡劣的生活條件下，出於抗日救國的堅強意志，勤奮地攻讀。一九四三年，他大學畢業，獲機械工程學士學位。但他並不滿足於已有的學業知識，為了出國深造，一九四五年考入美國陳留特空軍機械學院研究生班，一九四七年獲航空工程師稱號。一九四八年又在美國伊利諾伊州立大學研究生院進修一年，獲碩士學位，為今後的事業，打下了堅實的基礎。

▲ 陳秉聰院士

　　一九五五年起他在吉林工業大學（現吉林大學）任教，曾任

該校汽車拖拉機系主任、副校長，是農業機械設計製造專家，長期從事農業機械及汽車拖拉機科研與教學工作，一九九五年當選為中國工程院院士。陳秉聰院士開闢了「鬆軟地面行走機械」新技術領域，做出了系統的、創造性的重大貢獻。他開闢了「地面機械仿生技術」跨學科的新研究方向，取得重大理論與技術進展。主持創建原吉林工業大學的農機工程國家重點學科和農業工程博士後流動站。陳秉聰院士在科學上取得的卓越成就，使他在國內外農機工程及地面車輛系統領域享有很高的聲望。

▲ 陳秉聰作品集

著名電影劇作家——紀葉

紀葉（1923 年 11 月 - 1996 年 8 月），山西省原平縣人，原名李英，筆名維竹或紀維竹，電影劇作家。一九五六年三月，他被調到長春電影製片廠，曾任長春電影製片廠編劇兼副廠長，《電影文學》《電影世界》的主編，長春電影製片廠委員會委員、藝術委員會副主任和中國電影家協會理事，吉林省文聯委員，中國作家協會吉林分會副主席，中國電影家協會吉林分會副主席兼秘書長，長春市文聯副主席等社會職務。此外，他積極參加社會活動和國際間的電影文化交流，曾作為中國電影代表團團長參加了一九七八年在突尼斯舉行的第七屆迦太基國際電影節。他創作積極性高，其創作的以及和別人合作並拍攝成影片的劇本有：《智取華山》（與郭維、東方合作，1952 年）、《媽媽要我出嫁》（1956 年）、《母女教師》（1957 年）、《並肩前進》（與武兆堤、尹一青合作，1958 年）、《寶山之歌》（與董克娜合作，1958 年）、《金玉姬》（與王家乙合作，1959 年）、《延河戰火》（1976 年）等。

紀葉在文藝和電影創作理論上，也頗有建樹：他寫了數十篇關於創作理論方面的文章，發表於《電影藝術》《電影文學》《長春》文學月刊等刊物上。他主張電影創作必須從生活出發，真實地反映中國人民的過去和現在，特別是近半個多世紀以來的鬥爭業績，深刻地揭示社會進步，表達人民的願望，謳歌高尚的品質，抨擊醜惡的事物，以鼓舞人民創造美好的生活。一九五八年後，他針對創作中一度出現的只強調政治作用而忽視藝術質量的現象，寫文章、做報告，大聲疾呼要重視藝術技巧，不能用政治概念代替藝術描寫。他認為，「藝術技巧在整個藝術作品中占著很重要的地位，起著重要作用，若不能熟練地運用藝術技巧，沒有掌握足以表現生活、創造藝術形象的高超藝術技巧，便不會有完美的藝術性，思想性也會表現得不深刻」，「政治標準第一，藝術標準第二，是我們藝術批評的方法，但是，藝術標準第二並不在於低一等。批評

的標準，不能機械地理解和機械地套用於藝術創作方法」（《重視技巧、學習技巧、提高技巧！》），「有些人十分幼稚地把藝術作品的思想性理解為政治概念，把一些藝術思想問題，簡單地理解為政治問題，因而，在創作中，不講究藝術技巧，或者說不大用功鑽研藝術技巧」，「有的人在作品中，到處引用領袖人物的語錄或空喊政治口號，認為這樣才是藝術創作的政治掛帥。思想性是通過藝術形象和每個藝術細節的描繪形象具體地表現出來的，絕不是用任何政治概念所能代替的。」（《藝術作品的思想性與藝術性》）他這些對創作理論問題上的意見，對推動藝術創作的健康發展產生了影響。

▲ 紀葉影視作品

核科學事業開拓者──朱光亞

▲ 科學家朱光亞

朱光亞（1924 年 12 月 - 2011 年 2 月），湖北武漢人。幼年時的朱光亞，跟隨父母從宜昌經沙市遷回漢口。一九三一年後在漢口第一小學、聖保羅中學學習。一九三八年，抗戰爆發後的第二年，初中畢業的朱光亞和兩個哥哥被迫轉移到四川。先後就讀於合川崇敬中學、江北清華中學和重慶南開中學。

一九四一至一九四二年在西遷至重慶的國立中央大學（現南京大學）物理系學習。一九四二年夏天，當時昆明西南聯合大學在重慶招收大學二年級的插班生，在朱光亞幾位南開校友的關心和幫助下，他報名應試，順利地轉學西南聯大。從大學二年級起他先後受教於周培源、趙忠堯、王竹溪、葉企蓀、饒毓泰、吳有訓、朱物華、吳大猷等教授。眾多名師的栽培，使朱光亞學業有了堅實的基礎。一九四五年抗日戰爭勝利時，他從物理系畢業後留校任助教。

一九四六至一九五〇年，朱光亞在美國密執安大學研究生院物理系原子核物理專業學習，並獲博士學位。一九五三至一九五五年他曾擔任東北人民大學（現吉林大學）物理系教授，物理系副主任、代理系主任，長期從事原子能科技和核軍備控制研究，一九八〇年當選為中科院和工程院的「兩院院士」。他於一九五七年從事核反應堆的研究工作，領導設計、建成輕水零功率裝置並開展了物理試驗，跨出了中國自行設計、建造核反應堆的第一步。他是中國核武器研製的科學技術領導人，負責並領導中國原子彈、氫彈的研製工作。一九六二年他主持編寫的《原子彈裝置科研、設計、製造與試驗計劃綱要及必須解決的關鍵問題》，對爭取在兩年內實現第一次原子彈爆炸試驗的目標起了重要作用。他曾參與組織領導中國歷次原子彈、氫彈的試驗，為「兩彈」技術突破及

其武器化工做作出了重大貢獻。二十世紀七〇年代以來，他參與組織秦山核電站籌建和放射性同位素應用開發研究，八〇年代後參與國家高技術研究發展計劃的制定與實施、國防科技發展戰略研究工作。

多年來，朱光亞始終處於中國核武器發展科技決策的高層。在核武器技術發展的每一個重要關鍵時刻，都凝聚了他的智慧和心血。無論是發展方向的抉擇和決策，還是核武器研製及核試驗關鍵技術問題的決策，他都起到了主導作用，為中國特色核武器事業的持續快速發展做出了卓越貢獻。一九九九年九月十八日，由中共中央、國務院、中央軍委在人民大會堂隆重召開的表彰大會上，朱光亞與其他二十二位功勳卓著的科學家被授予「兩彈一星」功勳獎章，這是中國科技界的至高榮譽。

朱光亞一九五六年加入中國共產黨，曾當選為中國共產黨第九屆、第十屆候補中央委員，第十一屆至第十四屆中央委員。他是第三屆至第五屆全國人民代表大會代表，中國人民政治協商會議第八屆、第九屆全國委員會副主席。他歷任二機部核武器研究所副所長、核武器研究院副院長，國防科委副主任，國防科工委科技委副主任、主任，總裝備部科技委主任。他先後當選為中國核學會第一屆、第二屆理事會副理事長，名譽理事長；

▲ 升騰的蘑菇雲

中國科學技術協會第三屆全國委員會副主席、第四屆全國委員會主席，名譽主席；中國工程院首任院長，主席團名譽主席。一九八〇年被選為中國科學院數學物理學部委員。他多次榮獲國家大獎和有關獎勵。一九八五年，《原子彈的突破和武器化》獲國家科學技術進步獎特等獎；一九八八年，《中國核武器大

氣層核試驗的總體設計和組織實施》獲國家科學技術進步獎一等獎；由他主持
的由軍內外兩百多名專家參加撰寫的《2000 年中國國防科學技術發展戰略研
究》，獲全軍科技進步獎一等獎。朱光亞被評為「感動中國 2011 年度人物」。

電影音樂指揮藝術家——尹升山

尹升山（1925 年 - 2011 年），山東萊州人，指揮家。他自幼酷愛音樂，十五歲開始學習音樂，接觸了大量西歐古典音樂，演奏過提琴、雙簧管和鋼琴，後學習指揮。他曾經擔任東北電影製片廠樂團指揮，長春電影製片廠樂團一級指揮、副團長，中國音樂家協會第四屆常務理事，中國電影家協會第五屆理事，此外還擔任吉林省音樂家協會理事、省文聯理事。一九九三年，吉林省政府授予他「吉林英才獎章」；一九九六年，長影建廠五十週年，他被授予「新中國電影搖籃杯」獎；二○○一年一月被中共長春市委、市人民政府評為「長春知名文學藝術家」；二○○五年六月在上海舉辦的中國電影百年華誕當代中國電影音樂慶典中被授予「當代中國電影音樂特別貢獻獎」，同年十一月，他

▲ 指揮家尹升山

獲中國音樂「金鐘獎」終身成就獎，並享受國務院特殊津貼。從新中國成立後第一部故事片《橋》開始，尹升山至今已完成七百餘部故事片、紀錄片、戲曲片的音樂演奏和配製，其中許多由他指揮演奏的電影插曲膾炙人口，成為經典之作。

▲ 尹升山指揮的電影歌曲

在他半個世紀的指揮生涯中，還指揮排練並演出了舒伯特、柴可夫斯基、格林卡、貝多芬、德沃夏克、肖斯塔柯維奇等世界著名作曲家的交響樂、序曲等。

尹升山在電影音樂的指揮工作上，兢兢業業。在指揮台上，他嚴肅認真，一絲不苟，時而剛勁雄渾，時而輕柔細膩。在指揮台下，他和樂隊隊員說說笑笑，十分隨和。在錄音中，他總是努力挖掘作品內容，調動和發揮演奏、演唱人員的潛力，把鮮明的音樂形象和個性融匯到影片人物性格和環境刻畫中去。每到實錄時，他都等到導演、作曲和樂隊隊員比較滿意時才通過。他的指揮風格是：嚴謹、樸素、渾厚、深沉，從不搞華而不實和追求形式上的東西。

二十世紀九〇年代以來，尹升山不顧高齡仍隨團演出，到過二十多個省會城市和八十多個地市級城市。三個品牌節目《花兒為什麼那樣紅》中外電影音樂精品視聽音樂會，《中華春常在》綜合音樂會，《世紀回眸》中外電影音樂精品音樂會上，都有尹升山指揮的身影。他將有生之年全部奉獻給中國電影音樂事業，為繁榮祖國的電影音樂，做出突出貢獻。

細胞生物學家 —— 郝水

▲ 郝水院士

郝水（1926 年 10 月 - 2010 年 11 月）內蒙古通遼人，細胞生物學家、植物遺傳學家。一九四九年八月畢業於東北大學博物系並留校任教，一九五五年十月至一九五九年六月被選派赴蘇聯留學，獲列寧格勒大學（現聖彼得堡大學）生物學副博士學位。主要從事染色體超微結構和植物細胞與染色體工程等多方面研究，一九九三年當選為中國科學院院士。

郝水在教學方面，曾講授過普通生物學、輻射細胞學和細胞生物學等多門課程。他編著的《細胞生物學教程》（1982 年）和《有絲分裂與減數分裂》（1983年）兩部教材和教學參考書，均被列為全國通用教材，為高校本科細胞生物學教學做出了重要貢獻。他先後培養二十餘名碩士研究生和三十餘名博士研究生，並指導多名博士後研究人員。他培養的研究生分布在全國各地，很多人已是教授、學術帶頭人和博士生導師，為中國高層次人才培養做出了重要貢獻。由於在教學和人才培養上所做出的突出貢獻，一九九三年他榮獲曾憲梓教育基金會頒發的高師院校教師一等獎。

郝水在科學研究方面，主要研究電離輻射對染色體損傷作用的機制和對植物細胞分裂活性的影響。他用實驗證明自由基在染色體輻射損傷中有一定作用。七〇年代末以來，他的主要研究領域是染色體結構和小麥染色體工程。在染色體結構研究中，他針對國際上已有的各種染色體構建模型提出了新的重要實驗結果，對有爭議的染色體骨架的真實性提出了原位研究的證據。他發現染

▲ 郝水（左四）與同事合影

色體骨架中存在 RNA。此外，他還用各種實驗證明在核骨架和染色體骨架中存在肌動蛋白及其結合蛋白。這為探討染色體集縮運動的分子機理奠定了基礎。在小麥染色體工程研究中，他和他的同事創建的兩套小冰麥異附加系是國際上同類材料中最完整的。並在此基礎上建立了帶有重要育種價值基因的易位系。後來利用此易位系，他的同事育成了優質小麥新品種「小冰麥 33」在我省和其他省區推廣。郝水院士在國內外重要學術期刊上發表論文百餘篇，曾獲國家教委科技進步一等獎一次，二等獎兩次，國家自然科學三等獎一次。二〇〇一年十月，他獲何梁何利基金科學與技術進步獎。

傾心書法藝術 —— 周昔非

▲ 書法家周昔非

周昔非（1928 年 8 月 - 2009 年 4 月），吉林省長春市人，著名書法家、篆刻家。師法吳昌碩、沈曾植、康有為諸家，以壯氣骨。周昔非精於篆刻，上追秦漢璽印，下法二金蝶堂及西泠諸大家，融會貫通，取精用宏，所治之印古雋深厚，清勁典雅。

周昔非歷任中國書法家協會會員、吉林省書法家協會名譽主席、長春市書法家協會主席、白山印社副社長、中山書畫社社長、吉林省文史館特邀館員、北國書畫社副社長、東北師範大學美術系客座教授、吉林省書畫院顧問、韓國篆刻學研究會名譽理事。他還曾經是吉林省政協委員、民革黨員、長春電影製片廠高級字幕師。一九五〇年，他在長春電影製片廠字幕組任字幕美術師。一九五七年，他的書法作品參加首屆長春市書畫展，獲二等獎。一九七六年，他的篆刻作品參加全日本書道聯盟、日本中國文化交流協會、每日新聞社主辦的「現代中國書道展」。一九七九年他與書法同仁共同發起成立吉林省書法篆刻研究會，任常務理事。一九八〇年，他的篆刻作品參加首屆全國書法篆刻作品展覽；一九八一年，他的篆刻作品在《書法》雜誌第二期發表；一九八七年，他的書法作品參加為紀念中日邦交正常化十五週年，由日本高島屋公司主辦、中華人民共和國駐日本大使館文化部後援的「中國著名書家百人展」；一九八八年，他的書法作品參加由日本勞動者交流協會主辦、中國中華全國總工會後援的「中國現代書畫美術展」；一九九〇年，他隨長春市書法代表團赴日本仙台

市進行政論交流，書法作品參加「東北書道會書法作品展」；一九九〇年，他的篆刻作品十二方收入長春出版社出版的《白山印社作品選》；一九九一年，他隨吉林省經貿代表團赴日本長野縣進行文化交流；一九九四年，他隨北國書畫社赴韓國進行文化交流；一九九八年，由吉林省文聯、長春市文聯、吉林省民革主辦了「周昔非書法展」；一九九九年，《中國書法》刊登了《周昔非專題》。

幾十年來，周昔非治印千餘方，遠播海內外，深得金石同道青睞。其作品多次在國內外各大刊物上發表。他以各種書體書寫電影字幕一百餘部。一九九八年舉辦了「周昔非書法作品展覽」。《中國書法》雜誌一九九七年第五期「當代名家」專欄曾作專題介紹，周昔非被譽為中國當代重要的書法家之一。

▲ 周昔非書法作品

吉林省畫院創始人 —— 黃秋實

　　黃秋實（1928 年 - 2006 年 5 月），內蒙古赤峰人，著名畫家，號關東山樵、塞外山樵，吉林省畫院創始人。

　　黃秋實，自幼隨父來到雙遼，鄭家屯是他的童年故鄉。他於二十世紀四〇年代參加革命，曾在吉林省軍區文工團任美術設計，一九五一年任《吉林畫報》美術編輯，一九五二年任吉林日報社美術編輯，一九七九年調任吉林省美術創作室主任。他是中國美術家協會會員、中國書法家協會會員、北國書畫社副社長、石濤藝術學會顧問、吉林省美術家協會名譽主席、吉林畫院省畫院創始人，吉林省畫院院長，是吉林省乃至全國知名度較高，享有盛譽的畫家、書法家。

　　黃秋實出身書香門第，其父黃庭俊寫一手好字，畫一手好畫，其名蜚聲近阜，市人皆知。加之其父所聘的家庭教師高云久也是位書畫名士，諸家書體無所不習，山水、花卉無所不精。這對於黃秋實後來的藝術發展的確起到了至關重要的作用。

　　黃秋實的書法是絕不遜色於畫的，雖說有「書畫同源」這個道理，可他確定是習字在先，後染丹青。他從五歲開始臨池讀帖，大凡正字習本，書家舉要，都比較正規的演練過。所謂畫品勝於書品，只不過是「以一聲之高，掩一聲之低」的慣性認識罷了。「雙遼報」三個

▲ 黃秋實畫作

字就滲透出他的深厚功力，蘊含著「姿態、氣勢、章法疏密，神采，用筆」的書法藝術效果。可以看出，他在書寫前運籌良久，每個字都在心中。起筆書勢一氣呵成，而且法度嚴謹，結構優美，筆中藏有變化，體現出了書法名家的氣度。

黃秋實辛勤耕耘幾十年，作畫已有幾千幅，其作品多次在日本、法國、加拿大、韓國等國家展出。他曾兩次率國家和省內知名畫家代表團出訪，在國內、省內、區域內多次組織大型美展。黨的第一次代表

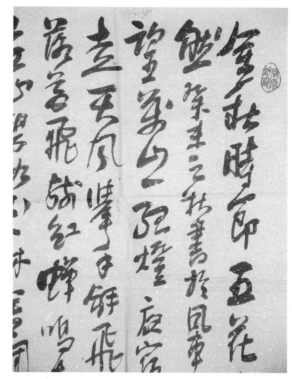

▲ 黃秋實書法作品

大會舊址「南湖紀念館」和中國美術館均有他的藏畫。由於他對國際國內的文化藝術做出了卓越貢獻，曾被省人民政府榮記二等功。

其代表作品《長白山頌》（中國美術館收藏）、《東方紅》（毛主席紀念堂收藏，收入同名畫冊）、《長白山風口》《潑墨寫幽抱》《泉聲》《長白瑞雪》《長白之秋》等先後在法國、加拿大、日本、韓國、朝鮮、俄羅斯、雅加達等地展出，多幅作品獲獎。《中國書畫報》《朵雲》等報刊有文介紹。曾出版名著《長白山頌——黃秋實長白山水墨山水長卷》。

理論化學家——孫家鐘

▲ 孫家鐘院士

孫家鐘（1929 年 12 月 - 2013 年 2 月），天津人，理論化學家，一九五二年畢業於燕京大學化學系，一九五二年起在吉林大學任教，曾任該校理論化學研究所所長、理論化學計算國家重點實驗室主任，兼任全國博士後科研流動站管理協調委員會化學學科專家組成員，國務院第三屆學位委員會委員，第二、第三屆學科評議組（化學組）成員，國家教委化學教學指導委員會副組長，《高等學校化學學報》副主編，國際《分子液體雜誌》編委，《國際量子化學雜誌》編委等職。

一九八一年被評為長春市勞動模範，一九八三年被評為吉林省科協系統先進科技工作者，一九八五年被評為吉林省優秀共產黨員。一九八四年獲國家級「有突出貢獻的中青年專家」稱號，一九九一年當選為中國科學院院士。

孫家鐘一生對科學孜孜不倦地追求，主要從事量子化學多體理論和高分子統計理論研究，二十世紀五〇年代，應用 $1/r12$ 雙中心球坐標展開公式和三維旋轉群的表示理論，解決了具有延遲效應的各種電磁極矩間的相互作用等重要科學問題。

他在六〇年代開始研究李群、李代數及其在化學中的應用和配位場理論。七〇年代以後他研究的課題有：分子間相互作用；多重散射 X，自洽場理論；分子軌道對稱守恆理論；李群、李代數和量子化學中的多體問題；二階約化密度矩陣理論；高分子固化理論和標度研究等。他在這些課題研究後，陸續在國

內外學術雜誌上發表一百五十餘篇論文。他作為主編出版了學術專著《量子化學中的不可約張量方法》。他還是《配位場理論方法》《配位場理論方法補編》和《約化密度矩陣引論》等學術專著的主要作者之一，並完成上述兩部配位場理論專著英文版的全部翻譯工作。

在八〇年代末到九〇年代初，孫家鐘參加了唐敖慶等人進行的高分子固化理論和標度研究，取得兩個方面的重要成果：一是用標度概念揭示高分子固化本質是溶膠—凝膠的相轉變，並得到了描寫這種相轉變的廣義標度律；二是建立了含內環化反應的高分子固化理論。

孫家鐘四十多年來的科研工作，既師承唐敖慶的衣缽，又能獨闢蹊徑，形成自己的特色，專攻運用多種數理方法解決化學中的理論問題，在量子化學多體理論研究方面做出了突出貢獻。

▲ 孫家鐘（前左）接受記者採訪

獲二人轉終身藝術成就獎的作曲家
——那炳晨

　　那炳晨（1930年-），滿族那木都魯氏，黑龍江省寧安人，吉林藝術學院客座教授、碩士研究生導師，國家一級作曲家。他一九五〇年東北大學畢業後，先後在長春市文工團、長春市文化局音樂工作組、吉林省戲曲學校、吉林省吉劇團和吉林省藝術研究院從事二人轉理論研究和音樂創作工作，是吉劇創始人之一，二人轉音樂的開拓者。

　　那炳晨著有《二人轉音樂》《二人轉唱腔六百例》《吉劇唱腔選》《曲藝音樂講座》《東北二人轉音樂》等多部音樂理論工具書，發表了《二人轉唱腔音樂分類的理論與實踐論》《二人轉唱腔的特點和規律》等多篇論文，為數以千計的歌曲、二人轉和吉劇作曲編曲，坐唱《處處有親人》唱遍祖國大地。他講學遍及東北，可謂桃李滿天下。在二十世紀末二十一世紀初獲得了世紀藝術金獎、長白山文藝成就獎、二人轉終身藝術成就獎。為國家的人文社會科學研究項目《二人轉九腔十八調的來龍去脈》課題撰寫專著、專論。由於創作和研究成果豐碩，一九九二年起他被國務院批准為政府特殊津貼的享受者。

▲ 那炳晨（左一）交流創作體會

百傑書法家——姚俊卿

姚俊卿（1934年9月-），遼寧省黑山縣人，中國當代著名的書法家、教育家、電影藝術家。他1958至1991年就職於長春電影製片廠，任高級字幕美術師，1991年調入長春大學擔任教授。1980年，他加入中國書法家協會，成為首批會員。

姚俊卿曾經為《我們村裡的年輕人》《五朵金花》《青松嶺》《金光大道》《沙家濱》《直奉大戰》等三百餘部電影設計和書寫字幕。1998年和1999年

▲ 書法家姚俊卿

連續兩年被文聯評為百傑書法家，出版《姚俊卿書法中華翰墨名家》《姚俊卿專輯》等多部專著。他曾任中國書畫函授大學總校教授、中國人民大學書法研究生導師、中華名人協會中國書畫研究院教授、中共中央國家工作委員會紫光閣書畫院院士、中國文聯書畫藝術交流中心理事、北京時代學人文化研究院研究員、中華老人文化交流促進會理事、新加坡共和國神州藝術院高級名譽顧問、中國中原書畫研究院首席名譽院長、中央電視台《夕陽紅》老年書畫課堂主講。

▲ 姚俊卿書法作品

書畫鑑定家——段成桂

▲ 書法家段成桂

段成桂（1942年7月-），生於吉林市，祖籍山東德平，著名書法家、書畫鑑定家。他長期從事博物館工作，鑽研文史詞翰，博涉中華傳統文化，尤其注重書法藝術創作，書畫鑑定考證。其書法作品多次參加國內外重大展覽，曾於日本、泰國、法國、韓國舉辦個展。其書畫鑑定考證工作，成績卓著。

段成桂於二十世紀八〇年代初，為吉林省博物館徵集收藏了清宮遺失書畫《錢維城花卉卷》，蘇東坡《洞庭春色賦》《中山松醪賦》墨跡手卷以及大量現代書畫名家之作。他出版《段成桂書法作品集》《群玉堂蘇帖考》《論書法藝術之美》等，曾參加編撰《中國書法鑑賞大辭典中國博物館》及《中國美術全集》。他曾是全國政協常委、中國文聯副主席、中國書法家協會藝術顧問兼鑑定評估委員會主任、中國博物館學會理事、吉林省政協副主席、吉林省文聯副主席、吉林省書法家協會主席、吉林省文史研究館館長、吉林省博物館學會理事長、吉林省博物院名譽院長、江西將軍書畫院特別顧問、東北師範大學兼職教授、日本北海道書道協會顧問。他還是第七、八、九、十屆全國政協委員，第七、八、九、十屆民進中央委員，第十一屆民進中央常委，中共吉林省委決策諮詢委員會委員，文化部優秀專家，吉林省首批省管優秀專家，享受國務院特殊津貼專家，世界教科文衛專家成員。

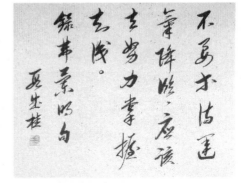

▲ 段成桂書法作品

國家級教學名師──孫正聿

　　孫正聿（1946 年 11 月 -），吉林省吉林市人，無黨派人士，吉林大學哲學社會科學資深教授、博士生導師。他兼任全國政協委員，教育部哲學教學指導委員會主任，教育部社會科學委員會委員，教育部學風建設委員會副主任，中國辯證唯物主義研究會常務理事，吉林省社會科學聯合會副主席，中共吉林省委決策諮詢委員會委員，吉林省學位委員會委員，吉林省哲學學會理事長。

　　孫正聿主要研究領域為馬克思主義哲學基礎理論，他的著述對推進中國馬克思主義理論研究事業發揮了重要作用。出版了《理論思維的前提批判》《哲學通論》《現代教養》《崇高的位置──世紀之交的哲學理性》《簡明哲學通論》《哲學導論》《超越意識》《馬克思辯證法理論的當代反思》《哲學修養十五講》

▲ 教授孫正聿

《思想中的時代——當代哲學的理論自覺》等十幾部學術專著。《孫正聿哲學文集》系統地表述了作者「理論思維的前提批判」的哲學理論。

　　孫正聿主要獲獎成果有第四屆高等教育國家級教學成果獎一等獎，第五屆高等教育國家級教學成果二等獎，第四屆國家圖書獎提名獎，全國普通高校首屆人文社會科學優秀成果獎二等獎，全國普通高校第二次人文社會科學優秀成果二等獎，吉林省社會科學優秀成果一等獎，首屆華堂杯優秀論文獎，首屆寶鋼優秀教師獎，吉林省第二次優秀教學成果二等獎，吉林省第三次優秀教學成果二等獎，吉林省第四次優秀教學成果一等獎，吉林省第三屆教育科研優秀成果一等獎，長春市首屆社會科學優秀成果一等獎，吉林省第五次社會科學優秀成果一等獎，吉林省第六次社會科學優秀成果一等獎。

　　孫正聿始終沒有離開過教學課堂，他的教學成果《哲學通論課程和教材的建設與推廣》於二〇〇一年獲得國家級教學成果一等獎。他主講的「讚美理論」拍攝成電教片，被教育部推薦為全國大學生人文素質教育電教片，二〇〇〇年他被國務院授予「全國先進工作者」稱號。

▲ 深受歡迎的孫正聿教授

帶著感情創作的詞作家 —— 易茗

　　易茗（1952 年 -），本名李南岡，中國音協會員、中國音樂著作權協會會員、北京作家協會會員、中國音樂文學學會常務理事。他於一九七三年在東北師範大學中文系學習，一九七六年畢業並留校任教，一九九一年到北京，一九九年後主要從事電視劇歌詞創作。他曾為《渴望》《上海一家人》《皇城根兒》《水滸傳》《笑傲江湖》《大宅門》《天下糧倉》《台灣巡撫劉銘傳》等電視連續劇創作主題歌與插曲歌詞。尤其作詞的歌曲曾獲「中國十大金曲」榜首獎，第十六屆、第二十屆全國電視「金鷹獎」歌曲單項獎，兩次中宣部「五個一工程」獎。

好漢歌

唱：劉歡　　詞：易茗　　曲：趙季平

大河向東流哇

天上的星星參北斗哇

嘿嘿參北斗哇

生死之交一碗酒哇

說走咱就走哇

你有我有全都有哇

嘿嘿全都有哇

水裡火裡不回頭哇

路見不平一聲吼哇

該出手時就出手哇

風風火火闖九州哇

該出手時就出手哇

▲ 劉歡在演唱中

風風火火闖九州哇

嘿兒呀咿兒呀嘿唉嘿依兒呀

嘿兒呀咿兒呀嘿嘿嘿嘿依兒呀

路見不平一聲吼哇

該出手時就出手哇

風風火火闖九州哇

嘿嘿嘿呦嘿嘿嘿嘿嘿呦嘿嘿

大河向東流哇

天上的星星參北斗哇

嘿嘿參北斗哇

不分貴賤一碗酒哇

說走咱就走哇

你有我有全都有哇

嘿嘿全都有哇

一路看天不低頭哇

路見不平一聲吼哇

該出手時就出手哇

風風火火闖九州哇

該出手時就出手哇

風風火火闖九州哇

嘿兒呀咿兒呀嘿唉嘿依兒呀

嘿兒呀咿兒呀嘿嘿嘿嘿依兒呀

路見不平一聲吼哇

該出手時就出手哇

風風火火闖九州哇

嘿嘿嘿呦嘿嘿嘿嘿嘿呦嘿嘿

路見不平一聲吼哇

該出手時就出手哇

風風火火闖九州哇

該出手時就出手哇

風風火火闖九州哇

嘿兒呀咿兒呀嘿唉嘿依兒呀

嘿兒呀咿兒呀嘿嘿嘿嘿依兒呀

路見不平一聲吼哇

該出手時就出手哇

風風火火闖九州哇

嘿嘿嘿呦嘿嘿嘿嘿嘿呦嘿嘿

中國電影銀幕獨唱第一人——邊桂榮

　　邊桂榮（1953 年 -），遼寧省撫順市人，一九七一年末考入長春電影製片廠樂團，一九八八年考入瀋陽音樂學院，畢業後仍回到長影樂團工作，國家一級演員，女高音歌唱家。

　　邊桂榮是中國音樂家協會會員、中國電影家協會會員、吉林音樂家協會理事、中國合唱協會理事、吉林省合唱協會常務理事、中國音樂家協會音樂考級考官、中國電影音樂協會會員、中國青少年音樂舞蹈協會副會長、長春市鳴人音樂學校校長、吉林省養生保健協會藝術團藝術總監。

　　邊桂榮熱愛音樂事業，鑽研本職業務，是國內外有一定影響的女高音歌唱家。她曾先後為《豔陽天》《創業》《車輪滾滾》《金光大道》《花園街五號》《刑場上的婚禮》等電影錄配了獨唱，是在中國電影銀幕上第一個出現獨唱名字的歌唱家。其中，她的《創業》《豔陽天》等電影歌曲由中央唱片社錄製了唱片，在國內外發行，被文化部授予拔尖人才，被國家授予優秀演唱終身成就獎。

▲ 歌唱家邊桂榮

東北民歌王——劉春梅

劉春梅（1966 年 -），吉林省長春市人，國家一級演員，被譽為東北民歌王，吉林省歌舞劇院歌舞團團長。

劉春梅出生在一個樸實的家庭，她生就一副好嗓子，從小就對唱歌著迷。那時只要聽到一首新歌，她馬上跑到書店尋找歌譜，工工整整地抄在本子上，日積月累，她的「歌曲集」積攢了幾大本，每當有人問她將來要做什麼時，她總是毫不遲疑地回答：「我要當歌唱家！」劉春梅一九八七年考入吉林省歌舞團，後又師從中國音樂學院著名聲樂教授金鐵霖，開始實現了放歌舞台的夢想。她始終記得自己站在舞台上唱的第一首歌——《手拿碟兒敲起來》。

劉春梅的成名作品有音樂電視《過河》《山妹子》《爺爺奶奶和我們》《我的夢在飄雪的北方》《吉林，我可愛的家鄉》等。她主演過電視電影《山溝裡的女人》《關東情事》，多次參加中央電視台春節聯歡晚會、國慶晚會、「心連心」藝術團、《同一首歌》等大型晚會，多次帶隊到歐洲、東南亞、香港、澳門等地進行文化交流演出。

劉春梅在追尋藝術的道路上也為自己贏得了一個又一個榮譽，獲得全國青年歌手電視大獎賽專業組民族唱法「螢屏獎」，「中國民歌分類菁英大賽」東北民歌類金獎，三次榮獲「中國音樂電視大賽」金獎，跨世紀藝術金獎，並且六次登上央視春晚。

▲ 東北民歌王劉春梅

第四章 ——

文化景址

　　長春特有的歷史留下了不一樣的文化，它們默默述說著一座城的滄桑巨變。當你漫步在長春街頭，一部感性的歷史畫卷就會展現在你的面前。如果你是一個第一次來長春的人，如果你對長春還沒有深入地瞭解，就上街遛一遛、走一走，看一看建築外的文物牌匾介紹，隨便找一位老人、青年人聊一聊，熱情的長春人會給你當義務講解員，在感受長春人的宅心仁厚之中，你也瞭解了長春人，瞭解了這座城市。

長春廳遺址

　　嘉慶五年五月戊戌（1800 年 7 月 8 日），為了管理流入蒙古游牧地的漢人，應吉林將軍秀林的請求，清政府在原郭爾羅斯前旗境內設理事通判衙署，管理漢人事務，史稱「借地設治」，是長春歷史上的第一個行政機構。治所設在一個叫長春堡的村子（今新立城鎮小街村）上，人們習慣叫它「長春廳」，長春一名由此得來。廳是清政府對地方行政級別的稱謂，當年的長春廳設理事通判和巡檢各一名。通判衙門的職責是「彈壓地方，管理詞訟，承辦一切命道案件」。長春廳衙署於當年建成，民間將其稱為新立城。

▲ 長春廳遺址

▲ 昔日長春廳（現今普門寺）

　　一八一〇年，長春廳根據墾區一段擴展，廳境達到最大，面積約一萬公頃。

　　道光五年（1825 年），因長春廳衙署在整個行政區偏南的位置，地勢低窪，交通不便，清政府決定將長春廳治所北移，長春廳治所在新立城共計二十五年，因為是官衙，照例不能改作他用，又沒有其他官府繼續使用，終到年久失修。

　　一九九三年十一月十日，長春市原郊區人民政府以長郊府（1993）十八號

文件向長春市政府遞交《關於恢復清代「長春廳」衙署古蹟及所需資金的請示》，長春市計委以長計建（1995）二六〇號文件簽發了《關於恢復新立城清代長春廳舊貌的立項批覆》，同意建設「長春廳」恢復工程，選址在小街村以南一公里處，占地十二公頃，主要建設有：長春廳理事通判衙署、巡檢衙署、藥王高廟及其他配套設施。現在，「長春廳」由普門寺管理，寺外「長春廳遺址」碑巍然屹立。一九九七年十月二十二日，出席「長春市起源學術研討會」的史學家們達成共識：把設廳時的西元一八〇〇年，視作長春的城市紀元，因為這一地方行政機構的設置，從此，柳條邊外蒙地在漫長的沉睡之後甦醒了，對長春城市的形成和發展具有標誌性的意義。

老長春的城門

道光五年（1825年），清政府為避開伊通河水患和交通不便等因素，長春廳治所從新立城向北移遷二十公里至寬城子（今大經路、四道街一帶）。「六門四街一座樓，三橋四廟遍地溝，南高東低長流水，北平西坦望日頭。」這首產自於民間關於長春城的歌謠作者是誰已無從可考，但這首歌謠卻真實生動地反映了長春當時築城的情景。

據《長春縣志》記載，同治四年（1865年）「馬賊竄擾，由商民捐建築板為牆」。所築城牆的大致走向為，南起今大馬路南端，向西南經全安街至民康路，然後向西北，沿民康路南側至西三道街折向北，穿過四道街、平治街經東側折向東北，至大經路同長春大街交接處，再沿長春大街南側向東，穿過大馬路、亞泰大街至東門里路後折向南，順東門里路東側沿伊通河西岸台地向西南至大馬路南端，全長約十公里左右。最初用木板修築，高三米，築門六座。

長春老城內布局：南北大街（今大馬路南段）是主軸線，與東西走向的頭道二道三道四道街路中間穿過，十字交叉，形成棋盤式交通網絡。衙署、監獄等官方建築集中在西三、四道街；學校設在自強、西城館胡同、東四道街等地；廟宇分布在二道街、西門外和西三、四道街及馬號門外；雙橋、南關、華豐胡同等處是商業街。

長春城外有天然河流和人工水壕圍繞，城東是伊通河，西南有天然形成的西河溝（黃瓜溝、興隆溝），西起今兒童公園西南部，流經今平陽街，再經永安橋匯入伊通河。城北建有人工壕，西起乾祐門，經今平治街、長春大街至亞泰大街，壕寬三米左右，深三米左右，長兩公里，在壕溝內充水，為護城河。

長春東門（崇德門），原址在今東門路小區內。民國十二年（1923年）補修為磚瓦結構，城門高八點三米，寬六點六米，城門上築有歇山頂城樓，飛簷翹角，顯得十分輕盈。城牆根有排水涵洞通往護城河，城門上有門額，門額上

刻有「崇德門」三個大字。一九五二年五月拆除，這是長春最後拆除的一個老城門。

長春南門（全安門），原址在今大馬路南端。城門朝向東南，面對長春大橋。光緒二十二年（1896 年）重修後，城門高八點三米，寬六點六米，城門兩側各有青磚砌築的城牆六十多米，城門上建有歇山頂城樓，城門兩側建有雉堞三十一堵，每堵砌有炮眼。望樓簷下題寫「眾山遠照」四個大字的牌匾，民國十九年（1930 年）整修南北大街時拆除。長春的關帝廟就位於南門與伊通河之間的狹長地帶，並可通過木橋達到伊通河東岸。

長春北門（永興門），原址在今長春大街與大馬路十字路口南側。建築形式同南門，於光緒二十三年（1897 年）重修，望樓懸額題寫「關左通衢」四個大字。民國元年（1912 年）因修建北門外商埠大馬路與城內南北大街相連接的馬路時拆除。北門是連接長春商埠地與滿鐵附屬地、中東鐵路兩車站的必經之路。

長春西門（聚寶門），原址在今吉林省文化活動中心南側的解放大路中央，形式同東門，東面直通三道街，民國十二年（1923 年）補修為磚瓦結構，

▲ 長春老城門

城門高八點三米，寬六點六米，築有城樓、雉堞十九堵。一九三三年，偽滿「國都建設局」開始在西門一帶修建吉林大路（今解放大路），開工以後就拆除了。

長春西北門（乾祐門）原址在今民康路與平治街相交處南側。民國十四年（1925 年）重修為磚瓦結構，城門高八點三米，寬六點六米，築有城樓、雉堞，雉堞在重修時拆去。西北門在偽滿時期修築平治街時拆除。

長春西南門（永安門）原址在今大經路南端，全安街口，永安橋西北。門外有兩座西河溝與興隆溝上的橋，西橋通向西橋外的朱家大屯（今吉順橋、通化路一帶）。南橋即永安橋，是通向南嶺兵營必經之路。城門高六點六米，寬三點三米，民國十五年（1926 年）吉林軍務督辦張作相赴南大營閱兵，嫌城門窄小，下令拆除。

以上六門為原有的城門。

光緒二十三年（1897 年），長春舊城重新修築了城牆，將木板城牆改為磚瓦結構，除保留了原有的六個小門，又增設了六個小門，即馬號門、小東北門、小東門、小西門、東雙門和西雙門。

馬號門原址在今大經路與平治街路口西側，因鄰近長春廳的馬廄，為方便出入所開，故名。修建年月不詳，後因破壞殘損，於民國三年（1914 年）拆除。

東北門原址在今原聲街北端，淪陷前已拆除。

▲ 現代長春新貌

　　小東門原址在今東二道街，建築年月不詳，年久失修自然頹毀，南側只剩下城門土牆六點六米，北側磚牆九點九米，牆上殘存雉堞三堵，城牆根有通往護城河的涵洞，隨著城市的擴建自然消失。

　　小西門原址在今民康路與西二道街南側，在西河溝東沿，淪陷前已拆除。

　　以上四門為築城後拆除城牆所開的便門。

　　東雙門原址在東三道街，為木結構的牌坊式木門，修築年月不詳，民國十年（1921 年）因門柱折斷而拆除。

　　西雙門原址在原西三道街雙橋的左側，木製門樓，高六點六米，寬五米，形制同東雙門，偽滿時期被拆除。

　　以上兩門均為內門，是東、西兩門的第二道門。

　　在長春城牆之外，還有一座西門，不是聚寶門，兩座城門相距六百米，為區別兩座西門，通稱後者為「大西門」。原址在今吉林省文化活動中心南側的解放大路中央。朝向西南，沒有城樓，也不與城牆相連，只是在城門的兩側建有各約十米的翼牆。城門建築年代沒有文獻可考。兩座西門之間開辦起許多家糧棧、油坊、車店等，著名的「西嶺八大家」就在這時候產生的。一九三三年，偽滿洲國「國都建設局」開始在大西門一帶修建吉林大路，開工以後就拆除了。

　　長春城的土牆經歷了三十多年的風雨，到了二十世紀初，開始頹坍、倒塌。起初，商民們還儘力修復，後來就逐漸放棄了。城牆和城門已無存在價

值，特別是一九〇七年，在北門外開闢了商埠地，新城和老城內都相繼新修了街道和馬路。城門的存在阻礙了道路的建設，城牆不但無用反而成了障礙，因此，長春的城牆與城門除了部分由於年久自損之外，剩餘的幾乎都被陸續拆除。最先拆除的是一九一二年起廢棄的北牆，並在舊牆上修築了平治街、東長春大街，今天的民康路則是當年平毀了西牆後修建的。

隨著時代進步和城市的變遷，長春舊城的城牆和城門早已從人們的視線中消失了，今天也只能從長春老人殘存的記憶和一些路名依稀感受當年長春老城的樣子了。

皇家龍脈柳條邊

柳條邊，又名盛京邊牆、柳牆、柳城、條子邊，是清王朝入關後於東北遼河地區和吉林部分地區修建的一道邊牆。

後金崇德三年（1638 年），皇太極下令從鳳凰城至清原的英額門修築柳條邊。一方面是把「龍興之地」赫圖阿拉（後稱興京）和永陵保護起來，另一方面又能防止柳邊之內的民眾進長白山挖參或採集珍珠。當時，鴨綠江以西的長白山地區，已成為後金王朝的專營之地。

順治五年（1648 年），順治下令從山海關修柳條邊到英額門，與東段柳邊相接。興京（新賓）被保護起來，盛京（奉天）也被保護起來。滿清貴族既能對長白山有獨占的經濟特權，又對英額門外的大片圍場（包括今東豐、西豐、海龍、輝南、磐石等縣）獲得皇家狩獵的特權。邊外廣大地區的游牧民族，既不能進入大圍場，更不能進入柳條邊；邊內民眾，當然也不能越邊去圍場或長白山。

康熙九年（1670 年），朝廷下令在東北地區修築新邊，至康熙二十年，南起開原楊堡（開原老城北七公里），北到吉林法特（原稱法特哈門）的柳條邊修築完了。此邊長達三百四十五公里，名曰「柳邊」，俗稱「新邊」。新邊總長雖近三百五十公里，但只設四個邊門。從南向北是：布爾圖庫門（俗稱半拉山門）、黑爾蘇門、衣屯門（即伊通門）、法特哈門。

柳邊有「老邊」「新邊」之分。老邊又稱「盛京邊牆」，從山海關起，經開原的威遠堡邊門，到鳳城南的黃海北岸止，全長一千公里。新邊全長三百五十公里。老邊西段是奉天省與蒙古族游牧區的分界線，新邊是吉林省與蒙古族游牧區的分界線，老邊東段（楊堡以東）是奉天與吉林的分界線。

乾隆後期，關內漢族人民由於貧困所迫，流入關外的人越來越多，邊禁受到衝擊，逐步放寬。乾隆五十七年（1792 年）清政府明令放寬貧民出關禁令，

關內大批移民湧入東北。嘉慶五年（1800 年），清政府在長春堡設長春廳管理關內流民，柳條邊禁逐步失去了作用。至咸豐七年（1860 年），邊禁徹底開放。清政府封禁東北，從客觀上保護了這裡的生態資源，這可是清統治者所沒有想到的。從歷史事實角度看，柳條邊牆已形成一種文化，從與時俱進角度看，柳條文化對長春的價值更直接，值得分析、研究和利用。

▲ 柳條邊遺址

黃龍府古城址

　　黃龍府古城位於農安鎮內，伊通河西岸，地處南北交通要沖，傍水築垣，雄踞高地，俯瞰四野，周圍土地肥沃，水源充足，是古代理想的建城屯兵之所。古城平面呈方形，周長三千八百四十米，四垣有城門各一，皆設於每面城牆的正中，城牆係夯土結構，牆基寬三十米，四隅均有角樓。

　　黃龍府是扶餘、渤海、遼、金、元、明、清各代沿用的重要文化遺址。古城歷經兵燹戰亂，多次修葺復建，街道幾番改修，房舍頻繁更迭，古代文物和建築構件在地表很少見，城西八角十三層密簷式古塔是僅存的古建築。古城曾出土大量文物。

　　銅鏡：遼代三角緣素面鏡、花間雙童鏡、仿唐水草瑞獸葡萄鏡、海獸鏡、臥人有柄銅鏡、金代柳毅傳書故事鏡、風景人物故事鏡。

　　陶器：遼代花口式灰陶盤，花口式灰陶瓶，灰陶瓶；金代撲滿、陶罐，以及多孔器、陶獸頭，陶座、鴟尾、布紋瓦、瓦當、板瓦、筒瓦、網墜等。

　　玉器：金代鷓鴣斑青玉盞、鷓鴣斑青玉盤。

　　鐵器：金代鐵鉗、鐵錘、鐵砧、鐵罐、鐵銼、鐵鏨、鐵環、鐵帶卡數件。

　　銅器：銅像棋子、銅釧、銅剪刀。

　　瓷器：定窯白釉刻花缽八件，定窯白釉刻花龍紋盤九件，定窯白釉刻花纏枝花卉盤一件，定窯白釉印花盤六件，定窯白釉印花小碟四件，湖田窯印花石竹紋影青方執壺一件。此外，還有定窯白釉素面盤、碟、碗、缽、雙繫素面罐、白釉提梁壺等器物。

　　釉陶：有黑釉小陶罐、赭石釉雙繫小陶罈、綠釉鋪首獸足鼎等八件。

　　銅錢：清同治七年（1868 年）在古城南街路東發現一處窖藏銅錢，共兩億枚。清宣統初年，在古城出土陶甕一個，內裝銅錢，多為宋錢，其中有金代海陵王鑄的正隆元寶。一九六六年在古城東街路南出土唐宋銅錢四十萬枚。一

▲ 黃龍府傳説

九六八年在古城出土的陶製撲滿中藏有銅錢三百枚，最早的有唐高祖武德四年
（621 年）始鑄的開元通寶，最晚的為金正隆二年（1157 年）所鑄的正隆元
寶，另有兩枚五代十國時期南唐鑄的唐國通寶，餘皆為宋代錢。一九八五年十
月五日在古城西北隅發現的金代窖藏中，有漢代「半兩」，宋代「大觀通寶」，
「天禧通寶」，金「大定通寶」共三十四枚。

　　石棺：一九三五年三月二十日在古城北牆出土石棺一具，高七十六釐米，
邊長五十七點七釐米，棺蓋裡面刻有「大定二十一年十二月五日趙景興故，二
十二年二月二十六日葬靈柩記」字樣，棺內有黑釉瓶、素燒瓶、仿定窯白瓷器
兩件，碗一個。那些豐富多彩的文物及其精美高超的造型，反映出古代勞動人
民的智慧和創造力。證明這裡當年建築宏偉，市景繁榮，是一座歷史悠久的古
代名城。如今，積澱著千年文明的古城又將煥發出勃勃生機，農安縣啟動了
「弘揚黃龍文化，打造東北歷史文化名城」工程，全面展開了對黃龍府文化遺
存的保護以及文化項目的開發等工作。農安縣，這座歷史文化名城迸發出蓬勃
的發展生機。

農安遼塔

農安遼塔位於農安古城西垣外一百米，今黃龍路與寶塔街兩條街道的交匯處。古城位居高台地，古塔就坐落在高台地的制高點上。

遼塔為八角十三層實心密簷式塔，由座、身、剎三部分組成，通高四十四米。原為省級重點文物保護單位，並通過了國家級重點文物保護審批。

塔座呈八角形，每邊長七米，高一米。平整堅固，承托塔身，使古塔顯得莊嚴雄偉。塔身基部東西直徑八米，南北直徑八點三米，係用不同形制的青磚、平瓦、筒瓦、貓頭瓦、水紋瓦等建成。第一層高十三米，其他層均為一點七五米，邊長五點一五米，周長四十一米。第一層上半部修有大小相同等距間隔的四個龕門、四個啞門。門上五十五釐米處均有一長一百二十釐米，寬四十釐米的拱式眉額，眉額凹入塔身十釐米，四周有筒狀邊沿。龕門均寬一百四十釐米，高二百一十釐米，進深一百六十釐米。龕門上壁是橢圓形磚結構的仿木斗栱，拱上十八釐米處有與拱頂等長的卷沿浮雕。十三層的塔簷砌成疊壘新奇的花紋，磨磚對縫、犬牙交錯，每層簷下的仿木方椽，排列整齊。各層塔脊均有泥塑的脊獸。塔剎與塔身的銜接處，八個斜坡戧脊雕塑各種獸類，獅子在前，龍馬居中，戧獸尾隨。戧脊兩側各有四條凸起直線圓筒瓦，筒瓦一端均砌著圓形瓦當，瓦當周圍刻有雙重套環，中間刻成「喜」字圖案。戧脊的盡端鑲一鐵環掛有風鐸，亦稱「鐵馬銅鐘」。在十三層的八個角上，共掛一百零四個風鐸。風鐸內鑲銜三翼狀鐸舌，鐸舌上焊有十字形鐸錘，每遇風吹，風鐸搖動，金鐵齊鳴，錚錚作響。晴天時塔高罹風，鐸舌時時擺動，風鐸發出微弱的撞擊聲，悅耳動聽。據光緒三十一年出版的農安鄉土志記載：塔的四周原曾鑲有銅鏡。

十三層的塔身上面是塔剎。塔剎的基礎部分是三層敞口仰蓮。仰蓮上置鼓腹、細頸敞口寶瓶，寶瓶上是銅製鍍金「圓光」，內為車輪形的捲曲花紋。圓

光之上築一銅製鑲金仰月，月牙向天。仰月留有雙層空邊，中間雕刻雲卷。仰月之上鑲有五顆銅製鍍金寶珠。第二顆寶珠上面有一寶蓋，其頂端是兩顆寶珠呈葫蘆形連在一起。寶蓋上焊有四條銅鏈，分別垂掛在塔脊的鐵鈎上。精美勻稱的塔剎，使古塔增強了挺拔高聳的形象。

對於農安遼塔的建築年代，歷來載述為遼聖宗耶律隆緒（983 年 - 1030 年）時期所建。經多方查尋資料和考證，其確切年代應為遼聖宗太平三年至太平十年，即始建於西元一〇二三年，歷經八年，至西元一〇三〇年落成。

農安塔名稱很多。基於民間傳說，觀其雄姿名謂「寶塔」，念其歷史悠久而稱「古塔」，因與佛門相關曰「佛塔」，考其建塔年代則名「遼塔」。隨著建制的興廢和地名的變化，「寶塔」「佛塔」前又常常冠以「黃龍」「龍灣」「隆安」以至「農安」二字。即「黃龍寶塔」「龍灣古塔」「隆安佛塔」或「農安遼塔」。圍繞這座塔，民間還有一些「牛拉塔」「金馬駒」「壓龍脈」等種種傳說。

▲ 農安遼塔

一九五三年，吉林省人民政府撥款對農安塔進行了第一次修繕。在修繕過程中，塔身十層中部有一塊八十釐米的方磚，揭起方磚，是一磚室。磚室深四百六十二釐米，底面近方形，邊長二百三十五釐米左右，上下是倒扣斗形，牆高二百三十七釐米，上以磚疊澀收口，計疊澀十三層（每層兩塊磚厚）。磚室的上頭口徑只有五十釐米。磚室裡的西北角，有個用磚擺的小台，台上為硬山式木製小房，房內有釋迦牟尼佛、觀音菩薩、銀牌、瓷香爐、木盒、銀盒、瓷盒、布包等遺物。這些珍貴文物，是研究農安遼塔和遼史的可靠資料。

　　一九八二年，農安縣在一九五三年修塔工程基礎上，對古塔又進行了一次大規模修繕，一九八三年十月竣工，使古塔恢復了原貌。

五家子遺址

　　五家子遺址，位於雙陽區山河街道五家子村附近，是一處青銅時代的遺址，其時間相當於中原王朝的東周時期，距今三千年左右。

　　一九八〇年以來，文物考古工作者在這裡發現了大面積的古代遺址及其石棺墓葬，確定「五家子遺址」是一處多遺址複合型的遺址群（包括北山、于家街、狐仙堂、西山、羊圈頂子等九處組成，總面積達三十八萬多公頃）。及時對五家子遺址採取了保護措施，建立了保護組織、聘請了業餘保護員；樹立文物保護單位標誌說明牌；劃定了五家子遺址保護範圍；建立了科學記錄檔案等。一九八一年，五家子遺址被公布為第二批省級文物保護單位。二〇一三年，被國務院核定為國家重點文物保護單位，成為長春市首批獲得國務院批准的全國重點文物保護單位之一。

▲ 五家子遺址

吉長道尹公署舊址

　　吉長道尹公署俗稱道台衙門，位於長春市南關區東七馬路。公署房舍是中西結合的建築群，房舍外觀是洋式的，而對稱的布局及其大堂、起居住房的安排又是中國傳統式的。

　　吉長道尹公署創設於清光緒三十四年（1908 年），初名叫吉林西路兵備道，一九一四年改名叫吉長道尹，在當時它是設在長春的最高官府，管轄吉林、長春、伊通、農安、德惠、長嶺、舒蘭、樺甸、磐石、雙陽、蒙江（今靖宇）、乾安等十二個縣。整個建築為青灰色磚瓦水泥結構，占地十萬五千公頃。它的正面門樓坐西向東，高約十二米，厚重、牢固，水泥掛面雕砌花邊圖案。門樓兩側有配房五間，作為傳達室，衛隊辦公室用房，占地七百公頃。穿過門樓即是前廳（大堂），修建得很有氣勢，建築高達七米，占地七百餘公頃，廳堂內寬闊明亮。再向西幾十米便是後廳堂，建築與正廳堂相同，只是略矮。正堂北側有洋房四座，占地九百公頃，是衙內高級官員起居的地方，房屋建築很是精緻考究。「九一八」事變後，日本帝國主義侵占東北，在長春扶植溥儀做了滿洲帝國皇帝，第二年三月在公署內舉行了「就職典禮」，公署衙門成為臨時「皇宮」。以後此地相繼為「偽滿國務院」「參議府」「外交部」「法制局」「交涉署」及市政籌備處等使用。一九四五年光復後為國民黨新一軍炮團駐地。解放後該處被郵電部長春電話設備廠分廠使用至今。公署主體建築基本保持原樣。

長春道台府

　　長春道台府始建於一九〇九年，官名是「吉林西南路分巡兵備道衙署」，其建築主要有大門、前堂、後堂和官邸組成，是當時中國人在長春主持修建的最大的建築工程。辛亥革命後，廢除了清代道的官銜，隨之更名為「吉林西南路觀察使署」。一九三一年長春淪陷，一九三二年三月九日，末代皇帝溥儀在這裡舉行了「執政」的「就職典禮」。他住了二十天后，搬到原吉黑榷運局居住（今偽皇宮陳列館）。

▲ 見證歷史的道台府

　　長春道台府的大門是朝東開的。俗話常說「衙門口朝南開」，可長春老城的「道台衙門」卻打破了中國傳統官衙的舊制，坐西朝東，東側臨街開正門。道台府大門之所以朝東開，是因為當時大馬路靠近頭道溝東斜街橋一段的土地已被日本人買去。而東面有路有橋，這條路又是原來長春城通向農安的大道，也算方便。因此，「道台衙門」建在長春商埠地通向「滿鐵長春附屬地」兩橋中間和「道台衙門」大門朝東開都是當時情況下的最佳選擇。這就是為什麼道台府「衙門口」不朝南開的原因了。

　　現今修繕後的道台府，已經成為長春市民和遊客瞭解長春兩百多年發展的歷史見證。

偽滿皇宮博物院

　　偽滿皇宮博物院是由清朝末代皇帝愛新覺羅・溥儀居住的偽滿洲國傀儡皇宮改建而成的博物館。它是中國現存的三大宮廷遺址之一，位於吉林省長春市光復路北側。同時也是日本帝國主義武力侵占中國東北，推行法西斯殖民統治的歷史見證。

　　偽滿皇宮前身是民國時期管理吉林、黑龍江兩省鹽務的吉黑榷運局官署。

　　一九三二年三月九日，在日本侵略者的扶持下，溥儀出任「滿洲國執政」；四月三日，溥儀遷居於此，這裡便成為「滿洲國執政府」。

　　一九三四年，偽滿推行帝制，「滿洲國」改為「滿洲帝國」。三月一日，溥儀在勤民樓舉行登基大典，由「執政」改頭換面為「皇帝」，「執政府」隨

▲ 偽滿皇宮博物院

之改為「帝宮」，俗稱「皇宮」。此後，偽滿帝宮進行了較大規模的擴建。一九三四年到一九四〇年這七年間，先後修建了懷遠樓、同德殿、東御花園、防空地下室、假山、嘉樂殿、建國神廟等建築。

一九八一年，吉林省人民政府公布偽滿皇宮舊址為吉林省重點文物保護單位。

偽皇宮博物院設有東部警示教育區、偽皇宮的中部宮廷遊覽區、偽皇宮休閒文化區。東部警示教育區以東北淪陷史陳列館為依託，並在館內舉辦了《勿忘「九一八」——日本侵略中國東北史實》展覽。該展覽共採用歷史文物一千多件，展覽使用了從日本、俄羅斯、美國等國家收集到的原始音像資料、罪證文物及戰爭親歷者的證言與證詞等。偽皇宮的中部宮廷遊覽區，保持了原有的建築歷史原貌，有根據康熙皇帝的「敬天法祖，勤政愛民」的祖訓而命名的溥儀辦公之處勤民樓，有集辦公、娛樂、居住於一體的同德殿，有用以供奉清朝列祖列宗的懷遠樓，有溥儀日常生活的寢宮緝熙樓，還有用於舉行大型宴會的嘉樂殿等。此外還有東西兩個御花園、書畫樓、植秀軒、暢春軒、宮內府、中膳房、洋膳房、鹵簿車、防空洞、游泳池、建國神廟等附屬設施。偽皇宮西部休閒文化區包括御用花窖、御用跑馬場和禁衛軍營房及禮堂、鹵簿車庫。御用跑馬場是專供偽滿皇帝溥儀騎馬的場所，後來改建成了御馬苑馬術俱樂部，二〇一三年已擁有汗血馬、阿拉伯馬、英純血馬、半血馬及國內外其他品種的馬匹近一百匹，並有專業的馬術教練。御用花窖，在御用跑馬場院的北部，有兩棟玻璃扣頂的灰色建築，就是御用花窖。花窖占地面積近八百公頃，偽滿時期，花窖內曾飼養過宮廷中所用欣賞花卉，譚玉齡喜愛的君子蘭花就曾在此培育。偽滿皇宮博物院利用此御用花窖開闢了宮廷花卉欣賞，綠色文化休閒區。南部商貿服務區，占地面積一萬多公頃，原為負責偽滿皇宮內廷警衛的近衛軍操練、宿營、儲存彈藥的地方，現已成為旅遊商埠區，是長春市經營古玩、珠寶、字畫及宮廷文化特色的旅遊紀念品集散中心和展示中心。

偽皇宮館藏文物豐富，偽滿皇宮博物院作為宮廷遺址型博物館，因其歷史

背景的複雜性，決定了文物藏品的特定性和侷限性，同時確定了收藏範圍及藏品特點。建院五十年來，通過調撥、徵集和社會捐贈，博物院收藏了大批偽滿宮廷文物、日本近現代文物、東北近現代文物、民俗文物，近現代有代表性的書畫、雕刻、非遺傳承人作品等藝術精品。其中包括溥儀日記、偽滿執政令、日本名家書法、繪畫作品、日本九古、鍋島、薩摩等名窯陶瓷以及美國鮑爾溫機車廠一八八九年生產的蒸汽機車等珍貴文物。如：金智元上奏溥儀的奏摺，偽滿大臣上奏溥儀之用熟宣紙，書簡式，長二十三釐米，寬十三釐米，溥儀在每個奏摺上親自批閱。

偽國務院布告第十三號於一九四一年十二月八日發布，布告以偽滿洲國總理大臣張景惠名義發布。

大典紀念章，銀質圓形，直徑三點五釐米。正面，上嵌金色蘭花御紋章，下鑄豎排「帝出乎震」四個銀色文字，兩側刻有對稱的鳳凰圖案。背面正中鑄有「大典紀念章」，右側鑄有「康德元年」，左側鑄有「三月一日」，均係銀色文字。

諸多偽滿時期藏品帶有濃厚的歷史色彩，是長春獨有的文化遺留。

▲ 東北淪陷史陳列館

蘇聯紅軍烈士紀念塔

　　紀念塔位於人民廣場中心位置，一九四五年十一月七日，蘇聯紅軍為紀念在中國東北消滅日本關東軍戰鬥中犧牲的蘇聯空軍烈士修建紀念塔，塔高二十七點七五米，占地八百公頃，塔身為花崗岩條石貼面，塔身下粗上細漸分五層，塔頂為鐵製綠色蘇式伊爾-28 轟炸機模型，呈向北展翼飛翔姿態，底部緊緊拱衛四個巨型長方石柱；塔基為圓盤形，直徑三十米，鋪設花崗石塊；塔座占地三百一十四公頃，分三層，最外層環繞六個高八十釐米的護牆，護牆中間位置上坐一個方形石柱，柱頂各安裝一大型射燈正對塔身。塔身底層四面均刻俄中兩國文字。北面上部刻中文「蘇軍烈士永垂不朽」，落款「長春市各界人士」。中部刻俄文「為蘇聯的榮譽和勝利在戰鬥中犧牲的英雄們永垂不朽」，下部鑲嵌蘇聯國徽圖案、紅軍浮雕；塔身西面上部為四角卷雲浮雕扁方石，中部為蘇式轟炸機側面浮雕，狀向北穿雲飛行，下部用俄文刻有十四名蘇軍烈士姓名和軍銜；塔身東面上中部與西面相同，下部用俄文刻九名蘇軍烈士姓名和

▲ 位於人民廣場上的蘇聯紅軍烈士紀念塔

軍銜；塔身南面最上端為蘇式轟炸機側面浮雕，之下刻「中蘇友誼萬古長青」中文大字，再下為俄文「這裡埋葬著為蘇聯榮譽和勝利在戰鬥中英勇犧牲的後貝加爾湖方面軍的飛行員」。紀念塔周圍簇擁著蒼松翠柏、白樺、玫瑰、丁香等綠樹鮮花。

一九四五年八月八日，前蘇聯政府對日宣戰。同日，蘇聯紅軍調派三個方面軍從東、西、北方向同時駐紮在中國東北的日本關東軍發起全面進攻。一九四五年秋，東北光復後為了紀念在反對日本法西斯戰爭中犧牲的蘇聯紅軍烈士，蘇軍先後在哈爾濱、長春、瀋陽、大連、金州等地修建了蘇聯紅軍烈士紀念塔。

長春蘇聯紅軍烈士紀念塔是為紀念一九四五年秋以後，支援中國人民抗日戰爭和反對日本法西斯戰爭而英勇犧牲的蘇聯紅軍烈士。紀念塔具有蘇式風格，一九六一年蘇軍烈士紀念塔被定為吉林省重點文物保護單位。一九八二年長春市政府又在塔左側豎起用大理石雕刻的文物保護牌。每逢紀念日，長春人民都來此憑弔。當年為瞭解放中國東北不知有多少蘇聯紅軍戰士英勇犧牲，留在了這裡。蘇軍烈士紀念塔永遠記錄著那段歷史。

長春解放紀念碑

　　長春解放紀念碑位於南湖公園三號門內百米左右處，一九九○年公布為市級文物保護單位，一九九四年列為省愛國主義教育基地。一九八八年十月，在長春解放四十週年前夕，市政府在南湖公園內建成花崗石貼面解放紀念碑，形似兩面紅旗，象徵長春在黨的領導下，繼承先烈遺志，建設新家鄉。碑最下方前後為兩塊赭色大理石貼面高兩米的長方石，正面為彭真題詞「長春解放紀念碑」，背面碑文：「向為解放長春英勇獻身的革命烈士表示深切的悼念，向為解放長春、建設長春做出貢獻的人們致以崇高的敬意。長春市人民政府，一九八八年十月。」碑基下大理石碑刻說明：「此碑是根據一九八八年一月市人大九屆一次會議通過的議案修建的，同年十月八日落成。碑名由彭真撰題，碑高三十點三九米，基座分別為邊長十點一八米和一九點四八米的正方形，碑身呈『門』字形，象徵著長春於一九四八年十月十八日獲得解放，從此跨入了一個新時代。」

▲ 長春解放紀念碑

▌黨在長春建立的第一個祕密通訊站

　　黨在長春設立的第一個祕密通訊站舊址為二十世紀二〇年代的吉黑郵務管理局長春二道溝郵局，位於今二道溝頭道街原十九號，現一心街三三八號。二〇〇二年公佈為市級文物保護單位，二〇〇九年評為市中共黨史教育基地，二〇一二年評為省中共黨史教育基地。

　　一九二四年八月十一日，張錦春受中共哈爾濱黨組織派遣來長春，在二道溝郵局建立了黨在長春的第一個通訊站，代號「弓長之」。郵局建立黨的祕密通訊站是東北地區重要的交通站，負責傳遞中共中央、北京區執委會和哈爾濱黨組織之間的祕密文件、安全護送過往同志。同時，張錦春在學生和工人中宣傳黨的主張、發展黨員、開展學生和工人運動，點燃了長春人民爭取解放的星星之火，成為黨在長春開展革命活動的起點。一九二五年六月，第二個通訊站建立（今南關區樹勳小學）。一九二六年九月，張錦春、韓守本在兩個通訊站的基礎上建立了中共長春支部。通訊站的主要任務是：負責黨中央、北京區執委會和東北黨組織之間的聯絡，收發傳遞黨的文件。黨中央、北京區執委會的指示和文件寫在大字貼內，寄給長春二道溝郵局弓長之收。張錦春收到後，將指示和文件放在裝有郵件的小皮包內，乘長哈列車的郵車，連夜送往哈爾濱黨組織。他常常乘車連夜返回，既不引人注意，也不影響第二天營業。長春通訊站同時也是黨的地下交通站，黨派往北滿工作的同志都是通過長春通訊站與北滿地委取得連繫，前往北滿各地進行革命活動。張錦春負責食宿和掩護，有時甚至傾囊相助。

　　五卅運動後，張錦春先後發展韓守本、安貧、王平等人入黨，並幫助韓守本在長春二師建立了通訊站，開展學生運動。一九二六年九月，長春黨支部在此基礎上建立，韓守本任書記，張錦春任宣傳、組織委員。十月，長春支部改為中共長春特別支部，歸中共中央直接領導。為更有力地發揮鐵路工人的作

▲ 祕密通訊站舊址

用，張錦春還與其他黨員一起，組織鐵路工人成立「吉長鐵路工會」，使鐵路工人運動在黨的領導下有組織地發展起來，有力地打擊了敵人。

一九二六年末，張錦春受黨的指派離開長春，先後在陶賴昭、三岔河、下城子和哈爾濱等地鐵路部門工作。「九一八」事變後，張錦春為蘇聯遠東情報局做情報員。一九三六年三月，一面坡電台遭日軍破壞，張錦春受到通緝後與組織失去聯絡。一九七五年張錦春病逝，享年七十九歲。

「還我河山」愛國壁畫

「還我河山」壁畫繪於二十世紀初修建的沙俄兵營牆上。兵營後改為東省特別區第十二小學,原建築和壁畫仍在,位於今長盛小學,長盛街原八十七號、凱旋路一心街二號,現一心街一五一二號。1985 年公布為市級文物保護單位,2008 年列為省非物質文化遺產。

1929 年春,第十二小學原校長、中共黨員宋庭勳在哈爾濱被反動當局殺害,深受宋校長影響的第十二小學美術教員蘇少權聽到消息後,悲憤滿腔,在葉國珊校長和師生的支持下,於同年秋在學校教室北牆上繪製了一幅高三點一六米,寬三點零八米的大型彩色壁畫。壁畫上標明沙俄、日、英、葡等帝國主義國家在中國簽訂的六個不平等條約、五處被占領的殖民地以及「五四」和「五卅運動」發生的地點與時間,以此教育全校師生勿忘國恥,奮起反抗。

即使到了今天,每年仍然有外籍人士來看兵營和壁畫,其中大多數是五六十歲的日本人。「還我河山」蘊含長春精神、中國精神。

▲ 愛國壁畫

九龍源革命烈士陵園

　　長春革命烈士陵園在二道區三道鎮大稗子溝，是全國較大的烈士陵園之一，包括革命烈士陵園、革命公墓和九龍源社會公墓，是長春市新開發的國有永久性墓地。

　　從歷史上說，「九龍源」由來已久，自遼代黃龍府萬戶侯建墓於石碑嶺起，幾代皇朝墓地的選址，民間傳說的優美故事，使其成為被社會一度公認的風水寶地。一九四〇年前後，日偽曾在這裡規劃建造偽滿洲國皇家墓地。建國後的五十多年中，九龍源成為革命先驅的安息之所。一九五〇年，長春市政府將這裡改建為革命烈士陵園和革命公墓。一九九六年十月十四日，經吉林省人民政府批准，長春革命烈士陵園列為省級保護管理單位，是長春市進行愛國主義教育「紅岩魂」基地。

　　新中國成立後，九龍源改建為長春市革命烈士陵園和革命公墓，用於安葬在歷次革命戰爭中為人民捐軀沙場的中外英烈，以及為解放和建設祖國做出卓著功勛的各界菁英、老幹部，永久寄託長春人民對革命先驅的緬懷與崇敬。千餘名英魂忠骨安息九龍源，每年數萬民眾前來祭掃、瞻仰、憑弔。革命傳統和中國精神世代相傳、發揚光大，九龍源有效而又持久地發揮著愛國主義教育基地的作用。

　　一九九五年，長春市解放五十週年，人民和政府懷念為新中國而獻身的先烈們，長春市民政局專門設立革命烈士陵園管理處，委派幹部專職從事陵園管理、烈士遺骨收集、墓碑重建、墓園環境改善等工作。陵園處和優撫處的同志們頂風冒雨勘察當年戰場，走訪當地老鄉，查找當年就地掩埋的陣亡烈士遺骨。他們翻閱歷史檔案，核查部隊記錄，落實烈士姓名、身分和原籍、遺屬，再請部隊指戰員和當地幹部、群眾協助，細心找尋尚存的遺骨和遺物，把烈士們一一請回陵園。

當年血染沙場後默默無聞的英烈們，終於到屬於他們的陵園內團聚，接受人民的弔祭禮拜。他們當中，有在三〇年代率華工旅日、捐助祖國革命事業、為維護華人利益而遭到日寇殺害的華工領袖王希天；有屢戰長空的老紅軍飛行員趙斌；有在抗日戰爭、解放戰爭、抗美援朝戰爭中威震敵膽的英雄將士；有在文化、科技、教育、藝術界聞名遐邇的菁英；還有在社會主義革命和社會主義建設中為祖國、為人民嘔心瀝血、功勳卓著的老革命家、教育家、藝術家、科學家及各行各業的英模。

昔日的零散墓地，如今排列有序、秩序井然，作為春城人民心中的聖地，得到專門的管理和保護。一九九五年收攏烈士遺骨以後，為使陵園基本建設和外觀內設狀況與省會級愛國主義教育基地相符，修整烈士墓和修建烈士紀念堂、紀念碑、紀念雕塑、展現長春革命烈士英雄事蹟及組織愛國主義教育活動等工作紮實開展。

▲ 學生祭掃烈士

護國般若寺

　　長春般若寺被長春人稱為「大廟」，是長春重點開放的寺廟之一。寺廟全部占地面積一萬五千公頃，建築面積兩千七百平方米，是長春市最大的佛教寺廟。右門上書「清靜」，左門上書「禪林」，中門上書「護國般若寺」。一九二三年，佛教天台宗大德釋倓虛法師（湛山大師）來長春講「般若心經」，隨後創建寺廟，取名為般若寺。般若寺最初建在南關區西四馬路。一九三一年遷到西長春大街現址重建。一九三四年命名為「護國般若寺」。

　　般若寺在長春市中心雄偉壯麗的人民廣場東北角。寺院的山門為並列的三座拱門組成，門樓簷角飛翹，錯落有致，建工精巧，寺內殿堂聳立，樹木成蔭，頗為壯觀。進門左右有鼓樓和鐘樓，正面為天王殿，殿內正中供奉彌勒佛像，兩側有四大天王腳踏八怪塑像，栩栩如生。殿後塑有護法韋馱菩薩立像。大雄寶殿建在天王殿後面，是整個廟宇的中心。寶殿外觀莊嚴雄壯，斗栱交錯，簷於高啄，畫棟雕梁，彩畫精麗，金碧輝煌。殿內正中供奉釋迦牟尼佛祖，兩側為十八羅漢；殿後供奉觀世音菩薩佛像；再後便是藏經樓，收藏著大量佛教經典。殿前蒼松翠柏，古樹參天，與寶殿紅綠相映，顯得格外雄偉壯觀。寺院還建有東西廂房數十間，分別為禪堂、齋堂、起居室等。每逢農曆四月初八、十八、二十八舉行廟會，遊覽觀光的人們常達數萬，摩肩接踵，熱鬧非凡。

長春地質宮

　　地質宮的歷史連同它前面的文化廣場可以追溯到一九三八年。偽滿洲國成立後，日本人著手規劃長春。不久，他們便把今天的解放大路以北，東、西民主大街之間的這個區域定為「宮廷建築用地」。

　　地質宮位於「八大部」建築中心區——新民大街北端，是吉林大學朝陽校區（原長春地質學院）教學樓，地質宮曾為日偽新宮內府所在地。當年，地質宮是作為溥儀的正式「皇宮」來修建的。一九三八年九月動工，因太平洋戰爭爆發，財力緊張而停工，只完成地下部分，而金碧輝煌的宮殿係五〇年代完工。一九五三年，在原來基礎上修建了這座綠色瓦頂，宮殿式建築，建築面積三萬平方米。因為是長春地質學院教學樓故名「地質宮」。地質宮屬於典型中國古代建築風格，門前廣場有十八萬平方米，稱文化廣場。地質宮內設有地質博物館，從各種珍貴鑽石、礦產直到各種古生物化石標本、恐龍化石等十分齊全，是六大自然科學之一，地學寶庫。

　　殿前的草坪廣場可容納五十多萬人集會，站在宮殿的中軸線上向南眺望，一條筆直的新民大街向南湖公園延伸，中線花壇為松、柏、丁香樹風景帶和兩側高可鑽天的楊樹，形成一千五百米的綠色長廊。偽國務院及下屬「八大部」的辦公室全部坐落大街兩側，形成一個菱形景區，建築各具特色，絕無雷同。

▲ 位於文化廣場上的地質宮

偽滿國務院

　　偽滿國務院舊址坐落在新民大街二號，建於一九三五年，正門朝西，占地面積五萬多公頃，建築面積兩萬零五百萬平方米，鋼筋混凝土框架結構，呈「山」字形，塔式屋頂，正面五層（地下一層），樓頂葺以煙色琉璃瓦，外牆用咖啡色瓷磚貼面。現為吉林大學基礎醫學部，省級重點文物保護單位，長春市愛國主義教育基地。

▲ 偽滿國務院舊址

偽滿國務院是偽滿政權的中樞機關。從表面看，偽國務總理大臣是國務院最高官員，但實際上偽滿總務廳才是真正的主宰者，該職務一直由日本人擔任，它代表日本帝國主義控制偽滿國務院。偽滿國務院為適應大規模經濟掠奪計劃的推行，對所屬機構不斷改組。在其統治期間，曾下設八部、九部、六部、七部，至一九四五年，又設軍事、司法、交通、興農、經濟、外交、文教、國民勤勞、厚生等九個部。偽滿國務院直屬機構還有審計局、地政總局、建築局、興安局、官需局、恩賞局、大同學院、建國大學和大陸科學院。各部局由總務廳統轄。一九四五年，日本投降以後，被國民黨勵志社占用。一九四八年十月，長春解放時，部分建築遭到破壞，由中國人民解放軍醫科大學接管，將破壞部分修復。該校後改名為吉林醫科大學、吉林白求恩醫科大學，二○○○年歸屬吉林大學。此處的偽滿遺跡保存了偽滿國務院的大量資料、圖片及部分實物，時常安排一些參觀採訪者。

偽滿軍事部偽滿軍事部舊址位於新民大街二○一號，解放大路與新民大街交會處西南角，現為吉林大學第一臨床醫學院。原來的四層樓建於一九三五年，一九七○年又在其上接高一層。現為市級文物保護單位。該建築呈三角形，鋼盤框架結構。占地約五千四百公頃。樓外有車庫、鍋爐房等附屬建築。

偽滿軍事部的前身是設在瀋陽的軍政部，成立於一九三二年四月，同年七月移至長春。它積極配合日本侵略勢力，強行徵兵。一九三七年七月一日，偽滿軍政部與偽滿民政部的警務司合併，改稱「治安部」，推行治安第一主義（即鎮壓抗日力量）。一九四三年四月，由於日本帝國主義侵略戰爭每況愈下，為了穩定其作為戰爭基地的東北局勢，軍警一體的「治安部」改為「軍事部」，管轄國防、兵事、軍政；「警務司」改為「警務總局」，直屬偽國務院領導。偽滿軍事部大樓建成後，便成為武力鎮壓抗日民眾的中心，指揮東北各地軍、警、憲、特鎮壓人民，殘酷圍剿抗日力量。日本戰敗投降後，該樓被國民黨軍隊占用，樓內遭到嚴重破壞。一九四八年十月，長春解放後，由中國人民解放軍醫科大學（即現在的吉林大學）接收，經維修後使用至今。

偽滿經濟部偽滿經濟部大樓坐落在新民大街八二九號，坐西向東，現為吉林大學第三臨床醫學院。此樓建於一九三五年，鋼筋混凝土結構，占地面積四萬三千二百公頃，建築平面呈「F」形。現為市級文物保護單位。偽滿經濟部設於一九三七年七月一日，前身是偽滿財政部，改為經濟部後置大臣、次長、技監、參事官、秘書官並大臣官房和金融、商務、稅務三司。原偽滿產業部的水利電氣建設局、特許發明局及輸出柞蠶絲檢驗所等單位，歸屬於偽滿經濟部。它的成立，主要為了適應大規模經濟掠奪計劃的推行，加強經濟機構的統治職能。偽滿經濟部掌管著當時東北淪陷區的經濟命脈，管理工廠企業及商業貿易。它瘋狂掠奪東北資源，排擠地方民族工業，為侵略戰爭服務。

日本投降後，該樓被國民黨軍隊占用，樓內遭到嚴重破壞。一九四八年十月，長春解放後，由中國人民解放軍醫科大學（現吉林大學）接管使用，現為吉大第三臨床醫學院。

偽滿興農部偽滿興農部舊址位於今自由大路五〇六號，現為東北師範大學附屬中學。舊址建築面積為九千八百七十一平方米，二層樓房，平面呈「弓」字形，鋼筋混凝土結構。現為市級文物保護單位。

偽滿興農部的前身是偽滿產業部，偽滿產業部的前身是偽滿實業部。偽滿實業部設於一九三二年三月，一九三七年七月一日改稱「產業部」。隨著日本侵華戰爭的延續，偽滿中央政權機構多次進行調整和變動，一九四〇年六月將「產業部」改為「興農部」。偽滿興農部是管理東北淪陷區所有永久性產業的行政機構，置大臣、次長、參事官、秘書官，並置大臣官房及農政、農產、畜產三司，掌管農業、畜牧業（除馬、騾、驢、駱駝外）、水產、礦產、工業以及其他資源的開發利用等事項。

日本投降後，該址一度由蘇聯紅軍占用。一九四六到一九四八年，由國民黨軍隊占用。一九四八年十月，長春解放後，由東北大學（現東北師範大學）接管，一九五八年八月交東北師範大學附屬中學使用。

偽滿交通部偽滿交通部舊址位於今新民主大街一一六三號，現為吉林大學

公共衛生學院。此樓主體始建於一九三五年，一九三八年建成使用，建築面積八千二百七十九平方米，建築平面呈長方形，建築共四層，鋼筋混凝土結構。現為市級重點文物保護單位。

偽滿交通部於一九三二年三月九日成立，設置總務、鐵道、郵務、水運四司，具體管理鐵路、郵政、電信、電話、航空、水運及其他一般交通事項。後來機構幾經變動，至一九四四年三月，改設運輸、理水、建設、航空電政四司，新增設的土木總局，理水調查所和中郵政總局也歸其領導。偽交通部控制了東北淪陷區境內的路、海、空運輸及郵政管理，是交通、郵政的中樞機關，直接服務於日本帝國主義的侵略政策和掠奪政策。

日本投降後，該樓被國民黨軍隊占用。一九四八年十月長春解放後，由中國人民解放軍醫科大學（現吉林大學）接收使用。一九五八年，白求恩醫科大學預防醫學院在這裡成立。

偽滿民生部偽滿民生部舊址位於人民大街三六二三號，主樓地上二層，中間為塔樓，平面呈「F」形，鋼筋混凝土結構。現由吉林省石油化工設計研究院使用，保存完好。為市級重點文物保護單位。

偽滿民生部是一九三七年七月一日由偽滿民政部改組設立的新部，主要掌管學校教育、保健衛生、社會設施、禮教等事宜。偽滿民生部在社會司內設立輔導科，作為勞動管理的行政部門，後又專設勞務司，再後又設勤勞奉仕局，專門從事抓勞工等罪惡活動。一九四三年四月撤銷教育司，成立偽滿文教部。一九四五年該部撤銷，一分為二成立了「國民勤勞奉公部」和「厚生部」。一九四五年日本投降後，國民黨接收偽滿民生部大樓。解放後，吉林省統計學校曾在這裡辦公。一九五七年，新成立的吉林省石油化工設計研究院開始使用此樓至今。

偽滿文教部偽滿文教部舊址位於自由大路六九六號，占地一萬多公頃，現由東北師大附屬小學使用，原建築已拆。原建築為凹形二層樓，鋼筋水泥結構，無其他附屬建築。現為市級文物保護單位。

偽滿文教部成立於一九三二年七月，下設三司，即禮教司、學務司和總務司。禮教司主管宗教和社會教育，學務司主管專門教育和普通教育，總務司主管調查、文秘和會計等事項。一九三七年七月，偽滿國務院將原來的九個部改為八個部，撤銷了文教部，將其業務歸併到新設的民生部之中。一九四三年四月一日又重新恢復了文教部。日本帝國主義在偽滿時期不但在政治、軍事、經濟方面對中國進行猖狂侵略，而且在思想上也嚴加控制，偽滿文教部就是一個對東北淪陷區人民施行奴化教育的機構。

日本投降後，該址被國民黨國立長春大學占用。一九四八年長春解放後由東北大學（現東北師範大學）接管，先由吉林師範大學附屬中學（現東北師大附中）使用，一九五八年成立吉林師範大學附屬小學（現東北師大附小）遷到這裡，使用至今。一九八六年曾被火燒，後修復並又接一層。二〇〇二年六月，偽滿文教部舊樓被徹底拆除，原地新建了一座現代化多功能教學樓。

偽滿司法部偽滿司法部舊址位於新民大街六號，現為吉林大學醫學部。該樓建於一九三五年，平面呈「十」字形，建築面積一萬六千三百二十八平方米，鋼筋混凝土結構，正門面西臨新民大街。現為市級文物保護單位。

偽滿司法部成立於一九三二年三月，下設總務、法務、行刑三司，掌管司法、法院、檢察院、監獄、民事、刑事、民籍、地籍及其他司法等事項，監督法院及檢察廳。一九三四年三月一日，偽滿洲國實行立憲君主制，公布了新的《組織法》，規定實行所謂立法、司法、行政三權分立制度。該部存在期間，秉承日本帝國主義的旨意，制定鎮壓反滿抗日力量的法律，為日本帝國主義侵略政策服務。

一九四五年日本投降後，被國民黨軍隊占用。一九四八年十月長春解放後，由中國人民解放軍醫科大學（現吉林大學）接管，使用至今。

偽滿洲國外交部偽滿洲國外交部舊址坐落在建設街一一二二號，建設街與普慶胡同交會路口。此樓建於一九三二年，建築面積九千七百平方米，鋼混結構與磚木結構混合，樓高兩層，係帶地下室的宮堡式建築，具有西方建築特

點。現為市級重點文物保護單位。

　一九三二年，日本帝國主義一手扶持的偽滿洲國成立之時，其偽外交部即開始活動。外交部下設四個司：宣化司、政務司、通商司和總務司。其職能就是進行出賣中國主權的罪惡勾當。據《大滿洲帝國年鑑》記載：偽滿外交部從一成立就「首先與親邦建立了不可分的一體關係，定為外交國策之基幹，而毅然確定滿洲國外交之基本政策與方向」。

　解放後，這座華麗的建築物回到人民手中，先後由吉林省委黨校、東北文史研究所、吉林省軍區等單位使用。一九七九年九月轉給吉林省社會科學院用作圖書館。一九八四年四月十八日，圖書館搬出，此後便一直空閒。直到二〇〇二年四月，吉林太陽城有限公司在建設太陽現代居的同時，出於對歷史建築精品的珍愛，將偽滿外交部舊址加固復新，改造成集餐飲娛樂為一體的現代會館——太陽會。

長春文廟

　　長春文廟位於亞泰大街和東天街交匯處，始建於西元一八七二年，距今已經有一百四十多年歷史，是長春市唯一的古建築群。吉林省重點文化保護單位。二〇〇二年復建，總面積為一萬公頃。二〇〇八年修復了文昌閣。目前恢復面積一萬兩千公頃。二〇一一年十月份，長春文廟改製為長春市文廟博物館。經過二〇一二年改擴建工程，建成了長春孔子文化園。通過舉辦「全球祭孔」「國學大講堂」等文化活動，文廟已經成為長春市對外展示文化形象的重要窗口，成為東北地區乃至國內外著名的文化品牌。孔子文化園是一座公園式廣場，占地面積達五萬公頃，是全國第三大文廟。整個文化園區分為三部分，即中部以文廟為主體的拜謁區、西部以杏壇廣場為主體的文化活動區和東部以文廟小學為主體的教育區。

▲ 長春文廟

在文廟舉行祭孔大典是盛大慶典活動，每年農曆八月二十七日孔子誕辰時在長春文廟舉行。在仿古祭孔表演儀式上，伴隨著樂聲，祭祀隊伍自泮橋起，執麾生、執節生、執旌生從大成門中門至殿前，佾舞生、樂舞生等站在露台兩側，接著，祭旗登台階上，立於大殿露台正中，隨後進行進饌、行初獻禮、跳八佾舞、三拜九叩、闔戶等環節。每年在祭孔大典上還舉行中華傳統文化經典作品誦讀、祭孔合唱等精彩活動。長春文廟是長春市重要的人文景觀之一。

▌見證長春百年滄桑的桃源路

說到長春的街路，很多老長春人都要提到桃源路，這個地標性的老街區，從凌亂擁擠、潮濕髒亂到高樓林立、商貿繁榮，記錄了近百年來長春的滄桑巨變。

在老長春人的記憶裡，桃源路是個辛酸的字眼。偽滿洲國時期，日本人藤井在桃源路開設妓館「新天地」之後，便成為當時的「紅燈區」。以桃源路為界，北側有兩個巨大的「圈樓」，囚禁著眾多賣身為生的妓女，路南側是一系列「配套設施」，如飯館、旅館、槍房、煙館等。

解放後，桃源路逐漸成為「都市裡的村莊」，數以萬計的普通市民聚居在那裡，沒有供暖設備、沒有下水、沒有室內衛生間，生活非常不便。住在那裡的人大多都結婚生子，家裡的人口越來越多。樓前樓後的空地上一間間小棚子迅速建起，空間越來越狹小，環境越來越糟糕。甚至，有許多家庭自二十世紀三〇年代開始就居住在那裡，幾代人都沒有搬過家。

二〇〇六年，長春市人民政府投資六億元對桃源路棚戶區進行改造。拆遷地塊位於東至東天街，西至亞泰大街、永長路，北至長春大街，拆遷整理土地面積約四十四萬公頃，拆遷居民八千四百五十戶，公企五十戶，受益居民三萬五千餘人。整個桃源路棚戶區改造後由桃源春曉、桃源春暉和桃源春苑三個新建小區組成。小區以多層建築為主，綠化面積達標，配套設施齊全，物業管理井然有序，百姓安居樂業。從二〇一〇年起，這些小區又在政府關懷下進行暖房子工程，桃源街道範圍內共改造樓體九十六棟（高層居多），一千三百一十七萬平方米，投資七千六百二十萬元，惠及居民五千三百五十戶。二〇一三年入冬前，政府對東大小區一期供暖管網進行改造，惠及居民九百二十六戶，面積五萬一千平方米。同時，通過政府購買社會服務，投資三十多萬元為「老舊散棄」小區改造維修了下水管線；投資五十多萬元對巷道進行了改造。

▲ 桃源路今昔對比

隨著桃源街道環境面貌的改變，桃源路地處老城區東北部，距離市中心較近且交通較為便利的優勢逐漸顯現出來。在西臨亞泰大街、北臨長春大街兩條主要街路的輻射帶動下，轄區二級街路的商業氛圍也漸趨濃厚，形成了經營汽車美容修理、配件用品的「東天街汽車服務一條街」和桃源路「電器一條街」兩條全民創業的專業街路，引入了大批名品名店，形成集汽車美容維護、特色餐飲為一體的現代服務業小商圈，成為培育民本經濟發展的新增長點。

　　過去桃源路群眾活動場所少，社會公共服務資源不足，如今在南關區大規模進行社區服務用房建設後，桃源街道內的五個社區都進行了標準化建設。一站式服務大廳、多功能廳、計劃生育服務室、創新社會服務管理辦公室、社區警務室、居民議事廳等功能室一應俱全，讓社區居民文化娛樂有場地，學習教育有平台，辦理事情更便捷，公共服務功能得到顯著增強。自二〇一〇年全面推進創新社會服務管理以來，桃源街道按照「人性化、網格化、信息化」創新社會管理工作推進模式，牢固樹立「服務為先、百姓為重」的工作理念，努力踐行「做好每一件事，為每一名百姓服務」的宗旨。目前，桃源街道各社區服務窗口標準化建設成效凸顯，社區文體活動蓬勃開展，弱勢群體得到有效救助，居民自治服務有聲有色，轄區處處洋溢著文明向上、和諧團結的良好氛圍。

長春最早的攝影棚

　　長春最早的攝影棚建立於偽滿洲國時期的「滿映」（是「株式會社滿洲映畫協會」的簡稱），「滿映」實際處於日本關東軍的控制下，日本關東軍把電影作為日本軍國主義和殖民主義歌功頌德的偽滿洲國御用文化「宣傳工具」。滿映最初的攝影棚設在已廢棄的沙俄二道溝火車站站舍。一九三三年五月，為了進一步加強欺騙宣傳，關東軍參謀小林提出建立滿鐵電影機構的設想。經偽國務院批准，醞釀籌備近四年，於一九三七年八月二十一日，在「新京」（今長春）正式成立株式會社滿洲映畫協會（即滿映）。金壁東任理事長，林顯藏任專務理事，專業人員一百多人，大都是日本人。由於滿映剛成立，資金不足，暫時將辦公地點選在日毛百貨大樓（現人民大街與北安路交匯處西北角的吉林省建築設計院原址）。但當時並無廠房，更無拍攝電影必備的攝影棚，情急之下，滿映找到當時已廢棄的沙俄二道溝火車站站舍。該站舍有大屋頂的俄式站舍及附屬設施，雖已廢棄不用，但裡面寬敞的地面和可遮風雨的屋頂，卻是當時難尋的去處，滿映便用來當作攝影棚。滿映成立最初兩年所拍攝的《壯志燭天》《明星的誕生》《七巧圖》《大陸長虹》《蜜月快車》等多部故事片的內景，都是在那裡拍攝的，因此，寬城子車站舊站舍成為滿映最先使用的攝影棚，也成為長春最早的攝影棚。寬城子火車站的舊站舍成為滿映的攝影棚後，人們習慣上稱之為二道溝站舍。

　　一九三七年十一月，滿映招收第一期演員四十三人。最初在市內上班，暫住在西二馬路一座二層樓上。滿映在使用二道溝車站後，又將一些破舊的房屋修復起來，改造成了教室、食堂和宿舍，演員訓練所隨後也遷入使用。一九三八年三月至四月，滿映招收了二、三期學員近百人，直接到那裡學習。當時，每天有成群的男女青年出出進進，附近一度活躍起來。長影的著名攝影師和導演王啟民（王福春）及長春話劇院老演員張奕，都是當年從這個攝影棚走出來

的青年演員。一九三九年十一月，位於新京洪熙街六〇二號（現紅旗街）的滿映新攝影棚和辦公樓建成，滿映遷入。作為滿映最初攝影棚的二道溝站舍被廢棄。

長影電影院

　　長影電影院是在「滿映」時期的第四、五、六攝影棚和第十二放映室基礎上改建的特色影院，總面積五千餘平方米，內設國內最高端最具特色的「十二放」、「中國巨幕」廳、三個數字 3D 影廳。濃厚的歷史文化氣息所形成的觀影氛圍在國內都是獨有的。

　　「第十二放映室」原是長影廠的標準放映室，也叫小禮堂，是長影廠領導及專家審看影片、樣片的場所。1945 年 9 月下旬，東北電影公司成立大會在此召開。1964 年 7 月 10 日，鄧小平總書記在此觀看了影片《兵臨城下》。

　　中國巨幕廳的銀幕是長春首個「中國巨幕」，2D 和 3D 的影片都可以在此放映，有三百五十三個座位。它有兩台世界上亮度最高的數字放映機，呈現出的畫面亮度高、效果好。它的多聲道立體聲音響系統營造出的 11.1 聲道有超強的震撼效果。另外三個觀影廳共有座位四百餘個。

　　長影電影院是長影展現中國電影成果的平台。

▲　長影電影院

長影音樂廳

　　長影音樂廳是全國首家電影主題音樂廳，由長春電影製片廠第七攝影棚改造修建而成，是可容納七百人的大型專業化音樂廳。音樂廳內部典雅大氣的裝潢設計，絢麗多彩、聲影合一的專業化舞台效果為觀眾帶來無與倫比的藝術享受。

　　長影音樂廳於二〇一四年七月四日向公眾開放，當天「花兒還是那樣紅」慶祝建黨九十三週年長影樂團大型電影視聽音樂會在那裡上演。音樂會上，男高音歌唱家戴玉強獨唱了電影《冰山上的來客》插曲《懷念戰友》、電影《圖蘭朵》插曲《今夜無人入睡》；女高音歌唱家殷秀梅演唱了電影《海外赤子》插曲《我愛你中國》、電影《英雄兒女》插曲《英雄讚歌》。

　　長影交響樂團成立於一九四七年，是新中國建立最早的國家級交響樂團。六十年的光輝歷程，培養和造就了雷振邦、張棣昌、尹升山、李世榮等一大批頗有建樹、國內外知名的高水平藝術家。從新中國第一部故事片《橋》開始，共為七百多部電影作品錄製過音樂。許多膾炙人口、流傳甚廣的優秀電影音樂作品都是出自長影樂團。如：影片《上甘嶺》中的《我的祖國》、《英雄兒女》中的《英雄讚歌》、《冰山上的來客》中的《花兒為什麼這樣紅》《懷念戰友》《高原之歌》、《草原上的人們》中的《敖包相會》、《鋼城曙光》中的《草原晨曲》、《祖國的花朵》中的《讓我們蕩起雙槳》、《我們村裡的年輕人》中的《人說山西好風光》、《劉三姐》中的《山歌好似春江水》、《五朵金花》中的《蝴蝶泉邊》、《紅牡丹》中的《牡丹之歌》等等。有的影片如《五朵金花》《劉三姐》等還獲得大眾百花獎的優秀電影音樂獎。

　　長影樂團演奏過一系列世界交響名曲，如《騎兵進行曲》《費加羅序曲》《多瑙河之波圓舞曲》《未完成交響樂》等。一九四八年十月，匈牙利民間藝術團到長影訪問，長影樂團的精彩演出受到客人們的熱烈歡迎。一九五六年，

樂團赴京為剛剛建立的中央樂團做示範演出。演出結束後，在中央音樂學院教作曲的蘇聯教授阿拉伯夫蹺起大拇指說：「這個樂隊是世界一流的。」在二十一世紀，長影樂團成為全國唯一不吃「皇糧」的樂團，他們帶著名牌節目《花兒為什麼這樣紅》視聽音樂會，在全國一百二十多個城市演出，所到之處無不受到熱烈歡迎。二〇〇八年五月二日，長影樂團在國家大劇院舉辦《中國交響樂之春》音樂會，被國家文化部和中國音樂家協會評為「獲得巨大成功的演出單位」並獲榮譽證書。

長影音樂廳是長春電影節開幕式的指定場地，新中國最早的國家級交響樂團——長影樂團也將在那裡不定期地為市民奉獻他們的經典作品。在那裡曾拍攝過《青松嶺》《保密局的槍聲》《杜十娘》《開國大典》及戲曲片《沙家濱》《奇襲白虎團》《火焰山》《蝶戀花》等經典影片。

▲ 長影音樂廳演出劇照

中國第一家世界級電影主題公園

　　長影世紀城是中國第一家世界級電影主題公園，集電影娛樂園、電影科技園、電影景觀園於一身，是長影進行的中國電影產業化發展的成功探索，是長影作為全國文化體制改革試點單位以來的重要成果之一。

　　長影世紀城展示了電影文化獨有的魅力，將美國好萊塢環球影城與迪士尼遊樂園結合在一起，將激光電影、動感球幕電影、三維巨幕電影、立體水幕電影等世界級項目聚集在一起。長影人開拓了電影工業旅遊的新途徑，捧

▲ 長影世紀城電影主題公園

出了中國獨有、世界一流和一些享有自主知識產權的旅遊組合新產品，使長影世紀城成為當今世界上特效電影最全的電影主題公園，被譽為「世界特效電影之都」。長影世紀城通過創意和技術的整體提升，開創性地成為世界唯一一家室內激光影院，世界第一個不戴立體眼鏡而感受立體效果的特效影院，世界最大的 870 格式的 4D 特效電影銀幕，全球唯一一部只在長影世紀城才能體驗到的 4D 特效影片，中國最大的電影銀幕。它以鮮明的電影旅遊旗幟引領了深化的文化旅遊時代的到來，成為電影文化觀光之旅的獨特一站。

　　長影世紀城形成四大節目板塊：以動感球幕電影、4D 特效電影、激光懸浮電影為主的創新科技板塊；以神州號、火山爆發、密林古堡、八卦陣為主的驚險刺激板塊；以霹靂特工、電影特技、電影探秘為主的體驗演藝板塊；以神

▲ 電影城堡

祕古樹、淘氣堡、歡樂島等為主的遊藝欣賞板塊。在這裡，可以求知、求新、求奇，體味電影的科技性、參與性、互動性、享受性、娛樂性、刺激性等綜合魅力。二〇〇五年開園當年，接待遊客量就達上百萬人次，還曾創下「五一」黃金週一天進園五點六萬人的紀錄，成為中國主題公園的一枝奇葩。

長影世紀城有限公司充分發掘中國電影搖籃的潛力，著力打造被譽為東方好萊塢的電影主題公園，吸引來自四面八方的觀光遊客。

▍中國第一個農村題材電影創作基地

　　長影是農村題材電影創作基地，是經中宣部、國家廣電總局批准設立的國家級基地，也是加強中國農村題材電影創作生產的重要舉措，同時還為長影發展創造了機遇、開闢了廣闊空間。農村是中國版圖的底色，農村題材電影也曾是新中國電影的主流，發展農村先進文化，豐富農民群眾精神文化生活，促進農村經濟社會協調發展，推動中國農村題材電影事業的繁榮發展。選擇長影設立農村題材電影創作基地，是因為長影有著長期拍攝農村題材電影的光榮傳統，長影的創作人員從沒間斷對農業、農村、農民的關注，沒有間斷過對農村電影的創作生產。長影形成自己的特色主要體現在革命題材、少數民族題材以及農村題材三類題材的影片，其中尤其以農村題材的影片所占比重最大，有一百四十八部，占全部影片的四分之一。電影工作者以農村改革發展的偉大實踐為創作內容和主題，著力表現中國農民在時代變遷中的命運和情感變化。《喜蓮》等一大批影片，正是深深植根於當代農民的思想變化、情感體驗與內心碰撞，從而深深地吸引並打動了觀眾。喜蓮等栩栩如生的人物形象，已成為新時期中國電影藝術畫廊的典型代表。在央視播出的很多吉林電視劇，以及在全國引起熱議好評的吉林電視劇，不少都是長影導演拍攝的，由長影演員演出的。長影農村題材電影創作基地雖然建在長春，但向全國文藝工作者敞開大門。例如，二〇〇九年基地投拍三十餘部，項目包括根據吳克敬小說改編、楊亞洲執導的《手銬上的藍花花》，講述東北二人轉演變歷史的《原野上的馬車》，聚焦鄉村發展的《火車一響》等，作為建國六十週年獻禮影片，被國家廣電總局電影局重點關注。面對新時代其他題材影片對農村題材電影的衝擊，基地創作的農村題材電影不會摒棄過去的風格。長影的農村題材電影之所以留給人們深刻的印象，是因為他們不滿足於農民朋友的好評，也讓城市人喜聞樂見。積極、溫情、喜慶，是長影農村題材影片的主調。長影的農村特色電影為中國電影史增添了濃墨重彩的篇章。

中國第一汽車製造廠

說到長春就不能不說「一汽」，這裡生產了中國第一輛卡車、中國第一輛轎車、中國第一輛越野車……在中國汽車行業中的位置舉足輕重，列「中國機械 500 強」第一位，「世界機械 500 強」第四十九位，「世界最大 500 家公司」第三百零三位。

1953 年 7 月 15 日，中國第一汽車製造廠破土動工，在原日本細菌工廠100 部隊的殘垣斷壁上建起一汽廠區。

經過三年的奮鬥，中國人終於造出第一輛汽車——「解放」牌汽車，「解放」二字由毛澤東主席親自命名；1958 年 5 月一汽又造出中國第一輛轎車——「東風」牌轎車；三個月後，一汽人又生產出了中國的一代名車「紅旗」牌轎車。紅旗轎車在萊比錫國際汽車博覽會上一亮相，就被評價為「紅旗轎車是東方藝術和汽車技術結合的典範」。1958 年紅旗轎車開進了中南海。1959 年國慶十週年，紅旗轎車車隊駛過天安門。1962 年迎接斯里蘭卡總理班達拉奈剋夫人訪華，紅旗轎車開始作為國賓車，成為一種象徵。從此，「見毛主席，坐紅旗車」成為很多外國貴賓踏上中國土地後的最高心願。紅旗轎車成了「國車」。直至 1992 年，當合資的「奧迪」轎車已經批量下線的時候，一

▲ 汽車廠正門

▲ 一汽大眾生產線

直沒有忘記「紅旗」的一汽人，集中多年的研究成果，經過對發動機和各種零件技術性能一百多項的改進，吸收了「奧迪」整車技術和國外多種發動機、傳動機的先進技術成果，完成了「紅旗」轎車的全部自主開發能力，三年以後就形成了擁有五十多個品牌的龐大家族。

從 1991 年一汽大眾汽車有限公司成立，到 2001 年一汽解放汽車有限公司成立，一汽集團擁有全資質公司二十八家，控股子公司十八家，其中包括一汽解放汽車有限公司、一汽客車有限公司等全資質公司，一汽轎車股份有限公司、天津一汽夏利汽車股份有限公司、長春一汽富維汽車股份有限公司、一汽啟明信息技術股份有限公司等四家上市公司，一汽大眾汽車有限公司、天津一汽豐田汽車有限公司等中外合資企業。在中國的東北、華北、西南形成布局合理的三大生產基地以及在國內汽車行業裡具有產品開發、工藝材料開發領先水平的技術中心。

當提起一汽的創業史、發展史，人們嘴邊總要提起饒斌、郭力、孟少農、陳祖濤、何光遠、耿昭傑、李黃璽等人的名字，歷史永遠不會忘記那些做出突出貢獻的汽車英才們。

長春軌道交通裝備製造產業園

　　長春軌道交通裝備製造產業園位於長春綠園經濟開發區，占地面積六點五公頃，產業園設有研發檢測區、加工製造區、倉儲物流區三個功能分區。

　　長春軌道交通裝備製造產業園是由長春市政府聯合中國北車集團，按照「支持長客、依託帶動、統籌發展、特色時效、政企共建」的原則，採取政企共建的模式，共同發起設立。長春軌道交通裝備製造產業園是全國規模最大、競爭力最強、國際一流水平的鐵路客車和城市軌道車輛研發、生產和出口基地。

　　產業園所在地原為長春市綠園區蘇東、蘇西和王家三個村屯，占地面積六點五公頃。二〇〇七年八月二十日，長春市政府與中國北車集團在長春賓館簽訂戰略合作備忘錄，雙方決定在長春規劃建設一個國際一流水平的軌道客車產業園。二〇〇七年十一月十五日，在長春綠園經濟開發區長春軌道交通裝備產業園區，長春軌道交通裝備製造產業園揭牌奠基，其中核心區域為長客股份和長春客車廠。在綠園經濟開發區先進製造業園區範圍內規劃建立長春軌道交通裝備配套集中區，集中區共設三個功能分區：研發檢測區、加工製造區、倉儲物流區。二〇〇九年產業園生產線投入使用，二〇一〇年整車下線。

　　走進長春軌道交通裝備產業開發區，軌道與試驗車隨處可見。在生產車間，動車組的彈頭式車頭與充滿力量與速度感的車身讓人歎為觀止。長春軌道交通裝備產業開發區年產動車組一千輛和城軌客車一千兩百輛、鐵路客車五百輛，形成支撐長春市乃至吉林省的支柱產業。憑藉著強大的生產能力，長春軌道交通裝備產業園成為世界級產業園。

▌拉近城市距離的高鐵

　　長春西部新城開發區，二〇〇八年十二月經長春市人民政府批準成立，是中國第一個依託高速鐵路客運站設立的開發區，被譽為「中國高鐵第一城」。它位於長春市城區西部，綠園區境內，南起自立西街、北至皓月大路、東起西三環路、西至四環路，總面積約十三平方公里。哈大高速鐵路客運專線長春西站位於其核心。

　　長春西部新城是長春市的西大門，是長春市「三城兩區」城市拓展布局的重要支撐點，是長春市未來重點發展的新城區之一，對長春市整體發展具有重要意義。高鐵運營後，長春到吉林只需三十分鐘，到瀋陽、哈爾濱只要五十分

▲ 長春高鐵車站

鐘，到大連只需兩個半小時，到北京只需三個半小時。開發區以打造「綜合交通樞紐、現代服務業集聚區和高品質生態居住區」為功能定位，堅持「高水平規劃、高標準建設、高強度投入、高效能管理」的開發策略，在長春西站的輻射拉動下，打造「雅居、樂業、暢行、悠遊」的西部新城，重點發展總體經濟、高端服務業和城市商業綜合體，形成現代服務業高度發達、高層次人群相對集中、建築風格特色鮮明、交通極為便利、生態環境優雅別緻的長春西部CBD，使其成為長春市最具潛力、最具活力、最具商機、最具特色的城市副中心。

▲ 靚麗高鐵

▎主題文化車廂

　　長春有著發達的公共交通網絡，方便人們出行。長春的公共汽車不僅是運輸工具，它也可以變得生動和富有內涵。長春公交行業在車廂內部，用張貼畫的方式，打造別具一格的主題文化車廂，讓它成為一條亮麗的文化風景。「主題文化車廂」就是在公交車內通過圖文並茂的形式、幽默風趣的語言傳播科學知識，民族優秀傳統文化，好人好事等內容，幫助乘客學習知識、愉悅心情、昇華思想、塑造品德。長春公交集團「主題文化車廂」經過十年的發展，已經成為城市流動的「文化課堂」，為廣大乘客提供出行便利的同時，促進了城市的文明、和諧和進步。

　　二〇〇四年六月，長春公交集團巴士一車隊就創建了「音樂車廂」，為主動讓座的乘客播放歌曲，用歌聲獎勵文明乘客。「主題文化車廂」在該車隊率先啟動。二〇〇七年初，巴士一車隊下屬的六十二路、三六二路、三六三路三條公交線路的駕駛員率先在車廂內製作「文明車廂展示板」。他們先是自製一些公益廣告黏貼在展板上，供乘客欣賞。後來又相繼推出英雄人物傳記、省內著名旅遊景點簡介、生活小常識等多個專題。每輛公交車上的主題都不同，而且展板內容定期更換。「主題文化車廂」的種類很多，不僅涉獵的內容廣泛，而且表達的形式豐富多彩。「音樂車廂」以播放親情歌曲和輕音樂為主；「二人轉車廂」介紹了東北二人轉的起源、發展歷史、名家名段等常識；「國學車廂」通過介紹老子、莊子、孟子等人的生平、言論、文章等傳播傳統文化的精髓；「汽車文化車廂」主要是通過介紹中國一汽生產的各大種類的汽車及歷史意義；「旅遊觀光風景車廂」介紹的是長春偽滿皇宮、淨月潭、南湖公園、雕塑公園、文化廣場、長影世紀城等名勝古蹟、旅遊景點等。

　　二〇〇八年起，長春公交集團對在服務創新和「主題文化」車廂方面表現突出的六十二路、十三路、五十四路、二三八路等公交車專門設立了「服務創

▲ 主題文化車廂

新」特別獎並進行了表彰，以此推廣全集團整體服務水平。二〇〇九至二〇一四年，長春市已有九十三條公交線路，共計兩千一百六十六輛公交車創建了「主題文化車廂」，逐步形成了社會主義核心價值觀車廂、國學車廂、雷鋒車廂、講文明樹新風車廂、吉林好人車廂、長春好人車廂、誠信車廂、勤儉節約車廂、文明交通車廂、中國夢車廂、汽車文化車廂、勞模車廂、旅遊觀光風景車廂、音樂車廂、「二人轉」車廂、奧運車廂等諸多類型，表現形式也從當初的手工繪製圖畫掛板發展到現在的電腦製作圖和燈箱式展板。在很多公交車上，「主題文化車廂」圖版與公益廣告宣傳相得益彰。在日復一日的往返中，「流動的課堂」以特有的方式浸潤著春城百姓的心靈，展示著「幸福長春」的文化魅力，讓居住在這裡的人們感受幸福。

長春雕塑公園

　　長春雕塑公園是世界最大的雕塑公園，二〇〇〇年開始興建，二〇〇三年九月對外開放。二〇一四年十二月十六日，榮獲首批「創造未來文化遺產」示範單位榮譽稱號。

　　長春雕塑公園位於人民大街南端，依傍地勢建造，占地總面積九十二公頃。園內收集了來自世界各地雕塑大師們作品，雕塑藝術品位高，意境幽遠，具有超時代的前瞻性，件件作品都是雕塑家們的得意之作，雕塑作品收集的規模和品位創造了藝術奇蹟。

　　長春世界雕塑公園主題為「友誼、和平、春天」，這一主題使世界藝術家們產生了共鳴，給予他們無盡的藝術想像和創作空間。不同種族，不同藝術風格的藝術家們來到長春獻上自己的作品，使現代化園林充滿多元的文化氛圍。

　　公園的雕塑作品是來自五大洲，它已經收有中國幾乎所有頂尖級雕塑家的代表作，彙集了全世界二百一十六個國家和地區雕塑家的四百五十三件作品，還吸收了十個未建交國家雕塑家的作品。雕塑作品有反映瑪雅文化、因紐特人

▲ 雕塑公園

文化、毛利人文化的代表作，也有標誌印歐文化、非洲文化、拉美文化、東方文化的精品，充分體現了國家、民族、地域的特點，而且題材豐富、風格迥異。公園內比較著名的雕塑有《思想者》《飛翔》《青銅時代》《行走的人》《春之愛》《海花》《盤古》等，堪稱世界雕塑的花園。公園主題雕塑廣場尤其引人注目，廣場中央聳立著一座具有震撼力的大型組雕「友誼、和平、春天」，它高達二十九點五米，是由漢白玉浮雕組成的雕塑群體，象徵著五大洲各國人民珍視友誼、熱愛和平、嚮往春天的強烈願望，是鎮園之作。

長春雕塑公園是自然與人文文化相結合的現代園林典範，走進公園，植物繁茂，隨著自然起伏的草坪，雕塑佈置在花草樹木之間，既隨意自然，又獨具匠心。園區造景之時，吸收了中國藝術傳統，同時引進現代規劃理念，達到自然與人文和諧統一的完美境界。遊人在那裡流連忘返，也吸引了四面八方的藝術界人士紛紛造訪長春雕塑公園，他們以行家裡手的眼光鑑賞、學習大師們的傑作，每每都有新的收穫和啟發。長春的雕塑聲名遠播，公園被國家定為 4A 級景區，是首批二十座國家重點公園之一。

長春雕塑藝術館是長春世界雕塑公園內的主體建築，建築面積為一萬兩千五百平方米，是目前國內最大的雕塑藝術館，其建築設計構思新穎，優美的曲線與直線相結合的造型本身就是一尊巨大的現代雕塑藝術品。館內收藏了中外雕塑名家葉毓山、潘鶴、程允賢、王克慶、曹春生、布萊特‧戴維斯、海克多‧羅曼‧拉特芮等的經典作品四百餘件，另建有「王克慶藝術博物館」「彭祖述藝術館」兩個館中館。館內還設有展廳、報告廳、多功能廳以及會議室、創作室等，可滿足展覽、交流、創作等多層次需要。目前，長春雕塑藝術館已經成為舉辦國內外雕塑及其他藝術展覽的重要場所，也是各類活動的極佳舉辦地，受到社會各界的一致好評。

雕塑公園內還設有松山韓蓉非洲藝術收藏博物館，建築面積五千六百四十平方米，由中國工程院院士、著名建築大師何鏡堂先生設計，於 2011 年 9 月 1 日對外開放。該館設有「藝術非洲」「魅力非洲」「黑色非洲」三大展廳。

館內收藏了來自坦桑尼亞、莫桑比克、馬拉維、贊比亞等非洲東南部國家的一萬兩千件雕刻和繪畫等藝術精品，較為完整地記錄了近五十年非洲東部的現代藝術進程，是中國非洲馬孔德木雕藝術的集結地，也是目前世界收藏坦桑尼亞馬孔德木雕數量最多、品種最全、藝術水平最高的藝術收藏博物館。館內藏品均由旅居坦桑尼亞的著名華僑企業家李松山、韓蓉夫婦捐贈。

　園中的湖水和綠地更是把公園襯托的如詩如畫，在公園裡，人們可以欣賞到各種風格的雕塑作品，領略到不同國家和民族的藝術風格。

伊通河水體公園

　　伊通河是長春平原上的千年古流，松花江的二級支流，發源於吉林省伊通
縣境內哈達嶺山脈青頂山北麓，流經長春市、伊通縣、德惠市、農安縣，在農
安縣靠山鎮匯入飲馬河，被兩岸老百姓親切地稱為「母親河」。最引人注目的
是伊通河改造工程，把昔日城市的排洪道打造成了二十公里長的水體公園。

　　伊通河，滿語意為波濤洶湧的大河，全長三百四十二點五公里。歷史上的
伊通河有過她的光榮與自豪，也有過痛苦與哀傷。據史料記載，早在明清時
期，伊通河就是一條重要的運糧黃金水道。每年春日，冰消雪化，開江開河之

▲ 傍晚的伊通河

▲ 北湖濕地美景

日，伊通河口人流車馬絡繹不絕，伊通河流域的經濟空前繁榮。道光年間，伊通河河水大減，規模航運就此中斷，但汛期經常氾濫成災。從一八六五到一九八五年，一百二十年裡發生洪澇災害三十八次，其中對城區危害較大的有五次。長春人從一九八六年開始對伊通河進行治理美化，母親河舊貌換新顏。

　　伊通河兩岸環境優美，從衛星橋至四化橋之間共有二十三個特色園區，像一顆顆美麗的珍珠鑲嵌在風光帶上，主要有濕地生態園、樹木園、健康島、歡樂島、濱水運動樂園、極限運動區、兒童遊戲區、野趣園等。景區既美化了人們的生活，又起到了防洪排澇的作用。例如北湖區域一直是長春市伊通河的排澇區和洩洪區，十年九澇、生態惡化，污染嚴重。為了保護這個「長春之腎」，重現濕地風采，二〇〇九年，長春高新區新一輪發展規劃提出建設濕地公園，並得到了長春市委市政府的充分肯定，濕地公園生態治理工程拉開了序

▲ 北湖國家濕地公園美景

幕。二〇一〇年二月十六日，農曆正月初三，總投資三十億元的長東北城市生態濕地公園建設正式開工。二〇一二年七月二十八日，長春北湖國家濕地公園正式開園。高新區為長春奉獻了一處嶄新的城市地標，讓長春市民臨水而居的夢想變成現實。

北湖濕地公園，總面積近十二公頃的區域，劃分為「內湖」「外河」兩部分，巧妙實現了生態保護、河湖分治的原則；兼顧景觀需要的「外河」區工程達到滿足二百年一遇的防洪標準，以「城市生態濕地公園」為主題的「內湖」區，創造性地運用「開湖疊山」概念，構建出「水隨山轉」「山因水活」的優美景觀。園內引進雕塑藝術，一百零七件雕塑精品錯落有致地擺放於綠樹草地、鮮花水塘之間，出自一百零一個國家和地區的一百零九位世界頂尖雕塑家之手的藝術品堪稱一場盛宴，讓人盡情感受雕塑之美。

母親河──伊通河重新煥發了生機，為長春人民帶來生活的樂趣和希望。

杏花村

　　看到「杏花村」三個字，彷彿眼前是一片開放著粉色杏花的果園，春風吹過，杏花飄飄，地上鋪上了粉色的花毯。杏花是長春的報春花，每年春天最先開放，它的綻放告訴人們，在經歷半年的寒冷後，春暖花開的季節到來了。杏花村確實如同它的名字，與杏花有著密不可分的關係。

　　杏花村位於人民大街西側，建政路以北，錦水路以南，占地面積三萬兩千公頃，是目前長春市占地面積最小的公園，也是長春最早的風景勝地。十九世紀末到二十世紀三〇年代，曾盛極一時。關於杏花村的早期情況，在《長春縣誌》（1930 年稿，1941 年刊印本）中有較詳細的記述。當時的杏花村在長春

▲ 杏花村

城（寬城子）西大約二點五公里處，位於黃瓜溝上游的南北兩岸。就現在來說，包含吉林大學朝陽校區（原地質學院）的西北部、東民主大街五三九號附近。黃瓜溝是當時的天然溪水，分南北兩條，北面的一條是主流，流經原白山公園、兒童公園，經民康路暗渠注入伊通河。南面的一條，流經牡丹園，與北面的一條在兒童公園內匯合。杏花村在北黃瓜溝的上游，是黃瓜溝屯的一部分。在黃瓜溝兩岸有幾個村落都叫黃瓜溝，所以有黃瓜溝、前黃瓜溝、後黃瓜溝等村名。約在十九世紀末，由於此地漸成名勝，所以通稱杏花村，以便與黃瓜溝相區別。

　　杏花村的地形相當複雜，黃瓜溝的河道較低，兩岸距河愈遠愈高，尤其南岸的西部，要比河邊高出十幾米到二十米左右。溪水雖然不大，但占地不少，水邊很難耕種，應屬荒地，只能生長一些耐澇的植物。也正是由於地形的起伏大，中間還有一條溪水，耕作不便，所以原來的業主劉殿臣才把這塊土地經營成林地。《長春縣志》載：其中遍植櫻桃、李、杏等樹，而又以杏為最多，故名之曰杏花村焉。

▍御花園

　　御花園並非皇家園林，而是現代理念的自然生態休閒園，在設計中充分體現出歷史性、民族性和時代感，為市民提供一處景色優美、意境幽遠的遊覽、觀賞、休息和活動空間。

　　御花園總占地面積約為十六點四公頃，全園地勢高低錯落，起伏較大，南側有一處約零點五公頃的水面，中部有兩條突出的山脊，園區北部偏東有一處窪地。園內景觀風格體現「靜」「雅」「幽」的園林藝術特色，營造適宜安靜休息，品茗下棋，散步游賞的園林環境，與地質宮南側文化廣場的規則對稱、開敞通透、明快熱烈，形成鮮明的對比。全園共設有八處功能區和景區：東入口景區、西入口景區、東部林蔭健身區、西部林蔭健身區、休息活動區、杏林

▲ 御花園

▲ 御花園一角

花坡景區、青峰攬翠景區和南部的柳映荷塘景區。

　　杏林花坡景區位置在中部偏北，利用北部的山體和坡地栽植大片杏樹，傳承歷史上的杏花村景觀，為長春市新增一處賞花勝地，保留位於本區內山體南側的現有建築，進行維修裝飾。

　　青峰攬翠景區位置在中部偏西，利用並且改造現有的中西部山體，營建規模更大的景觀地勢，營造鬱鬱蔥蔥、林木濃密、季節變化明顯的自然山林景觀，在山頂設景亭，遊人可沿著山林中自然石的小路來到亭中，俯瞰飽覽全園的景色。

　　柳映荷塘景區位於園的南部，依傍原有的自然水體，適當擴大水面，在水中種植荷花，恢復歷史上的荷塘景觀。

　　全園道路布局借鑑古典園林的佈置形式，既四通八達，又曲折迂迴，營造出「曲徑通幽」「步移景異」的藝術效果。全園的建築主要有景廊、景亭和景橋，借鑑古典園林中「點景」的造景手法，賦予它們清新雅緻的名字──靜馨廊、御風亭、臥波橋，增加游賞情趣。

美麗的明珠——南湖公園

展開長春市區圖，赫然入目的會是嫩綠和微藍組成的一大片湖區，那就是南湖公園。

南湖公園是長春市區內面積最大的公園，是全國省會城市中心地帶的第三大公園。它坐落於長春市朝陽區南部，工農大路二七一五號，正好處於工農廣場、南湖廣場和新民廣場所形成的等腰三角形的中間。園區總面積為二百三十八點六公頃，湖水面積為九十六點八公頃，與北京頤和園水域面積相似，相當於園區面積的五分之二左右。從空中俯瞰南湖公園，可以清楚地看到它的全貌，形似啞鈴狀，東西窄，南北長。

南湖是人工湖，形成於日本占領時期。日本妄想長期霸占長春，作了長久城市規劃。在二十世紀三〇年代初，現在的南湖公園一帶完全是農田和菜地。周圍的主要村落有前興隆溝、袁家窩堡、丁家窩堡等。在這幾個村落之間，有幾條小河溝自西向東或由南向北流，在今工農大路的路西匯合成一條小河，然後流向東北注入伊通河。這條小河原名興隆溝，流經現在的動植物公園和永安橋，南湖就是攔截這條河水形成的。

有關南湖公園的規劃，開始於一九三二年日本人制定的《大新京都市計劃》，裡面規定要攔斷興隆溝，形成一個人工水庫，庫容約二百五十萬立方米，水面面積九十六點八公頃。當時日本人所想的是：長春氣候乾燥缺水，要充分利用新市區裡的小河，築壩形成人工湖，建成有水的公園或綠化帶。另外，他們也想到用這個水庫作為城市的一個備用水源地，實行分流制排水，即污水排入伊通河，雨水存貯於人工湖。正是基於這一設想，利用了伊通河支流興隆溝的水源，日本人在一九三七年七月，沿現在工農大路路西，修築了這條高十米，長八百米的攔河壩，最終形成了今天這個人工湖。南湖公園建園當初，偽滿考慮到公園位於規劃中的偽皇宮（今地質宮）的南面，而沿著宮殿、

順天大街（今新民大街）向南，構成為南北軸線。黃龍則意味著皇帝，所以曾將南湖命名為「黃龍公園」。一九四六年，國民黨統治時期改稱「南郊公園」。

一九四九年，長春市人民政府將其命名為「南湖公園」，開始對南湖公園進行投資擴建，大量栽植花草樹木，清理湖底，建築溢洪道。先後修建了湖心島、游泳場、拱橋、玉帶橋、四亭橋、南湖大橋以及湖濱小路、荷花池等等。還修建了船台，添置了腳踏遊艇、遊船等，給南湖公園增添了無限風光。二十世紀八〇年代和九〇年代，南湖水面多次出現「水華」，導致魚類死亡。從二十世紀八〇年代起，長春市政府對南湖進行水體治理。二〇〇三年，根據「東部治水、西部補綠」的原則，長春市啟動了南湖公園三年改造工程，取得了很大成效。二〇〇五年底，南湖的水污染問題徹底得到解決。現在南湖裡的水全

▲ 南湖公園遠景

部是自來水的原水，即來自新立城、石頭口門水庫的水，經楊家苗圃三水廠，通過地下管道輸送到南湖的。有了「源頭活水」，南湖裡又可見「魚翔淺底」了。目前水量很平穩，最深可達十米。經過不斷地補植，南湖的樹種也極大豐富，目前共有一百零七種，以東北樹種為主，如黑松、雲杉、樟子松等，還有少量南方樹種，如銀杏等。現在的南湖公園已經成了一座名副其實的「生態型森林公園」，是長春市中心城區的一片「肺葉」、一個「氧吧」、一個「加濕器」。

南湖大路穿過公園，把南湖公園分割成了兩部分，路北部分約占全園總面積的五分之四，是公園的主要遊覽區。南湖大橋位於南湖大路東段，橫跨南湖，是南湖大路上的橋，也算是公園裡的橋。大橋始建於一九三三年，當時名

為「垂虹橋」，為木結構。垂虹橋南北兩側各有四個泉眼，該處平時只是面積不大的小池塘，雨水大時便與南湖西邊的分水嶺一帶的小河匯成稍大的水塘。南湖的木橋，在一九四八年夏天被國民黨駐軍為阻止解放軍對長春的進攻縱火焚燬了。一九五九年三月有關部門又在原址新建木橋。一九七八年拆除木橋，新建了鋼筋混凝土永久性橋梁，一九七九年九月竣工，就是今天所看見的南湖大橋。

南湖公園矗立著巍峨的長春解放紀念碑。從長春淪陷時期的地圖上，可以看到公園北門的入口處有一塊預留地，日本人計劃在這個位置建立一座宣戰糾集塔，以紀念太平洋戰爭的爆發和勝利。就是這塊日本人想建紀念塔的地方，一座長春紀念碑拔地而起。一九八八年十月十八日，長春解放四十週年之際，長春解放紀念碑正式竣工落成，碑中心在貫穿長春市新民大街軸線的延長線

▲ 南湖公園觀月亭

上，紀念碑正面有彭真同志的題詞「長春解放紀念碑」。該碑被列為市級重點文物保護單位。

南湖公園裡坐落著南湖賓館。從人民大街進入綠蔭疊翠的南湖大路，就可見碧波環繞、林木蔚然深秀、亭台樓榭影影綽綽的南湖賓館。賓館在水一方，與四周林立的高樓漪水相望，成為喧囂都市中一處清新洞天。賓館始建於 一九五八年，一九六〇年投入使用。占地面積八十六公頃，建築面積十四公頃。主樓是一座仿明代宮闕式建築，飛簷微翹，圓柱通頂，宏偉壯觀。有七座小樓散落在院東南的綠樹叢中。綠濤環抱的南湖賓館有著都市森林賓館的美譽，是國家 5A 級綠色飯店，每當春、夏之季，賓館便成了一片綠色的海洋，楊、柳、松、樺、梧桐、紫杉等百餘種高等樹木和花灌木綠蔭如蓋，置身其中，使人神清氣爽。

南湖公園的景色美不勝收，一年四季都給春城人帶來了無盡的歡樂：暖季，可以垂釣、划船、游泳；冷季，可以滑雪、滑冰、賞燈。特別是春暖花開或夏秋時節，南湖公園湖水清澈，岸柳垂青，花香鳥語，曲橋亭榭，勝似江南。泛舟湖面，四周望去，眼前便出現了一幅色彩斑斕的畫面：波光粼粼的湖面上，散布的遊船好似盛開在水面上的一簇簇飄動的鮮花，與各種曲橋亭閣相映成韻……南湖公園被譽為長春的「西湖」，是長春人的最愛，亦是外地遊人來長春的必遊之地。

淨月潭國家級風景名勝區

　　淨月潭森林公園位於吉林省長春市東南部，距長春市中心——人民廣場十八公里，占地面積九千六百三十八公頃，水域面積五點三平方公里，森林覆蓋率達百分之九十六。淨月潭因築壩蓄水呈彎月狀而得名，因山清水秀，被譽為台灣日月潭的姊妹潭，有「亞洲第一大人工林海」「綠海明珠」「都市氧吧」之美譽。

　　淨月潭森林公園主要包括淨月女神廣場、荷花垂柳園、碧松淨月塔樓、太平鐘樓、森林浴場、森林步道、石羊石虎山古墓、淨月潭水庫大壩、瓦薩博物館、淨月濕地、北普陀寺、淨月潭滑雪場、索滑道、淨月潭高爾夫球場等風景娛樂區。

▲ 淨月潭風景

▲ 淨月潭風景

　　淨月潭處於溫帶半濕潤季風氣候區，夏季最高氣溫二十八攝氏度左右，是理想的避暑勝地。冬季最低溫度為零下十八攝氏度左右，年平均降水量六百五十四點三毫米，冬天積雪深度約三十釐米。淨月潭國家級風景名勝區地處長白山山前台地，屬於長白山麓向西部草原的過渡地帶，橫跨長白山、內蒙古、華山三個植物區系，森林覆蓋率達百分之九十以上。景區海拔二百二十米到四百零六米之間，地勢南北各異，北部地勢起伏較大，南部地勢相對平坦而開闊，起伏的群山綿延成縱橫的山谷，將一潭形似彎月的碧水環繞其中。淨月潭地貌呈低山丘陵狀，有大小山峰一百一十九座，其中海拔高於二百米的就有近一百二十座，而獨以潭北的山色為最。淨月潭有八十六座山嶺自北向南延伸至潭邊，不僅溝壑縱橫，層巒疊嶂，而且可以登山鳥瞰潭水全景。整座山彷彿巨蟒蜿蜒，其中猶以大架山海拔最高，是絕佳的度假勝地。特別是到了冬季，整個

山區均是優質的滑雪場，除了滑雪之外，還可玩雪橇、坐狗爬犁、賞冰帆、觀多姿多彩的冰雪雕塑，盡享北國的雪原風情。

淨月潭國家級風景名勝區始建於一九三四年，百平方公里的人工林海環抱一潭秀水，經過五十多年的風風雨雨，造就了其豐富多樣的生態資源。園區植物格局是模擬長白山植物垂地分布特徵栽植的，各種植物、大片森林、山花、藥用植物千餘種，是座活的植物標本庫。淨月潭國家級風景名勝區作為亞洲最大的人工林場，生長已有五十多年的人工林就有八千公頃，世界聞名。樹種有樟子松、落葉松、紅松、油松、赤松、雲杉、冷杉及天然次生林、山楊、樺樹、蒙古櫟、糠椵和少量的楊、榆、胡桃楸等高等植物五百五十多種，形成了多樹種、多層次、多結構的獨具特色的完整森林生態體系。

▲ 淨月潭國家級風景名勝區

景區內有脊椎動物八十二種，鳥類六十五種。偶爾漫步於山林之間，但覺樹影斑駁，松濤陣陣，樹葉翩舞，好一幅悠閒幽深的林間風光。浩瀚林海，茂密如織，依山佈陣，威武壯麗，清晰可見落葉松整齊劃一、樟子松青翠欲滴、黑松木體態婀娜，紅松林壯美非凡，白樺樹亭亭玉立。茫茫山野，有雉雞、野鴨飛起飛落，松鼠在枝頭跳越，野兔藏身草叢，鳥鳴樹間，萬物生靈在此生息繁衍。

一九八八年淨月潭被國務院批准為國家重點風景名勝區；一九八九年被林業部批准為國家森林公園；二〇〇〇年被評為國家四 A 級旅遊景區；二〇〇九年被國家三部委授予「全國文明風景旅遊區」，又被評為「吉林八景」之一，被譽為「淨月神秀」；二〇一一年正式被國家旅遊局授予「國家四 A 級旅遊景區」；二〇一二年被評為國家級全民健身戶外活動基地。

長春吊水壺國家森林公園

　　長春市雙陽區南部的崇山峻嶺中坐落著長春吊水壺國家森林公園，公園總面積四千七百八十五公頃，森林覆蓋面積三千五百公頃。公園林木蔥鬱，天然林和人工林比肩接踵，形成茫茫林海，蔚為壯觀。海拔七百一十一米的長春最高峰大砬子山就坐落在景區內，也就是長春第一峰。

　　長春吊水壺國家森林公園內有長春第一峰，位於長春市雙陽區山河鎮，距長春市中心七十八公里，景區地處長白山餘脈，總面積四千七百八十五公頃，有樹木三百多種，鳥類近百種，林木蔥鬱，溝壑縱橫，怪石嶙峋，森林覆蓋面積三千五百公頃，是天然的綠色大氧吧。二○○七年在景區內發現的地下冰瀑布距地面深度為八十二米，洞上層為雪層，下層為冰層，四季冰雪不融化，世界罕見。溶洞中的鐘乳石是幾億年形成的地質奇觀，詳細地記錄著歷史的變化和地殼的變遷。吊水壺溶洞就在長春第一峰下，與十里綠色長廊、老道洞、石缸等景點組成壯觀的景群，形成吊水壺風景旅遊區的主體。

　　景區地貌為岩溶類型，因而溶洞多布，整個景區形成了峰洞交輝的奇觀。這裡的主要溶洞有龍宮洞、老虎洞、狐仙洞、老道洞、奇趣風洞、石缸冰洞和滴水洞等。

　　天井溶洞是景區內主要景觀，經科學考察，天井溶洞及周圍的溶洞景觀形成於距今二點七億至三點五億年前的古生代石炭紀，是東北地區海拔最高，落差最大的溶洞。洞內鐘乳石密佈，形成眾多的石筍、石柱、石幔，在漫長的歲月中形成的鐘乳石作品分別似人、似獸、似物，一個個活靈活現，栩栩如生，展示出令人歎為觀止的景觀。天井溶洞被發現後，雙陽區委區政府立刻對其進行了開發、保護和建設工作，並通過多種融資方式，按照總體規劃開始打造吊水壺國家森林公園。經過多年的努力，現在的景區已形成了集自然風光、地質特色和人文風采為一體的綜合性旅遊景區。同時，還加大了服務設施的建設，

▲ 吊水壺裡的長春第一峰

不斷地提升服務水平，使之成為了雙陽旅遊業產業鏈上重要的一環。

　　吊水壺國家森林公園自建立以來，接待了大量的遊人，讓人們在遊覽的過程中體驗到大自然的威力，驚嘆地質運動的奇特，並向世人展示了雙陽旅遊資源的豐富和旅遊業的繁盛，收到了很好的經濟效益和社會效益。吊水壺公園是長春人雙休日最佳登山賞景的選擇地。

長春市內公園概覽

　　長春市公園有的建於二十世紀二三十年代，有的建於二十一世紀，它們成為長春人民活動、休息、娛樂的場所。長春市內公園的設立是有計劃有規律的，在各個區域劃分時，保證每個區劃內都有獨立的公園，可以說所有公園是長春生態文化、人文文化的重要組成部分。

勝利公園

　　勝利公園位於長春市人民大街九五五號，離長春火車站非常近，曾經是來長春的外地人第一個遊玩的地方。勝利公園始建於一九一五年，最初名為「頭道溝公園」，曾用名為「西公園」「兒玉公園」「中山公園」等，一九四九年

▲ 勝利公園

改稱為「勝利公園」，是長春市區現在歷史最悠久的公園。

一九七〇年七月一日，勝利公園正門廣場西側土坡上，建起一座毛澤東塑像。這座塑像由李興建和閻佳設計，長春市園林管理處全體職工建造而成。塑像為鋼筋混凝土結構，塑像基座由紅色大理石砌成，高四點四米，塑像高六點八米，塑像下面刻有「四個偉大」（偉大導師、偉大統帥、偉大領袖、偉大舵手）面向正門（今人民大街）。

一九五四年六月，勝利公園實施改造，成為一座綜合性公園。公園內有動物、花卉、兒童、水上活動、金魚觀賞和休息等六個區。動物區設在園內湖南處，總面積兩萬五千公頃，除原有鳥籠、猴舍、熊舍、狗舍和水禽籠子外，還建有老虎舍、鹿舍、猞猁舍和孔雀舍。同時將猴舍改為猴山，陸續從哈爾濱的兆麟公園引進一對獅子，從廣西買回六十隻猴子，在天津引進一對駱駝和一對羚牛。還引進了八哥、鸚歌和相思鳥等六十多個品種三百餘隻飛禽。

兒童活動區中設置了滑梯、轉椅、鞦韆、單槓、搖籃、鐵錨等。勝利公園是兒童的樂園。

現在勝利公園內的動物已經遷往長春動物園，公園以種植各種植物花草為主，成為市民日常生活娛樂休閒的場所。

兒童公園

兒童公園位於人民大街東側，與長春市體育館相對，東鄰園東路、北鄰咸陽路、南與吉林省博物館相連。現占地面積十七點七公頃，其中建築面積、道路面積、人工湖面積三點八公頃。

兒童公園始建於一九三一年，原名為「大同公園」；一九四五年更名為「中正公園」；一九四八年長春解放後更名為「人民公園」；一九六七年更名為「紅領巾公園」；一九七〇年十月一日，恢復「人民公園」；一九八一年六月一日更名為「兒童公園」。兒童公園現在的兒童遊藝設施充滿現代化的氣息，如兒童遊藝機、空中轉椅、宇航汽車、空中腳踏車、電動小汽車、空中立交組合聯

動車和森林小火車等。遊樂園中柳樹、榆樹粗大茂密，有的樹齡達幾十年，遊樂項目穿插其中，環境優美、舒適。

長春公園

　　長春公園東鄰昇陽街，南鄰皓月大路，西鄰正陽街，北鄰西安大路。公園主要植物景觀分區為主，結合功能分區的形式，功能與藝術有機統一。公園沿環形主路兩側逆時針佈置了十三個景區，景區之間以密林、疏林、草地、水面和地形作為過渡和分割，以各級道路連繫和貫穿，使各觀賞區之間既相對獨立，又通過自然生態林連成一個有機的整體。園內主要風景園包括鬱金香、芍藥園、百合花廣場園、長白山秋色園（生態島）、野花園、岩石鳶尾園、歐式

▲ 長春公園的鬱金香

園、田園風光區。

長春公園的特色是以種植稀有花卉為主。例如鬱金香園，位於長春公園西北角，占地面積一點一公頃，宿根花卉面積四千公頃。鬱金香屬百合科植物，被譽為「花卉王國中的皇后」。鬱金香園內現種植三十餘種三十二萬株花色不同、形態各異的鬱金香，以自然式片植，配置喬、灌木。五月中旬鬱金香在園內爭妍開放，以白、粉、黃、橙、紅、紫以及過渡色彩織成花海。

芍藥園位於公園的東南部，建於二〇〇九年，占地三萬七千五百多公頃。芍藥品種繁多，園內栽植著來自山東菏澤的十萬餘株二十三個品種的芍藥。如紫芙蓉、大富貴、冰山之玉、紫檀生煙紅茶花等。牡丹和芍藥是分不開的，種牡丹就要種芍藥，可延長觀賞期，芍藥園內栽植牡丹五千八百株，品種有花二喬、葛巾紫、大綜合、大胡紅、春色嬌豔等二十八個品種。為提升芍藥園的觀賞期，在園中還配置了荷包牡丹，五月園內就有花朵綻放。百合花廣場位於長春公園正陽街的西門，占地兩千公頃，每年的七月至八月，四萬餘株百合競相開放，整個百合廣場淹沒在花的海洋裡。百合花朵碩大，花平展，有紅褐色大斑點，在花被中央有輻射狀縱條紋，花朵有濃香氣味，寓意為「百年好合」，深受廣大市民喜愛。

歐式園占地六萬公頃，以歐洲園林設計概念為主題，體現歐洲風情，在樹木栽植上採用規則式栽植整形樹，將檜柏、女貞、小葉丁香、金葉蕕、紅王子錦帶、紫葉李、金葉榆等樹種通過多種剪型手法進行造型，形成對稱的景觀效果，體現歐洲園林的氣勢恢宏、視野開闊、嚴謹對稱、構圖均勻、莊重典雅、雍容華貴的氣勢。公園利用歐式園這一獨特景觀，為長春市民提供一處籌備歐式婚禮、婚紗攝影和舉行大型文藝演出的場所。

朝陽公園

朝陽公園位於萬寶街三十號，東起新民大街，西至萬寶街，南靠清華路，北鄰吉大一院，是朝陽區唯一的區屬公園。

朝陽公園的前身最早是順天公園的一部分。順天公園始建於一九三四年，大體和偽滿國務院大樓在同一時期建成，占地五十六萬公頃，跨順天大街（今新民大街）兩側，除朝陽公園外，還包括今吉林省老幹部活動中心一帶。國民黨統治時期，順天大街改名為民權大街，順天公園也隨之改名為「民權公園」，朝陽公園又成為民權公園的一部分。解放後，人們把朝陽公園一帶叫「三河」。到二十世紀七〇年代，人們又開始稱它為「小南湖」，主要因為它靠近南湖公園，且園內有個人工湖。一九七五年，朝陽區政府開始對「小南湖」投資建設，並成立了朝陽區園林管理所。一九八〇年十月十三日，「小南湖」被正式命名為「朝陽公園」。

公園內建有「園中園」、健身區、釣魚塘、北山苗木基地、九曲飛獅橋、湖心島、六角亭、鷹橋等獨具特色的基礎設施。其中，九曲飛獅橋完全由石頭構成，修建於一九八一年。園內健身區內共安裝了二十個品種三十件健身器材。既有適合老年人鍛鍊的踏步機、轉椅、手搖輪，又有適合兒童使用的雙槓、鞦韆、鐵索橋。每天清晨，都會有很多老人及體育愛好者到園內鍛鍊身體。

吉林省廣播電視塔也坐落於朝陽公園內。塔高二百一十八米，塔樓建在一百二十六米至一百四十八米的高空，內設露天觀覽平台、旋轉餐廳、音樂茶座等。塔內設有吉林風味餐館、歌舞廳、檯球館、書畫苑、棋院、商貿中心等。吉塔不僅是吉林省電視、調頻廣播節目發射中心和節目轉播中心，同時也是長春地區觀光旅遊的勝地之一。

朝陽公園恰好與遠近聞名的文化廣場、繁華熱鬧的紅旗商圈構成了一個「金三角」，共同打造出一個市民休閒、購物、遊樂的精品生活圈。

牡丹園

牡丹園坐落在人民大街與東中華路交會處西南角，是與杏花村平行的帶狀公園，占地面積六點五六公頃。

日本帝國主義侵占東北後，為把長春變成「國都」，進行了大規模的城市

▲ 美麗的牡丹園

建設。今天的牡丹園一帶因有一條自西向東流淌的小溪，土溝邊生長著幾棵榆樹，兩側地勢起伏不平，自然風景優美，被劃定為公園的預留地。日本商人村田（日本著名的園藝家，一九三一年將君子蘭引入東北，在偽滿皇宮內栽種，專貢偽滿皇帝溥儀等少數人觀賞）搶先在公園預留地上建造了一座小型溫室，種植了牡丹、芍藥等花卉，並向附近的偽滿政府機關、學校、幼兒園及城內居民出售。隨著到公園賞花、購花、遊玩的人逐漸增多，人們便開始稱公園為「牡丹園」。

　　一九三六年秋，日本人動工修建公園，占地面積為十六萬一千兩百公頃。園內設立涼亭、花壇、休閒所、網球場、兒童遊藝園、防空洞等。建有溫室五百二十八平方米，仍由村田經營。一九三八年公園竣工後，正式命名為「牡丹園」。偽臨時國都建設局把公園移交給偽新京特別市公署工務處公園科管理。

　　解放後，牡丹園是吉林大學（現吉大北校區）校園的一部分，一九九八年正式劃歸長春市園林處管理。園內建了假山、涼亭，安放了一些觀賞石，種植

花草樹木。從此，牡丹園變成了開放式公園，是春城百姓健身、休閒、娛樂的公共綠地。1998 年 8 月，為突出公園的特色，園林處從甘肅蘭州、山東菏澤等地引進四十多個品種六百餘株耐寒的牡丹，經過園林工人的精心栽培，已適應北方的氣候。每逢春季，牡丹園內紅、紫、粉、白各色牡丹花競相開放，嬌豔芬芳，真可謂名副其實的「牡丹園」。

全園規劃為六個小園：百年牡丹園、牡丹標本園、紫斑牡丹園、中原牡丹園、國外牡丹園和芍藥園。園界以觀賞園路自然劃分。園內布局合理，條塊清晰，層次分明，錯落有致。小橋水景生動活潑，山石沉穩古樸，鮮花熱烈奔放，草坪舒展開闊，游路曲徑通幽，令遊客賞心悅目，流連忘返。

動植物公園

長春動植物公園位於長春市東南部，在人民大街與自由大路交會處，距市中心人民廣場三公里，占地面積七十四公頃，湖面面積八點八公頃。公園始建於 1938 年，稱為「新京動植物園」，老長春人稱之為「老虎公園」。當時以其面積之大，展出的動植物品種之多而號稱「亞洲第一」，興盛一時。1940 年，首期工程完工時，共有各種動物五十種一千餘隻。其中主要動物有：虎十隻，獅子兩隻，銀狐一百五十隻，台灣猴兩百隻，梅花鹿二十頭，以及大批鳴禽、水禽，還有一些爬行類動物。此外，還設有種雞孵化工場、毛皮獸研究所、養牛場、中草藥園等。1941 年太平洋戰爭開始以後，動植物園沒有什麼發展，僅限於維持狀態。1944 年春，美國「B29」飛機飛臨長春，日偽當局預感有空襲危險，於同年冬季把園中非洲獅、東北虎等大型猛獸一律處殺，公園其他動物也因無人管理陸續散失。

1984 年，長春市政府重新建設動植物公園，1987 年 9 月 15 日開園，定名為長春動植物公園。1987 年以來，動物館舍以及動物種類一直在不斷充實。2008 年長春市政府對公園進行改造，2010 年 12 月 10 日重新開園接待遊人。

長春動植物園中人工湖將公園分成三個自然部分：東區為珍禽異獸館，彙

集北方動植物兩百餘種，有自然小王國之稱；西區以人工土山模擬植物垂直分布點，建有「長白原野」微縮景區；北部是熱帶植物園。動物展區內有東北虎、非洲獅、猞猁、大鴇、丹頂鶴、火烈鳥、金絲猴、長頸鹿、犀牛、亞洲象、廣西獼猴、斑馬、黑猩猩等國內外珍禽異獸，總數有兩百餘種。在動物展區內還建有一處「百鳥樂園」，三千餘隻鳥散放在一個高八米，面積一千八百公頃的進入式大鳥籠，籠內有「人鳥對話區」「馴鳥表演區」，籠內配置花草樹木、山石小景，人鳥同處一處的布局給遊客留下別有一番情趣的印象。

公園北部的大型遊樂場，有激流勇進、太空飛船等驚險刺激的活動項目。園內還有一處占地一點三公頃，具有濃郁日本園林風格的微縮風景園，即「吉林・宮城友誼園」。在公園西部的占地零點五公頃、高二十八米的「長白原野」人工山上，可鳥瞰公園全貌和長春的市中心區。園內栽植木本植物一百四十餘種，其中有產於長白山的吉林省特有樹種美人松等珍貴樹種，還建有百花園、薔薇、木樨園等植物觀賞區。

▲ 銀植物園一景

東北虎園

　　吉林省東北虎園坐落於長春至雙陽公路四點五公里處，正門與長影世紀城隔路相望，園身位於長春市東南部的淨月潭國家級森林公園內，既是以散養東北虎為主的生態型野生動物園，又是全省最規範的野生動物救護繁育馴化基地。

　　園區位於山水相依、景色怡人的淨月潭風景區腹地，群山疊翠，碧水微瀾，虎跳松林，鳥鳴山谷。得天獨厚的自然生態環境，可使遊人真切地體驗自然野趣；獨具特色的動物技藝表演和「新、奇、特」的遊客參與和互動項目，更是令人耳目一新；動物大巡遊，演繹人獸同歡、親情交流的生態理念；人性化的觀賞形式，使人們在自然的環境下領略獅、虎、熊等猛獸的迅猛與強悍，

▲ 東北虎園裡的老虎

體味與猛獸擦肩而過的有驚無險；近距離欣賞環尾狐猴、梅花鹿、摩弗倫羊等溫順動物和孔雀、丹頂鶴、鵜鶘等珍稀鳥類的矯健、美麗和聰慧，感受神奇的生靈們給人們帶來的那份驚喜與快樂。領悟園區內精心營造的動物保護氛圍與寓教於樂的生態科普氣息，欣賞一曲人與自然、人與動物和諧共處的美妙樂章。虎園是野生動物的樂園，是生態文明的展現。

虎園曾救護救治了金雕、禿鷲、豹貓、黑熊、白天鵝、蓑羽鶴、白鶴、等十餘種野生動物近千隻。治癒後全部放歸大自然。虎園救護中心對珍稀、瀕危和重點保護的野生動物進行繁育，成功繁育東北虎七隻、環尾狐猴六隻、棕熊五隻、平頂猴一隻、摩弗倫羊一隻、孔雀一百零八隻、大雁六十八隻、白鷳三隻、珍珠雞一百隻，以及各種雉雞類七十餘隻。

東北虎園全部採用環保電瓶車及裝有防彈玻璃的中巴遊覽車，使遊客可以近距離安全的接觸野生動物，在欣賞美景的同時了解更多的野生動物。

新立城水庫

　　新立城水庫樞紐工程位於長春市南郊距市區二十公里的伊通河上，水庫壩址以上河長為九十點二公里，基本河槽寬十至二十米，河深三至五米，坡降千分之一至兩千分之一。洪水河灘寬一至三公里。水庫流域形狀略呈長方形，平均寬度為二十點七公里。流域內山地占三分之二，餘為河谷低平地。最高山嶺高程為海拔七百二十四米，一般為二百五十至四百米。伊通河以上山嶺較高，河谷狹窄，伊通河以下山嶺逐漸降低，河谷平原逐漸展寬。壩址處兩岸山岡向河谷收縮，是伊通河匯合以下河谷最狹窄地段，壩址河谷平地高程為海拔二百零七米。

▲ 冬日裡的新立城水庫

▲ 水庫全貌

　　新立城水庫是向長春市供水、防洪、灌溉等綜合利用的大型水庫，也是吉林省著名的風景遊覽勝地。水庫擁有控制流域面積一千九百七十公頃，總庫容近六億立方米，設計供水量八千八百八十萬立方米，每年捕撈各種經濟魚類二十萬公斤，三千公頃的水源涵養人工森林為長春市構築了一道濃密的綠色保護屏障，遼闊的水域，蔥鬱的林海，整潔清新的自然環境及宏偉的水利工程設施渾然融為一體。水庫具有得天獨厚的地理位置和旅遊資源，素享「春城明珠」之美譽，蘊藏了極大的開發潛力。庫區幅員遼闊，風光秀麗，景色宜人。遠看天水相接，有的地方還有貌似小島的朦朧陸地。近處，平靜的水面經越來越強的西風推動，形成一波又一波的湧動，在陽光的照射下盡顯波光淋漓。極目望去，蔥鬱的林海，重巒疊翠；清澈的湖水，水鳥舞翅。碧水藍天青松綠草，構成了一幅如詩如畫的錦繡長卷。

長春火車站

　　長春火車站位於長春市長白路五號，始建於 1907 年。2013 年，長春站改造工程全面完成，新建貫通南北的高架候車室，在南北方向均可進站上車。長春火車站位於哈大鐵路和長春——長春龍嘉國際機場——琿春高速鐵路交叉站，是全吉林省的鐵路換乘中心站。車站離北京站一千零三公里，離哈爾濱站二百四十六公里，距離中國唯一瀕臨日本海的沿海城市琿春四百六十八公里，隸屬瀋陽鐵路局。長春火車站為特等站，現為東北地區四大特等站之一，出發列車方向有：瀋陽、哈爾濱、吉林市、白城。

　　長春站歷史上先後進行了五次大規模建設改造，始建於 1907 年，當時稱為長春停車場。1907 年 8 月開始，日本在長春頭道溝與二道溝之間，開始修築火車站，偽滿初期稱新京站，一些老長春市民大都稱之為頭道溝車站。臨時火車站從 1907 年 11 月 3 日開始貨運，12 月 1 日開始客運。1913 年 3 月，建

▲ 長春偽滿時期火車站

▲ 火車站新貌

成面積四千公頃的長春火車站候車室。第二次建設是在 1935 年 11 月 1 日，長春至白城子鐵路正式通車，長春火車站成為四個方向的鐵路交叉點，火車站的站內設施也有了顯著的變化，除站房、倉庫、機車庫外，增加了新的站台、站線。第三次建設是從二十世紀八〇年代開始，長春火車站的客流量不斷增加，到 1992 年，高峰時期已達到四萬多人次。春運期間，車站根本容納不了，大部分的旅客在站前廣場候車。考慮到經濟發展和群眾利益的需要，車站進行了擴建，1992 年 5 月 26 日，長春站老站房以爆破方式拆除。1994 年，長春站新站房建成啟用。第四次建設，啟用北站房，長春站變成南北雙出口。2003 年，長春火車站由於站舍及設備陳舊，存在地道滲水、風雨棚漏雨、消防系統及中央空調系統不靈等諸多問題，同年八月，長春市政府提出對長春站進行改造。2003 年 9 月，長春站改造工程啟動，2004 年 6 月 30 日，長春站改造工程全面竣工，長春站變成南北雙出口。第五次改造工程早在 2008 年 6 月 1 日就已經正式開工了，但由於一直在進行火車站場內施工，因此很多市民對此毫無察覺，2013 年 11 月 25 日已竣工並投入使用。

璀璨的廣場景觀

文化廣場

　　文化廣場曾被稱之為地質宮廣場，是長春市最大的城市廣場。廣場始建於一九三三年，曾是偽滿洲國的國都廣場，偽滿洲國成立後，日本人著手對長春的城市格局重新規劃。據稱，日本人當時曾野心勃勃地計劃將長春市建成僅次於澳大利亞墨爾本的亞洲政治經濟文化中心城市。早在一九三四年，他們便把興仁大路（今解放大路）以北，東、西萬壽大街（今東、西民主大街）之間的區域定為「宮廷建築用地」。一九三八年，修建新偽皇宮等建築，根據偽《新京都市建設方案》關於「皇宮應成為國民嚮往的元首城」和「中央政府機關地點及配置應與皇家統一安排」的規定，選擇了一處長兩千七百六十米，寬五百五十米，南北高、中間低的「工」字形地塊，集中修建新偽皇宮與偽國務院及各大部。康德五年（1938 年）九月十日，在文化廣場一帶舉行了宮廷營造興工典禮，也就是偽新皇宮的開工典禮。施工期間曾立牌向路人昭示：「宮廷御營敷地，禁止通行，違者處死。」根據日本人的規劃，新皇宮模仿北京的故宮，坐北朝南，象徵著「龍首」，可以俯瞰南面的建築群，占地面積大約五十二公頃，相當於現在北京故宮的三分之二。現在文化廣場的位置原定做宮前廣場，叫「帝宮廣場」「順天廣場」，占地大約十四公頃。廣場南橫跨順天大街（今新民大街），街心有綠化帶，大街兩側是偽國務院及各大部，南端為安民廣場（今新民廣場），再往南是綠樹成蔭的南湖公園。這一切象徵著所謂「順天安民」的「王道政治」和偽皇帝的「龍位常青」。

　　一九四三年，日本人在太平洋戰場上節節敗退，物資匱乏，經濟陷入前所未有的危機之中，不得不停止了對「新京」的建設，「皇宮」工程也隨之停建。至此，偽新京帝宮實際上只完成了基礎部分的建設：僅澆築了地下室與部

分正面門柱的混凝土。

　　長春解放後，被東北地質學院（1959 年 11 月，更名為長春地質學院，2000 年併入吉林大學）選作教學樓建築用地。清華大學著名設計師、教授梁思成先生親自考察並完成了圖紙（照原圖紙小了許多），從一九五三年施工到一九五四年竣工，歷時一年，最終建成了一座鋼筋混凝土結構、綠琉璃瓦覆蓋、仿中國古典風格的大屋頂建築——地質宮。地質宮建成後，它前面的廣場即被叫成地質宮廣場，並被劃定為長春市集會中心。八〇年代中期，廣場上又栽種了很多樹木，廣場東半部被改造成城市公共綠地，為人們休閒娛樂提供了一個好去處。

　　為了進一步把地質宮廣場改造成為全市重點精品工程，一九九六年，長春市把廣場改建成以草坪為主、合理植樹、植物造景的文化廣場。隨後將地質宮廣場改名為文化廣場。改建工程於一九九六年五月二十日動工，八月二十一日

▲ 文化廣場

▲ 文化廣場的鴿子

文化廣場一期工程完工，在第三屆中國長春電影節前正式投入使用。一九九七年實施了二期工程，對文化廣場樹木配植做了進一步的補充；一九九八至二〇〇三年，相繼對廣場東、南、西、北主要入口設置了人物石雕；二〇〇〇年，在喜慶長春建城二百週年之際，更新增設各種主體綵燈十餘種；二〇〇五年七月，在廣場西側設立屏幕面積達一百五十平方米、堪稱「中華第一彩屏」的全國最大戶外全彩色大屏幕，成為長春市又一項「標誌性工程」。

文化廣場總占地面積已達二十點五公頃。以新民大街道路中心線至地質宮主樓中央為南北主軸，中軸線全長四百二十米，由南向北依次排列為：廣場主入口、南北主路。整個中軸線採用天然花崗石鋪砌，給人以自然、莊嚴、厚重的感覺。

主路北端接著一點六公頃、可容納上萬人的中心鋪裝廣場。中心廣場的中央是「太陽鳥」雕塑，北面是露天音樂壇，音樂壇以北為約二百平方米的主樓

前廣場，最北端為地質宮主樓。中心廣場至主入口兩側是四塊巨大的草坪，總面積為四公頃，彷彿一塊巨大的翡翠。這四塊草坪為「Ｕ」形路控制，緊緊圍繞著中心廣場。「Ｕ」形路外是疏林草地和曲折幽深的小徑構成的綠色空間，其間根據季節變化，栽植了樹木共五十餘種，三千餘棵，使得此處春有桃、杏、杜鵑競相開放；夏有丁香、錦帶、玫瑰增色添香；秋有楓葉點綴綠地；冬有青松翠柏傲立雪中。此外，廣場上還建有花崗岩砌成的人行道、供遊人休息的靠背椅、漂亮的路燈和造型精美的花壇，都帶給人以美的享受和輕鬆愜意的好心情。

文化廣場的標誌性建築是處於廣場中央的三十七米高主體雕塑「太陽鳥」，它和「男人體雕塑」「女人體雕塑」「水中月」及位於廣場東南西北四個方向的「春、夏、秋、冬」幾個雕塑構成了叫作「時空」的組雕。主雕塑「太陽鳥」源自古代神話傳說，表現內容為人類對太陽的讚美和對光明的嚮往與追求，也預示著長春像奔向輝煌的太陽鳥一樣，欣欣向榮。這只「太陽鳥」還曾出現在電視劇《大雪無痕》的序幕中，讓很多沒來過長春的人，也目睹了它的風采。

廣場東北角飼養了兩千多隻白色的廣場鴿。廣場鴿是文化廣場建成後入駐的第一批特殊嘉賓。可愛的廣場鴿，或在草地上悠閒地覓食，或衝向雲霄自由地翱翔，有時還會落到遊人的肩上、腳邊，已經和人類成為朋友。

文化廣場上盤旋的風箏、絢爛的花朵、如氈的綠地、跳動的噴泉、靈動的雕塑、漫步的遊人……構成了一幅美好的畫卷，而這幅畫的點睛之筆就是人們舒心的笑顏。可以說，在緊張忙碌的都市生活中，文化廣場就是人們休憩的驛站，讓行色匆匆的人們可以放慢腳步，放鬆心情，去享受學習、工作之餘的閒適與悠然。至於文化廣場那段算不上遙遠的歷史，就只有從廣場西側那段殘存的宮牆中尋找了。文化廣場，交織著歷史的記憶與行進的足跡，融匯著歲月的

▲ 人民廣場

滄桑與現實的榮光。

人民廣場

　　人民廣場直徑三百米，占地七萬多平方米；中心島直徑為二百二十米，面積達近四萬公頃。中心島內花木繁盛，是著名的街心花園。廣場中心原為偽滿洲國的水準原點，一九四五年蘇軍占領時期毀掉水準原點石標，為了紀念在反法西斯戰爭中為解放東北而犧牲的蘇聯飛行員修建的蘇聯紅軍烈士紀念塔。

　　從一八二五年到清末，人民廣場曾經被用作刑場。一九三二年，日本人開始在這片土地上修建廣場，並把偽滿洲國水準原點的石標設在廣場中心位置。當時，偽滿洲國的年號叫大同，廣場被命名為大同廣場，成為城市的中心廣場。周圍是偽國都建設局，偽首都警察廳，「滿洲電信電話株式會社」和偽滿

▲ 廣場一景

洲中央銀行總行大樓等建築群。以廣場為中心，當年的大同大街，興安大路呈放射狀向外延伸。按當時設計要求，廣場地下鋪設了各種電纜和給排水管線，周圍沒有架空線，這種格局一直保持到今天。日本戰敗投降後，廣場曾先後改名為斯大林廣場和中正廣場。解放後，這裡叫作人民廣場，現在的人民廣場依然保存著原有的歷史風貌。

長春中軸線 —— 人民大街

　　人民大街，是長春市中軸線，中國每個城市都有中軸線，這是中國建城的傳統。長春市中軸線的特殊之處在於，它是中國唯一一條正南正北且最長的城市中軸線，歷時百年建設，曾經叫長春大街、中央通、大同大街、中山大街、中正大街、斯大林大街等，百年間五易其名，七個稱謂，演繹著政權的迭興，時事的變遷。

　　清光緒三十三年（1907 年），日俄戰爭後，日本從俄國人手中奪取了南滿鐵路（長春至大連）線路。為對其進行經營管理，日本人開始有規劃的市區建設。在長春頭道溝（現長春火車站一帶）購置土地，修建了長春火車站，並在車站前修建了直徑一百七十五米的街心廣場，初建時命名為「大廣場」，後按當時長春內所有廣場的方位改名為「北廣場」，由廣場向南修建了一條長約九

▲ 人民大街

百米的大街，也就是現在人民大街北段（火車站前至勝利公園東北角，頭道溝北沿兒的一段），這一段僅占整條大街的十三分之一，就是人民大街的最初雛形。按照當時日本人的規劃，長春站前至七馬路為「滿鐵附屬地」。規劃設計的當時，在道路寬度上有過多次反覆。當初的設計主持人是滿鐵土木課課長、工程師加藤與之吉，他根據當時日本東京的標準，設計街道寬度只有幾十米，遭到首任滿鐵總裁後藤新平的批駁。加藤再次提出展寬到二十八點八米，又遭到後藤的斥責，並被後藤派往歐美考察去了。最後確定路寬三十六米。三十六米寬的街道，現在已經狹窄了，但在百年前，汽車剛剛出現，客貨運輸都處在以馬車為主的時代，按當時日本東京的標準，也是最寬的。路型修成以後，對於只有幾千人口的長春「滿地附屬地」來說，顯得過分的空曠，當時很不為人們所理解。

大街最早被日本人按中國式地名命名為「長春大街」。1922 年，日本殖民當局把滿鐵附屬地的街路名一律改成日本式名稱，因此更名為「中央通」，意為中央大街，沿用到 1945 年日本帝國主義投降為止。

東北淪陷以後，長春成為日本帝國主義統治東北的中心，日本人進行大範圍的城市規劃和建設。為接續已經建成的「中央通」，作為市區的縱向中央幹道，他們決定向南延伸，並且命名為「大同大街」。從勝利公園門前往南，路寬擴展到五十四米，分成快慢車道，有四條綠化帶（也是分車帶）。因為日本人在規劃上採用了環狀平面交叉的體制，所以在這條大街上共有六座圓形廣場，既是回車島，也是綠地。

淪陷時期工程的施工，是由北向南推進的。開始是跨越頭道溝，伸展到現在的人民廣場。因為地形起伏大，工程量大，所以在三〇年代時使用過鐵路翻斗車、鏟運機等先進的施工機械，這在當時是前所未有的。1932 年開工，1933 年修到人民廣場附近；1935 至 1936 年修到解放大路口；1937 至 1938 年修到南端的衛星路口；1939 年以後無大變化。工農廣場以南的路段，只完成了快車道，沒有綠化，人民廣場以南的人行道，沒有鋪裝路面。車道全部採用

灌注式的瀝青路面。大部分是碎石基礎，局部採用無筋混凝土基礎。1941 年以後，日本人因經費短缺，只能維持原狀了。儘管這條大街最先採用了電力、電訊線路地下化的新技術，但直到日本帝國主義投降為止，還是一條沒建成的街道。人民廣場以南建築物稀少，以北地段，除了三中百貨店（今百貨大樓）和日本毛織株式會社（今省建築設計院）兩處商店外，基本上都是官衙和企業的辦公樓，所以日本人稱這條街為「辦公室街」；又因為這條街集中了銀行和日本的金融企業，日本人又自詡為「滿洲的華爾街」。當修築這條大街時，沿途有新發屯、城後堡、義和屯、福安屯等多座村落，日本殖民當局急於修路和建築，根本不顧中國人的死活，強制驅逐村民、強拆民房、強占農田，使大批農民流離失所。修建「大同廣場」和偽司法部辦公樓（今市公安局辦公樓）時，就曾有村民被逼上吊自殺。

日本人原打算讓這條大街直通南環城路，但南端要跨越小北溝等幾條深溝，無論高填方還是架橋，工程費用都很大。因此，只好改修一條折向西南的小路，以聯結通往南部市郊的道路。抗戰勝利後，蘇軍進駐長春，在人民廣場中心為自己修起一座空軍紀念塔，把這條街更名為斯大林大街。1946 年 5 月，國民黨占據長春以後，把街道分成兩段，改北段為中山大街，南段則按蔣介石的名字改為中正大街，中心廣場也同時改為中正廣場。1948 年 10 月，中國人民解放軍解放了長春。從此，長春這座美麗的城市又重新回到人民的手中。1949 年 3 月，為表達中國人民與蘇聯人民的友好關係，這條大街又以蘇聯國家元首斯大林的名字命名為斯大林大街。1996 年 5 月 1 日更名為人民大街。

人民大街是長春市區的主幹道之一。正南正北貫通市區中心，全長十三點七公里，是市區最長的街道。除了站前至勝利公園的北段為三十六米寬外，其餘寬為五十四米，是市區最寬的街道之一。市區宏偉的建築、主要的公園和綠地多在它的兩旁。人民廣場是最大的市中心廣場，連接通往市區各個方向的多條主要街道。

新民大街

　　新民大街北起解放大路，南到新民廣場，一千四百四十六米長，五十四點四米寬。大街兩側，矗立的歷史建築十餘棟，保存完好。新民大街是偽滿皇宮的中軸線，偽滿國都的政治中心。一九三三年建成後，取名「順天大街」，出自《聖經》「人應順天」；一九四六年國民黨時期改為「民權大街」，是根據孫中山先生的三民主義而命名；新中國成立後改為新民大街。偽滿時期，順天大街北端即今天地質宮位置是要修建溥儀的「皇宮」，順天大街南部是「黃龍公園」（今南湖公園）。一條皇宮為龍首、順天大街為龍體的巨龍，借南湖之水騰飛起來。因此，「順天大街」也被稱為偽滿洲國的「龍脈」。遍數長春市所有被稱作「大街」的街路，僅一千四百四十六米的新民大街，長度最短。但是，卻坐落著偽滿時期的「四部一院一衙」。一院即「偽滿國務院」，四部即「偽滿軍事部、偽滿司法部、偽滿經濟部、偽滿交通部」，一衙即「偽滿綜合法衙」。此外，偽滿「八大部」中的興農部、文教部、外交部和衛生部，與新民大街的距離基本上都不超過三千米。二〇一二年在「中國第四屆歷史文化名街評選推介」活動中成功獲評，新民大街是著名的中國歷史文化名街。

▲ 歷史文化名街

繁華的重慶路

重慶路被老百姓稱為「金街」，是長春市乃至吉林省的商業中心。老重慶路就是長春商業活動十分繁榮的地段，那時的重慶路狹窄擁擠。現在，站在重慶路上，放眼望去不由地令人感嘆，都市經濟的高速發展帶來翻天覆地的變化：馬路變寬了，樓房變美了，櫥窗更亮了。重慶路不僅僅是購物的天堂，也是餐飲、文化、休閒、娛樂的天堂。置身於其中，你不僅能感受到現代文化的時尚氣息，更能強烈地觸摸到春城經濟跳動的脈搏。

重慶路最具特色的便是專賣店，尤其以服裝專賣店為代表，許多國內外知名品牌服裝紛紛登陸，使重慶路成為國內外知名品牌服裝競爭的縮影。這些品牌專賣店以其統一的格調、模式、品牌文化和規範的服務為特徵，成為重慶路與其他商圈競爭的一把「利劍」。

重慶路被稱作「金街」，也是與各商家經銷的名牌產品分不開的，它彙集了各種品牌的服飾、電器、手錶、眼鏡等，每個來此購物的消費者均是衝著這些品牌來的，隨之自然給重慶路鍍了「金」。

改造後的重慶路體現了國際先進的「類十字」步行系統骨架的構想，劃分為西安大路至人民大街的高級精品街和人民大街至大經路的標準精品街。人民大街以西以長百大樓、長春國貿集團、恆客隆、萬達‧沃爾瑪購物廣場、卓展購物中心等大型百貨零售店為主，而人民大街的東側主要由真維斯、班尼路、佐丹奴、U2、達芙妮、大台北鞋城等休閒專賣店組成，形成錯位經營的商業特色。

長百大樓是重慶路上百貨業的元老，大樓的商品結構是以「高中檔為主，兼顧低檔」，並著力引入「名品、新品、真品」和「多元化、層次化、專業化」的商品，做出與眾不同的長百品牌經營模式。國貿在重慶路的所有大商場中可能是面積最小的，這就需要其另闢蹊徑，出奇制勝。從二十世紀九〇年代的百

貨業大戰，國貿就認識到自己在百貨業競爭中的先天缺憾，砍去了其家用電器、小百貨等商品的經營，尋找一些具有獨特品位的中高檔品牌服裝。根據季節的更迭和時尚的變化，國貿還運作了一種主題店中店的經營模式，定期舉辦特價商品展賣活動，打造自己的特色。卓展購物中心集百貨零售、酒店、餐飲及娛樂為一體，自一九九九年開業以來，經營業績逐年提升，並率先在百貨業中同時通過了 ISO 質量、環境、職業健康安全認證，是中國高等百貨聯誼會成員單位，現已成為中國知名百貨公司之一。

　　二○○一年初，重慶路商業街的正常營業時間調整至晚上十點鐘，打破了長期以來夜經濟不旺、老百姓晚間文化娛樂生活單一的局面。「夜經濟」已成為重慶路商業收入的半壁江山。當時的重慶路人防商場將營業時間延長至晚上九點，每天經濟收入增加了一萬多元。長百大樓也延長營業時間，營業額整整翻了一番。沃爾瑪購物中心等超市大賣場因其購物空間寬敞、環境優雅舒適、商品種類豐富，成為匯聚春城百姓晚間消費的重要陣地，成為金街「夜經濟」中極為活躍的又一個商業空間。在眾商家嘗到甜頭後，長春市政府又適時地推出了「以燈招客，以客促商，以商養燈」的亮化理念，一個全街通亮、動靜交織、色彩斑斕的重慶路展現在市民面前：長百大樓、國貿集團的樓形燈，華美多姿，體現繁華氣息；亞泰富苑、卓展購物中心的霓虹燈，流光溢彩，盡展時

尚潮流；萬達‧沃爾瑪購物廣場前的燈光雕塑小品，晶瑩柔和，打造出濃濃的商業氛圍，突現文化休閒功能；街路兩側獨具歐式風格的燈光建築古樸典雅，行人身處其中莫不怡然自得，流連忘返，人在光裡，如在畫中……

▲ 熱鬧繁華的重慶路

▌大馬路商圈

　　大馬路是長春市最古老的街路，始建於一九○九年，全長兩千多米。原以
長春大街為界，北段稱商埠大馬路，南段叫南北大街。一九三七年以後，原南
北大街和商埠大馬路統稱大馬路。大馬路當年是長春市最繁華之地，是商業和
歷史文化的象徵，也是一份重要的民族文化資源。匯聚了鼎豐真、真不同、回
寶珍、東發合、泰發合（一商店）、振興合（東北商場）、玉茗魁綢緞莊、益
發錢莊、東三省官銀號、鄭發菜刀、孟氏整骨、世一堂、達仁堂、大柳樹中醫
院等老字號商鋪。歷經百年風雨，大馬路作為老長春的象徵，個別遺址仍能讓
人們找到城市的記憶。

▲ 大馬路夜市

中國汽車文化街

　　中國汽車文化街位於公園景觀河道以南，以規劃展示中國汽車發展歷史的圖文資料為線索。設計師計劃以具有中國文化特色的木材及青磚為主要地面鋪裝材料，兩側綠化以自然形狀的傳統中國樹木為主，利用景觀長廊佈置中國汽車發展歷程圖片資料。集休閒漫步，歷史回顧，中國汽車歷史鑑賞於一身。

　　國際汽車文化街位於公園景觀河道以北，以展示世界汽車發展歷史圖文資料為線索，以國際上常用的特色石材鋪地，綠化景觀以修剪成西方傳統幾何形狀的灌木為主要特色。運用金屬材質景觀展示世界汽車發展歷程圖片資料。

　　汽車名人街主要用個性人物雕塑，展示為汽車工業建設發展和推動汽車文化進步做出突出貢獻的著名汽車人物的風采。它如同好萊塢的「演藝名人街」，將東入口廣場和公園核心區巧妙連接，使遊人在不知不覺的遊覽觀賞中步入公園深處。

▲ 汽車文化街上的雕塑

寬闊的亞泰大街

亞泰大街，位於長春東部，人民大街東側，二〇〇〇年以後貫通使用。它不像人民大街那樣筆直，卻如同人民大街一樣寬闊，它的修建使長春東部交通變得快捷便利。在亞泰大街兩側，一座座現代、高大的商鋪、居民樓、寫字樓拔地而起，給老城區塗上一抹又一抹亮麗的色彩。

二〇〇七年二月，亞泰大街曾經吸引了全世界的目光，第六屆亞洲冬季運動會的主會場五環體育館就坐落在這條街的中段，館外熊熊的亞冬聖火燃燒了八天，照亮了亞泰大街的夜空。

▲ 亞泰大街上的新快速路

▌喧囂熱鬧的紅旗街

　　紅旗街和重慶路、桂林路共同成為長春市三大中心商圈。1933 年偽滿時期名為洪熙街；1951 年解放後，根據諧音，取了有著革命色彩的街名──紅旗街。它是長春市重要的公共交通始發站，曾是 51、53、54 路有軌電車和 62 路無軌電車的起始站。紅旗街南起松輝路，北到朝陽公園正門，街上坐落著長春電影製片廠。這條街上有長春歐亞集團的龍頭企業歐亞商都，是長春人購物的首選之地。

　　紅旗街在老長春時期的公共交通就十分發達，有軌電車和無軌電車在這裡發車。現在公共交通發展，這些老電車都被更先進的車輛所代替，而紅旗街卻仍然保留了 54 路有軌電車的運行。有軌電車被老長春人叫作「摩電」，這種如今大多只能在電影中看到的慢吞吞的古董，十九世紀誕生在美國，作為現代地鐵和輕軌的前輩曾經風行全世界，十九世紀末傳入中國。在二十世紀五〇年代長春還有六條這樣的線路，現在只有 54 路「摩電」作為都市景觀而保留下來，是現代的長春都市一道充滿懷舊色彩的景觀。

　　紅旗街是城市最繁華的商業街區，聚集著歐亞商都、巴黎春天百貨、亞細亞百貨、百腦匯百貨等大型商場，成為充滿商業活力的經濟商圈。

▲ 紅旗街上的有軌電車

解放大路

　　解放大路，偽滿時稱興仁大路。這條街道被解放，對於老長春人來說，它變得越來越新，幾乎看不到舊時代的影子。

▲ 解放大路舊貌

　　位於解放大路上的樹勳小學，三十多年前還是搖搖欲墜的老平房，四面漏風，燒爐子。

　　老長春市工人遊泳池（現長春遊泳池）曾是長春市內僅有的公共游泳池，就在斯大林大街（現人民大街）和解放大路交匯處，很多學生曾經在那裡上過游泳課。工人遊泳池分大小兩個池子，大池子是普通泳者的，小池子深達五米，有個十米的標準跳台，只有考試合格的泳者才可以進入。

　　老長春市圖書館和長春市人大在解放大路兩側相互對應，是兩棟漂亮的老建築。它們很早便被拆遷了，變成了人民銀行和交通銀行的高樓大廈。人大大樓原是偽滿洲國蒙政部。市圖書館所在古色古香的院落原是大佛寺，一九三三年改為偽滿洲國紅十字會；一九五八年，市圖遷入，它的大門綠色，琉璃覆頂，朱扉金釘，三卷洞開，石蹬古拙，石雕莊重。院內不大，廂房中式，主建築卻是一棟典型的歐式三層小樓，前面門廊四根理石圓柱，雙側花牆裝飾。末代皇妃李玉琴曾在閱覽部外借處工作。

　　醫大一院（現吉大一院）也位於解放大路上，是偽滿洲國軍事府的大樓。褐赭色瓷磚貼面，沉靜莊嚴。大廳內的地面、樓梯踏步及樓梯圍面都是淡黃色水磨石，厚重敦實，樓梯可供五六個人並排而行，寬敞大氣，弧線舒展，走廊

▲ 新延伸的解放大路

牆圍也是一點三米高的配套大理石。地質宮廣場（現文化廣場）四周由無數高大的喬木圍合，夏季陰涼、冬季遮風，每條彎曲的小徑、每棵或粗壯或清秀的樹木都透著歲月的滄桑。站在周邊的高樓望去，它就是一個面積不算小的園林。

今天的解放大路又一次被解放了，它被拓寬，變得平坦，四周的老建築得到很好的保護，老樹當然也被保留下來。長春市有三十多棵百歲以上老樹，棵棵登記在案，由專人負責，還有幾棵更是「供」在「百木園」中，盡享尊榮。

名揚海外的科研院所

長春光機所

中國科學院長春光學精密機械與物理研究所,簡稱「長春光機所」,前身是儀器館,成立於一九五一年。一九九九年七月,原中科院長春光學精密機械研究所和原中科院長春物理研究所整合組建中國科學院長春光學精密機械與物理研究所,以知識創新和高技術創新為主線,從事基礎研究、應用基礎研究、工程技術研究和高新技術產業化的多學科綜合性基地型研究。

▲ 光機所中外人員進行交流

研究所在王大珩等科學家的帶領下,在發光學、應用光學、光學工程和精密機械與儀器等領域先後取得了一千七百多項科研成果,研製出了中國第一台紅寶石激光器、第一台大型經緯儀等十多項「中國第一」,向外輸出兩千二百多名各類人才,為中國的科技進步、經濟發展和國防建設做出了突出貢獻,被譽為「中國光學的搖籃」。長春光機所是中科院規模最大的研究所,是中科院系統唯一通過軍工質量保證體系考評和首家通過 ISO9001 質量體系認證的單位,同時又是中科院首批科技事業單位檔案管理國家一級單位。主辦《光學精密工程》《發光學報》《液晶與顯示》等多種學術及信息刊物,中國光學文獻數據庫也建在那裡。長春光機所的科研工作分為基礎研究、應用基礎研

究和工程技術研究三個層面，三者之間相互牽引、相互依託、相互促進，形成了完整的科研體系。長春光機所在發展高科技產業方面也取得了喜人的成績。中科院長春光電子產業園區基本建成，占地面積五十四萬公頃，建築面積二十五萬平方米。該園區功能齊全、結構合理、設備齊全、環境優美，達到世界中等發達國家水平。

長春應化所

中國科學院長春應用化學研究所，簡稱「長春應化所」，始建於一九四八年十二月。經過幾代應化人的不懈努力，已發展成為集基礎研究、應用研究和高技術創新研究於一體，在國內外享有較高聲譽和影響的綜合性化學研究所，成為中國應用化學領域的

▲ 長春應化所概貌

重要研究力量和創新基地。其學科領域主要包括：高分子科學、無機化學、分析化學、物理化學和有機化學。研究領域主要聚焦在資源與環境領域和先進材料領域，重點發展二氧化碳資源、玉米資源、稀土資源和先進結構材料、先進複合材料、先進功能材料。建有高分子物理與化學國家重點實驗室、電分析化學國家重點實驗室、稀土綜合利用國家重點實驗室、國家電化學和光譜研究分析中心、國家長春質譜中心、高分子工程實驗室、綠色化學與過程實驗室等科研基地和科技平台。應化所學術刊物主要有《分析化學》《應用化學》《化學通訊》等科技期刊。面向國家戰略需求和國際科學發展的前沿，長春應化所大

力發展石油資源型、非石油資源型、高分子結構材料和高分子功能材料，實現稀土資源和植物資源高值化利用，促進基礎研究、高技術創新與產業化的協調和跨越發展。其戰略發展目標是建成集基礎研究、應用研究和高技術創新於一體的國內一流綜合性化學研究所，成為高分子材料和稀土材料的高技術創新基地，世界公認的著名高水平研究機構。

精華薈萃的各類博物館

吉林省博物館

　　一九五一年五月，吉林省政府批准籌建吉林省博物館，十二月，博物館竣工，一九五二年一月二十七日吉林省博物館在吉林市江灣路十二號正式開館。一九五四年九月吉林省博物館隨省政府遷至長春市偽滿皇宮。二〇〇三年九月，原吉林省博物館和吉林省近現代史博物館合併組建吉林省博物院。院內藏品近十萬件，始自遠古及至近現代，精華薈萃，內涵豐富，其中以中國歷代書畫，古代東北邊疆高句麗、渤海、滿族文物，近現代革命文物，東北抗日聯軍等文物的收藏獨具特色，在國內博物館界占有重要地位。

　　改革開放以來，舉辦各類陳列展覽一千多個，接待觀眾逾千萬人。先後出版各類學術著作上百部，並湧現出一大批著名的專家學者，如：文物收藏鑑定家張伯駒，著名歷史與社會學家王承禮等。二〇〇七年五月八日吉林省博物院新館舍破土動工，新館舍建築面積三萬兩千平方米，坐落於長春市淨月經濟開發區，新院開放使用後，吉林省博物院以嶄新的形象邁入國內博物館的先進行列。作為吉林省文物收藏保護、陳列展覽、科學研究和文物鑑定中心，在弘揚民族優秀傳統文化方面，博物院發揮其職能，不斷豐富和深化人們對歷史文化的理解和認識，為發展吉林省的博物館事業和社會主義精神文明建設做出巨大貢獻。

吉林省自然博物館

　　東北師範大學自然博物館暨吉林省自然博物館始建於一九八七年七月二十日，原隸屬於吉林省文化廳，為吉林省唯一省級自然博物館。二〇〇一年一月一日，吉林省政府為讓自然博物館獲得更好發展並發揮更大功能，決定將吉林省自然博物館整建制地劃給東北師範大學。場館占地面積四公頃，建築面積一

▲ 吉林省自然博物館

萬四千七百平方米，展廳面積六千平方米，庫房面積三千平方米。建築工程於
二〇〇六年九月十日竣工，展覽於二〇〇七年五月一日佈置完畢，並隨即向社
會開放。

　　展覽共分《林之韻》《山之魂》《蝴蝶谷》《鳥之靈》《獸之趣》和《化石
世界》六個部分進行展示，其中《林之韻》《山之魂》為主要展區，它突出吉
林省地方特色，主要展示吉林省具有代表性的生態景觀—長白山，其他展區配
合介紹了與吉林省生態環境有關的地質古生物、動物、植物等相關知識。

薩滿文化博物館

　　長春薩滿文化博物館位於長春開發區衛星路六五四三號，長春大學綜合樓
B 區三樓，是世界上首家專業性的薩滿文化博物館，主要展出中國北方少數民

▲ 博物館展品

族以及美國印第安人的薩滿文物和相關民俗文物，其中包括薩滿神服飾二十餘件（套）、薩滿神鼓二十餘面、薩滿神偶數百件，以及若干薩滿藝術品和影像資料等。

　　薩滿文化是中國北方少數民族歷史上所信奉的一種原始宗教信仰，是人類文明發展的一個重要標誌，也是原始初民在自然和社會的壓迫之下，探尋自然與人生奧秘，為增強自身生存與發展信心和力量而創造出來的。它源於人類母系氏族社會晚期，有著悠久的歷史和厚重的文化底蘊，是中國古代文化的重要組成部分，也是世界非物質文化的精華。

　　長春大學薩滿文化博物館主要以薩滿服飾為主線，集中展示了中國滿、錫伯、赫哲、蒙古、朝鮮、鄂倫春、鄂溫克、達斡爾以及美國印第安等民族的薩滿文化實物和部分複製品。館藏共計四百六十八件（套）、薩滿祭祀景箱五個。其中許多藏品均列為國家級民族類一、二級文物，如滿族薩滿神服、滿族馬尾薩滿神服、鄂倫春薩滿神服等，屬國內傳世孤品。館中還藏有一套完整的（三十六件）美國印第安喬克陶人熊皮質薩滿服飾及其祭祀用品，散發著別樣的異域文化風情，歷經百年滄桑而保存完好，極其珍貴，屬獨家收藏。長春大學薩滿文化博物館自成立以來，先後接待來自美國、韓國、日本、加拿大、德國、俄羅斯等國家及國內專家、學者數萬人次，受到高度評價，收到較好的社會反響。

吉大博物館

吉林大學博物館（地質宮博物館）始建於一九五二年，陳列面積一千五百平方米，以藏品豐富、精品薈萃、特色鮮明享譽中外，是中國乃至亞洲著名的地質博物館之一。建館以來，共接待國內外觀眾數十萬人，朱德、董必武、鄧小平、李富春等黨和國家老一輩領導人都曾來館視察。

吉林大學博物館下設地質博物館、考古與藝術博物館兩個分館。博物館以藏品豐富，特色鮮明享譽中外，是中國乃至亞洲著名的高等院校博物館之一。博物館分科普廳和恐龍廳。科普廳設有奇石展區、寶玉石展區、古生物展區及地學科普知識展區。恐龍廳展有三具巨型恐龍骨架化石及珍貴的恐龍蛋、恐龍腳印化石等。博物館集「科研、教學和科普」於一體，岩礦化石標本門類齊全，文物及考古標本典藏豐富，有關地學與考古學資料積累也相當雄厚。館內擁有採自全國各地及世界上三十多個國家和地區的展品兩萬餘件，其中不乏東北地區最完整的鴨嘴龍化石——嘉蔭卡龍、吉林省出土的第一具恐龍化石骨架——長春龍、商代的甲骨和青銅器。博物館建有國際一流水平的微體古生物化石修復實驗室，化石修護水平處於國內領先。作為依託高校建設的專業性場館，博物館的科學研究和國際交流相當頻繁，尤其是開展的「吉林中部白堊紀脊椎動物群」研究取得了一系列在國內外具有重要影響力的研究成果。

吉林大學博物館還是全國青少年科技教育基地、全國科普教育基地、國土資源科普基地、吉林省愛國主義教育基地、長春市愛國主義教育基地、全國科普教育先進集體及國家 AA 級旅遊景點，是面向社會傳播科學文化知識，弘揚愛國主義精神的重要場所。

長春汽車博物館

在長春電影城原址重新建設的長春汽車博物館，是東北三省規模最大、設施最完善、環境最舒適、品牌最豐富、車型最集中的超級汽車展銷中心。長春汽車博物館分為汽車文化館藏區、名品新車展銷區、試乘試駕體驗區、全面配

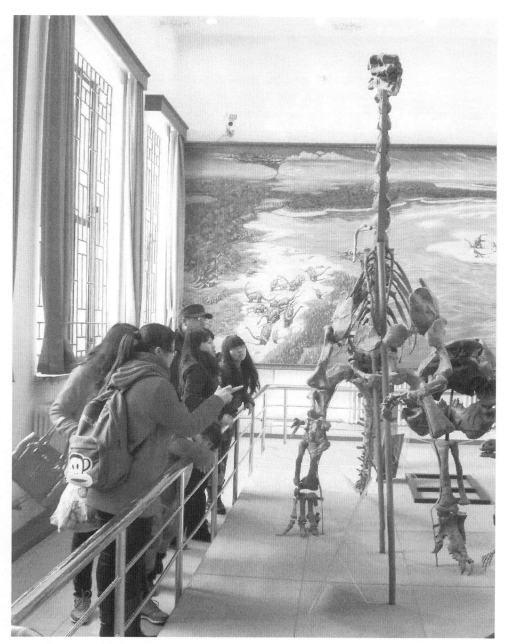

▲ 吉林大學博物館內的動物化石

▲ 汽車博物館展品

套服務區、園林景觀休閒區、專業賽娛樂區等六大功能區。它總占地面積三十六萬公頃，可同時展出商務汽車和家庭用汽車一千五百輛，毗鄰畔月湖建築的十家共計五千平方米的汽車獨立門面，臨街而立，建築面積近九千平方米的中國長春汽車博物館，有萬餘平方米的辦公配套綜合區內的商務中心、汽車貸款、汽車保險、新車落籍、裝飾美容、維修保養一應俱全，完善的配套、豐富的設施讓每一位愛車人舒心愜意、流連忘返。

「老農」博物館

　　「老農」博物館在九台市其塔木鎮劉家村北邊、村路西側，有一個占地約零點五公頃的大院落，門口用紅磚壘成的牆垛子上掛著一塊牌子，上面寫著：關雲德滿族民俗博物館。關雲德，滿族鑲紅旗人，他自己通過多年的收集，建立起自己的農民博物館。二〇一〇年三月，在各級政府和相關部門的支持下，「關雲德滿族民俗博物館」破土動工，並於二〇一一年六月落成，占地五百公頃的博

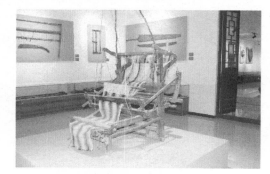

▲ 「老農」博物館展出的帆布機

物館中展列著關云德幾十年來跑遍方圓數百里的滿族村蒐集到的幾百件歷史悠久的民俗物品。百餘件展品幾乎囊括了百年前老關東人農耕牧漁用得到的所有工具：耕地的木製犁杖、播種用的「點葫蘆」、用於磨米的「扇車子」、存糧用的木製糧倉等等。另外，還展示了遼金時期的刀、鍬、駝鈴、奶茶壺，近代的紡車、織布機、「粉筆機」以及紫銅蠟機等老物件。在農耕牧漁展廳，分別設立了馬具、狩獵、漁獵、衣帽展區。在馬具展區，不僅有馬鞍、馬鐙、馬鞭等大件馬具，還有「馬勒子」「馬兜嘴」「夾嘴子」等小物件。在狩獵工具展區有弓箭、扎槍、鉤槍、鐵夾、土槍等狩獵工具……

關雲德滿族民俗博物館的藏品豐富多彩，來之不易，對於新一代關東人來說，更應該常去看看關東老物件，聽聽老關東故事，品一品關東文化。

東北民族民俗博物館

東北民族民俗博物館隸屬於東北師範大學，是東北地區規模最大、展示東北古代及近現代民族民俗最全面的綜合性博物館。博物館於二〇〇七年末開始籌建，歷時七年時間在二〇一四年完成開館。東北民族民俗館，位於長春市經濟技術開發區世紀廣場南側，毗鄰長春國

▲ 東北民族民俗博物館

際會展中心和淨月潭國家森林公園，占地面積三萬一千公頃，建築面積兩萬兩千平方米，展廳面積一萬三千平方米，民族民俗類藏品四萬餘件，是廣大公眾學習和瞭解東北民族民俗的課堂，也是旅遊觀光的重要景點。

館內設有東北古代民族民俗、東北近現代民族民俗、東北代表性行業作坊

三個基本陳列展區和若干專題展區。各展區採用實物、圖表、文字、沙盤、場景復原等傳統展出方式及電子模擬、影像合成等現代技術手段，展示了東北民族民俗及其最新研究成果。

長春中國光學科學技術館

▲ 長春中國光學科學技術館

長春中國光學科學技術館位於吉林省長春市淨月國家高新技術產業開發區，是中國唯一的國家級光學專業科技館，是集光學科技成果展示、光學知識普及教育、光學科技發展研討及國際光學合作交流等多項功能於一體的大型光學科普基地。長春中國光學科學技術館建築面積三萬平方米，地下一層，地上三層，共設置七個常設展廳、一個軍工展廳、一個臨時展廳、一個光學圖書館和一個光學實驗室。七個常設展廳分別為奇妙之光、千年光輝、神州光華、光的探索、光的時代、光彩世界、光的未來，以「觀察光的現象、探索光的本質、發展光學科技、回顧光學歷史、展望光學未來」為邏輯與展示動線，通過科學性、知識性、趣味性相結合的展覽內容和參與互動的形式，向觀眾展現光學現象、揭示由淺入深的光學原理及廣泛的光學技術應用。長春中國光學科學技術館秉承「科技之光‧引領未來」的主題，展示光學科技成果，普及光學知識，推動光學科技發展，促進光學國際合作交流。它的建立凝結著老一輩光學科學家的心血，承載著中國光學工作者的努力，肩負著推動中國光學飛速發展的光榮使命。

長春市少年宮

　　長春市少年宮是全省最大的少兒校外教育場所，是長春市少年兒童的活動中心、培訓中心、指導中心，目前已是國家一級一類校外教育基地。建宮四十多年來，本著面向廣大少年兒童、面向學校、面向少先隊的宗旨，廣泛開展有益於青少年的文體活動和培訓活動。少年宮是少兒豐富課外生活，增長才幹，鍛鍊成長，提高綜合素質和培養興趣的優良陣地。

　　隨著黨和政府對校外教育的高度重視，長春市少年宮緊緊圍繞《中共中央、國務院關於進一步加強和改進未成年人思想道德建設的若干意見》及中共中央辦公廳〔2006〕四號《關於進一步加強和改進未成年人校外活動場所建設和管理工作的意見》的文件精神，充分利用自身特色，發揮優勢，與學校教育相互連繫、相互補充、相互促進，成為青少年全面發展的實踐課堂，是服務、

▲ 少年宮兒童演出照

▲ 少年宮舉辦的體育活動

凝聚、教育廣大未成年人的活動平台，是加強思想道德建設、推進素質教育、建設社會主義精神文明的重要陣地，在教育引導未成年人樹立理想信念、錘煉道德品質、養成行為習慣、提高科學素質、發展興趣愛好、增強創新精神和實踐能力等方面具有重要作用。

長春市少年宮坐落在市中心，與兒童公園毗鄰，交通便利，環境怡人。擁有建築面積一萬三千六百平方米教學樓，建有展覽館、劇場、乒乓球館、語音室、微機室、舞蹈、電子琴、美術、鋼琴等教室百餘間，設施齊全，管理嚴格，環境優美，多次被市委、市政府評為「長春市花園式示範學校」。

現代化冰雪運動場館

　　淨月潭滑雪場，位於淨月潭國家森林公園內，是中國為數不多的城市滑雪場，年積雪期有一百五十天，滑雪期一百二十天，每年十一月中旬到翌年三月中旬是最理想的滑雪時間。滑雪場有三條初級雪道各長五百八十米、四百七十米、三百米，平均寬度三十米，坡度八至十度，為初學者使用；一條中級雪道，長一千四百七十米，平均寬度三十五米，坡度十五度，高差八十點六米，為有一定滑雪基礎的熟練者開展各類趣味滑雪比賽使用；一條越野雪道，長二點五公里，為有較高專業水平的技術熟練程度的人使用，也是舉辦重大賽事的專業雪道。建築面積兩千八百平方米歐式風格的多功能雪具大樓，有一千套進口滑雪器材供滑雪者租用；一條雙人循環彩色吊椅式空中纜車和三條進口拖牽

▲ 現代滑雪場

機供滑雪者上山使用。此外還有雪地摩托、騎馬、坐狗爬犁等冬季遊樂項目。最刺激的要屬坐上滑車，在全長一千六百一十六米的世界最長管軌上呼嘯而下，在尖叫聲中飽覽林海雪原的美麗風光。從二○○三年開始，長春市政府與瑞典諾迪維公司合作共同舉辦瓦薩國際滑雪節，開展越野滑雪運動，使中國成為繼瑞典、美國和日本之後第四個舉辦瓦薩越野滑雪賽的國家。瓦薩滑雪節彷彿是長春拋在天地間的一根紅線，牽來了眾多的「冰雪情緣」，成為長春和世界交往最暢通的橋梁，促進多國間的交流與合作，成為展示中國文化的廣闊舞台，薈萃中西文明的盛宴，越來越多的國外友人認識了中國東北這座開放、大氣的城市。長春瓦薩成為一張微笑的官方名片，提升了長春的國際知名度。

長春的蓮花山滑雪場有九座高低起伏的山峰酷似含苞待放的蓮花，其中最高峰為蓮秀峰，海拔四百一十三米。長春蓮花山滑雪場是具有國際標準的、中國一流的、國內距中心城市最近的、集競技和旅遊於一體的、長春市最大的綜合滑雪場。它位於長春市二道區四家鄉青山村，規劃占地六公頃。距長春市區三十八公里，沿吉長南線驅車三十分鐘可抵達雪場，距長春國際機場僅二十公里，交通極其便捷。雪場擁有先進的造雪系統，可使滑雪期提前至每年的十一月上旬，延長至次年的三月末。蓮花山滑雪場按國際標準建有自由式空中技巧和單板 U 型槽兩個比賽場地；開設了六條初、中、高級滑雪道；兩條高山吊椅索道和兩條拖遷索道，能在最短時間內把遊客送達各條雪道的起始點。還有雪地摩托、雪上飛碟、冰上滑梯、馬爬犁、狗爬犁和網球等多種運動項目。建有標準的高爾夫練習場地。夏季無雪之時，滑雪場變成了滑草、滑翔傘運動的最佳去處。蓮花湖蓄水總量三十餘萬立方米，夏季可進行垂釣、游泳、沙灘排球、沙灘浴和其他水上娛樂項目。

新立湖滑雪場位於新立城水庫庫區，長春市區東南部，淨月經濟開發區所轄新立湖西南端，二○○八年底正式開放。滑雪場現有一條長八百米、寬一百二十米的高山滑雪道，滑雪場西側建有兒童娛樂區，包括冰滑梯、雪圈滑道、狗拉爬犁、冰車等項目；在新立湖冰面上建有冰雪運動區，包括滑冰場、風力

冰車、冰上自行車、雪地跑馬場等項目。新立湖滑雪場由新立湖水庫旅遊發展有限公司投資擴建，是青少年滑雪訓練基地，該滑雪場針對中低收入消費群體建設，定位為「老百姓自己的滑雪場」。新立湖滑雪場三萬平方米的活動空間讓遊人盡情享受雪上世界的無盡歡樂。

長春五環體育館位於亞泰大街四八九九號，是具有國際水準的多功能、超大型現代化體育設施。它坐落在南嶺體育中心建築群體中，建築面積三萬一千一百九十二平方米，長軸跨度一百九十二米，短軸跨度一百四十六米，中心高度五十米，框架結構，可容納觀眾一萬一千四百二十八名。館內地面有塑膠面、木質地板面和冰面三部分組成，可進行室內田徑、速滑、籃球等二十三項比賽，並可舉辦大型集會、文藝演出、商業博覽等活動。內設有貴賓室、裁判員休息室、男女更衣室、興奮劑檢測室、醫務室、記者室等功能房間。館內冰面由人工製冷控制，機械化澆冰。自建成以來，先後承辦了全國第九屆冬季運動會開幕式和短道比賽、世界盃短道比賽、NBA 籃球表演賽、中國乒乓球公開賽、亞太地區冰球賽、中日韓三國運動會手球比賽、全國花樣滑冰冠軍賽等國際國內大型賽事。該館最大優點是平面功能先進合理，出入口與分區明確，觀眾、運動員、裁判員、貴賓、記者、工作人員進出互不干擾，館內疏散快捷安全。還配有電動伸縮式活動座椅，全國第一塊吊頂式大型彩屏，裝備了高級專業音響、燈光，使該館具備了承接各種大型高水平演出、體育比賽等活動的優越條件。這座有著跨世紀水準的綜合體育館，使長春成為國家體育比賽和訓練的重要基地，讓長春市民欣賞到國內外高水平的比賽和文藝演出，是長春市最富有吸引力的人文景觀，是國內最雄偉壯觀的大型建築之一。

長春市滑冰館是長春五環體育館的配套冰上項目訓練館，位於長春市南嶺體育中心北部，南臨五環體育館、西臨省速度滑冰館、東部和北部是長春市全民健身活動中心，始建於一九九六年十二月二十日，建築面積四千五百平方米。館內設有符合國際滑聯標準周長一百一十一點三二米的短道速滑場地，可舉行冰壺比賽。館內還設有兩個運動員休息室、一個裁判員休息室、一個官員

休息室、一個計算機工作室、一個興奮劑檢測室和一個醫務室等。滑冰館南看台設有三百人的觀眾座席,可以提供電視轉播所需條件。長春市滑冰館設備齊全,館內採光良好,達到國際比賽的照度標準,自建立以來,承辦了第六屆亞洲冬季運動會的冰壺比賽,還有短道速滑、花樣滑冰、冰球等多種冰上比賽活動。多年來,滑冰館為各級訓練單位提供更專業的優質冰面,讓冰上體育運動人才更好地鍛鍊並取得好成績。

第五章

——

文化產品

長春水土好，不僅很養人，也滋養出眾多優秀文化品牌。舞台劇《長白神韻》帶你領略祖國東北燦爛文化、秀美風光和東北人的豪放與歡快和諧；吉劇《桃李梅》新穎別緻的表現形式，讓你體會到長春人的聰慧；《意林》雜誌的勵志、哲理小故事，使你在品讀中受到啟迪，堅定信心……電視傳媒廣播的《發現長春》《坐標》等經典欄目讓人們時刻感受到處在濃厚的文化氛圍之中。擁有自己地域文化，擁有獨一無二文化品牌的百姓，精神永遠充實而愉悅。

大型情景樂舞——《長白神韻》

　　《長白神韻》是大型情景歌舞，由《夢幻長白》《吉慶長白》《春滿長白》三部分構成。歌舞展現了多姿多彩、山水宜人的東北畫卷。《長白神韻》中東北漢子鼓舞、女子冰凌舞以及鑿冰捕魚、過大年包餃子等場面，生動地再現了東北的民俗民風，丹頂鶴、人參、二人轉的扇子、手絹、高蹺等東北文化元素巧妙地融入其中，歌舞以現代 LED 巨屏為背景，呈現出原始森林的美景、火山噴發的壯烈……營造了美輪美奐的仙境和震撼人心的視聽效果。《長白神韻》是由吉林省歌舞團打造的高水準藝術精品，獲得藝術和市場的雙向認同。吉林省歌舞團是一九五四年在吉林軍區文工團的基礎上建立起來的，堅持民族化與

▲ 長白神韻劇照

地方特色相結合，以民族歌舞為主體，歌劇、舞劇、音樂劇等原創作品藝術水準大氣高雅，創作、排演的大型歌劇、舞劇二十多部，如歌劇《梅河兩岸》《青林密信》，舞劇《人參女》等，創作舞蹈幾百個和歌曲上千首，許多作品獲國際大獎和全國大獎。例如榮獲世界青年聯歡節金質獎章的《紅綢舞》，獲全國第一屆「獨、雙、三人舞大賽」一等獎的《我愛這一行》《節日的金鈸》《福到滿家》《勇士的歡樂》《大姑娘美》等，大型神話舞劇《人參女》獲文化部首屆文華獎，舞蹈《情思》《花潮》獲首屆全國舞蹈「荷花杯」銀獎和優秀獎，《老司機》《我是一個兵》等歌曲是久唱不衰，在全國有較大影響的歌曲。二〇一一年五月在東方大劇院駐場演出《長白神韻》，連續演出十三場，創造了連續演出場次最多的紀錄。二〇一一年十一月《長白神韻》獲得省委省政府頒發的省內文藝最高獎「長白山文藝獎」。歌舞團曾多次出訪朝鮮、加拿大、俄羅斯、泰國、日本、韓國、德國、法國、英國等幾十個國家，並與美國、菲律賓、俄羅斯、日本等國家的藝術家合作演出，為促進國際友好和文化交流做出了努力。

吉劇藝術之花盛開

　　吉劇經典劇目有二百個大、中、小劇目，其中代表作為《包公賠情》《燕青賣線》《桃李梅》《包公趕驢》《三放參姑娘》《三請樊梨花》《一夜皇妃》《關東雪》等。《桃李梅》《燕青賣線》《包公賠情》於二十世紀七〇年代搬上銀幕，全國有近百個劇團移植演出，其影響之大，為地方戲曲劇種所罕見。《包公趕

▲ 吉劇演出劇照

驢》《三放參姑娘》等劇目，分獲 1985 年全國優秀劇本獎和全國戲曲觀摩演出優秀劇目獎。《一夜皇妃》1993 年獲全國戲曲調演一等獎，1994年又獲文化部文華新劇目獎；吉劇現代戲《關東雪》獲 1995 年全國戲曲交流演出優秀劇目獎

和 1997 年文化部文華新劇目獎；由中央電視台、吉林電視台、吉劇團聯合錄製的吉劇電視連續劇《桃李梅》獲金鷹獎。吉林省吉劇團成立於 1959 年 1 月，吉劇作為吉林省具有代表性的地方劇種，具有旺盛的藝術生命力，吉劇舞台湧現出許多傑出的表演藝術家，如二十世紀六七十年代的鄔莉、隋晶瑩、王青霞、楊俊英、姜秀玉、劉豐、霍福慶等。如今，活躍在吉劇舞台上的第二代演員及編導人員有王桂芬、李占春、安靜芳、馬士傑、劉富英、趙萬捷、齊世明等。吉劇團曾南下香港，東渡扶桑演出，載譽而歸，吉劇藝術之花在關東這塊熱土上常開不敗。

長春特色文藝——東北「二人轉」

　　二人轉是長春本土素樸的民間文藝形式，它生於斯、長於斯、繁榮於斯。東北人天生富有藝術細胞，這與東北人的個性息息相關。東北人熱愛自由，天性機智幽默，富有藝術創造力。二人轉是東北人民在生產生活中娛樂的主要形式，二人轉的說口風趣幽默、唱詞雅俗共賞，這些特點被二十世紀八〇年代以來興起的小品所借鑑吸收，很多小品演員就是二人轉演員出身，他們為文藝舞台增添新藝術元素。二人轉甚至對現代文學發展也產生了影響，諾貝爾文學獎獲得者莫言在他的《〈紅高粱〉與二人轉》中提到了二人轉這種藝術形式對他創作所產生的影響，他寫道：「二人轉這種形式就是長篇小說的結構模式。就跟《紅高粱》的結構模式都很像二人轉，主要就是一旦一丑的二人表演。這是二人轉的自由，『千軍萬馬，全靠咱倆』。一旦一丑兩個演員必須不斷轉換視角，才能完成敘事、表演，才能控制現場、調動觀眾，這就使他們在古今中外，在觀眾與演員之間，穿梭走動，時而進入故事、進入角色——『跳進』，演員變成了故事中的角色，以演唱或表演推進故事，惟妙惟肖，聲情並茂，讓你身臨其境；時而又中斷故事——『跳出』，回到現實，他還可以對故事、人物發表一番評論、調侃，或來一段插科打諢的說口，或者再和觀眾來一番溝通。靈活機動，不拘一格，不同的演員完全可以根據自己的表演特點轉換視角，跳進跳出。這的確和《紅高粱家族》那種打破時空限制、打破傳統小說敘事程式具有更大的相似性。」二人轉自由的結構伴隨著內蘊、精神上的自由，是東北人民自由天性的最好詮釋。莫言這位出生於山東的文學大師用東北二人轉的藝術形式解讀他的文學創作，可見二人轉的藝術魅力和生命力。

　　東北二人轉已有三百多年的歷史，大約在清乾隆中葉起源於遼西一帶，最初起於「乞討之歌」，後與遼南小秧歌、冀東蓮花落整合、重構，初名「蹦蹦戲」，一九五六年才正式命名為「東北二人轉」。歷經三個歷史時期，演變為

▲ 東北二人轉表演劇照

三種藝術形態，這三種形態都在長春得到流行與發展。長春二人轉發跡於榆樹、農安、長春市郊。一九五○年以前的二人轉屬於傳統二人轉，它的特點是「千軍萬馬，全靠咱倆」，是專稱「唱丑的」「包頭的」，又唱又說，又舞又耍，自由自在，跳出跳入，可以一人演多角，可以二人演一角，不用幕啟幕落就可以演出四個人物、六個場面的《大西廂》，可以演出七個人物八個場面的《楊八姐游春》，具有「唱、說、扮、舞、絕」「雜取活出，兼容百家」的藝術功能。它有最豐富的音樂體系，號稱「九腔十八調，七十二嗨嗨」，民歌小曲四百餘個，三十餘個經常下單的劇目。

新中國成立不久，專業作家、演員、導演、作曲、舞美設計綜合組建了二人轉藝術團體，史稱「專業二人轉」歷史時期。專業二人轉至一九八七以後在吉林省以及長春市發展為高峰。那時官辦的專業團體遍及全省，影響巨大，以省民間藝術團為例，年年的大篷車下鄉演出，他們的演藝深深地吸引了更廣泛的農民觀眾。

改革開放以來，二人轉出現了和平大戲院、東北風劇場、劉老根大舞台三家著名的演出企業，二人轉擁有一大批優秀的表演藝術家，主要有韓子平、董瑋、閆淑平，民間二人轉演員主要有趙小飛、翟波等。長春為二人轉演員提供施展才華的舞台，成為東北二人轉演員朝思暮想的地方。長春已經成為東北二人轉的發展中心，二人轉人才的集散地，笑星的搖籃。二人轉不僅紅在東北，而且走向大江南北，全國到處都有二人轉人的身影，都能聽到二人轉的音響。

二人轉已成為一種文化遺產，為了加強對二人轉文化的保護，吉林省東北二人轉博物館於二○一二年十二月三十一日開館。博物館位於長春市仙台大街與浦東路交匯處的省群眾藝術館一樓。對二人轉文化現象的研究、保護、傳承將使這一民間藝術煥發新的生命力。

飲譽中外的長春雜技絕活

大球高車踢碗是長春市雜技團創作的雜技界公認的高難節目之一，雜技團對原來在舞台平地上表演的「高車踢碗」進行了重新編排，把「高車踢碗」置換到一個滾動的大球上進行表演，這個高難度的節目創意新穎、編排獨特、技巧高超，一九八七年一月，在摩納哥第十二屆國際馬戲雜技比賽中，獲摩納哥城市獎和蒙特卡洛電視台獎。

長春市雜技團始建於一九五六年，繼承和發展中華民族的雜技藝術，勇於探索，追求創新，並以「勇猛、粗獷、健美」的藝術風格，濃郁的民族色彩，鮮明的北方特點飲譽中外。雜技團創編出的經典品牌節目主要有《大球踢碗》《高空高低鋼絲》《抖槓》《頂碗》《小吊子》《球上技巧》《花壇》等，這些雜技節目在國內外演出市場上有著很高的聲望，深受世界各國人民的歡迎和喜愛。作為一個享譽國內外的優秀雜技團

▲ 雜技表演劇照

體，長春市雜技團為中國雜技事業贏得了一次又一次榮譽，被稱為「中國雜技奧運會」的廣州「金獅獎」大賽上，長春市雜技《球上技巧》贏得了三項大獎，填補了長春市在全國比賽中沒有金牌的空缺。

屢獲殊榮的現代評劇──《三醉酒》

　　一九九四年，大型現代評劇《三醉酒》榮獲了劇目文華大獎首獎、劇本曹禺獎和表演梅花獎、中宣部「五個一工程」獎。《三醉酒》是由雙陽評劇院創作演出的大型現代評劇。雙陽評劇團建立於一九五四年。二十世紀六〇年代初，這個劇團被吉林省文化廳命名為「上山下鄉扁擔劇團」。劇團還創作演出了《雁落灘》《綠葉情》《姑娘屯傳奇》《三姓人家》《三嫂》等劇目，其中，《三姓人家》和《三嫂》在參加全國的會演中都獲得了優秀劇目獎等多個獎項。重點劇目《月難圓》，在北京上演後立即產生轟動效應，一舉拿下包括綜合、編劇和表演等七個大獎。在新世紀，雙陽評劇團更新觀念，紮根於生活，不斷創作出貼近生活的藝術產品，為人民群眾獻上了眾多的膾炙人口、賞心悅目的精品劇目，深受廣大人民的歡迎和好評。

▲ 《三醉酒》劇照

秉承民間文化精髓的戲劇——黃龍戲

　　《魂繫黃龍府》是黃龍戲經典劇目，劇中講述了一個悲劇故事：遼朝末代皇帝耶律延嬉為了延續自己的統治，防止有人篡位，聽信了巫師的讒言，殘忍地下令屠殺黃龍府所有未滿週歲的嬰兒。憂心忡忡的太子打算用武力逼迫皇上退位，卻被母后文妃蕭瑟瑟勸阻。得知一切的耶律延嬉含淚將妻兒賜死，但是此時，女真人的鐵騎已經兵臨城下，遼朝覆滅就在眼前。

　　黃龍戲，屬地方劇種，主要流行於農安一帶，因農安古城在遼金時稱黃龍府，故稱黃龍戲，2007 年被收入第二批國家非物質文化遺產名錄。黃龍戲的歷史淵源極為久遠，它的歷史可以追溯到遼、金時期，它的唱腔音樂源於中國獨有的皮影藝術。皮影藝術起源於西漢時期，唐、五代時期已趨於成熟，宋代時期廣為傳播，清代達到了藝術高峰。東北皮影藝術是在兩宋、遼、金時期由

▲ 黃龍戲演出劇照

中原傳入東北的，並於當時契丹、女真、兀惹、蒙古等東北民族文化藝術相結合，相互吸收融合，最終形成了東北皮影的藝術風格特色。黃龍府作為遼、金兩朝的政治中心、軍事重鎮及文化商貿中心之一，為黃龍戲這種民間劇種的產生提供了肥沃的藝術土壤。農安縣黃龍戲劇團是演出黃龍戲的專業劇團，1959年《樊梨花》正式上演，1960年正式命名為黃龍戲。黃龍戲產生之初，只有小生、小丑、小旦三行，後在實踐中，充實了刀馬旦、老生和老旦。音樂主要分生、旦、丑行當唱腔，表演程式、化妝、服裝都吸收了京劇元素。黃龍戲題材以歷代黃龍府社會歷史故事尤其是遼、金故事為主體，亦可演現代戲；既可演大戲，又可演小戲。主要劇目有：《樊梨花》《魂繫黃龍府》《珍珠串》《陳三兩》《生死牌》《女駙馬》《望江亭》《搬窯》《喜榮歸》《錢秀才》《哭劍》《庵堂會》《珠鳳緣》《挑女婿》《張飛審瓜》《打瓜園》《黃魚仙子》《改規矩》《一窩豬羔》《糧倉內外》《紅樓夜審》《無事生非》《巧設連環計》《風雨菱花》《大漠鐘聲》《聖明樓》《鷹格夫人》《恩怨長山屯》等一百餘齣。

▲ 黃龍戲《歪梨娘娘》劇照

國內外知名的剪紙——寶鳳剪紙

剪紙藝術是傳統的民間藝術，寶鳳剪紙是剪紙界的知名品牌。二〇〇〇年初剪紙藝人李寶鳳創辦了鳳凰剪紙藝術開發中心，二〇〇五年成立長春市寶鳳剪紙藝術有限公司，創造了「寶鳳剪紙品牌」。二〇〇六年李寶鳳在雙陽區職業教育園區投資一點二億元，建設了占地四點一二萬公頃、建築面積五點三萬平方米的吉林省寶鳳剪紙博物館和長春市寶鳳藝術學校。公司在北京、上海、大連和西藏設立了分公司。公司在傳統的民間技法上，把西方的油畫、中國畫、版畫、裝飾畫等藝術相融合，使作品更有欣賞價值和收藏價值，並舉辦了

▲ 精湛的剪紙藝術

環球李寶鳳剪紙藝術作品展，已在印尼、泰國、日本、韓國、新加坡、俄羅斯、北京、上海、大連、廣州、深圳、廈門、杭州、昆明等地展覽，受到國家領導和海內外專家的一致好評。「寶鳳剪紙」成為國內外知名的文化品牌。

近年來，李寶鳳培訓城鄉富餘勞動力三千七百多人，通過「公司加農戶」的形式安置城鄉富餘勞動力兩千六百多人就業。二〇一一年雙陽區「民間剪紙」順利通過國家專家組的評審，雙陽區被授予「中國民間文化藝術之鄉」榮譽稱號。

▲ 寶鳳剪紙藝術展

雅俗共賞的說唱藝術 —— 東北大鼓

　　國家級非物質文化遺產東北大鼓是長春重要的文化品牌之一，長春的東北大鼓曲目多樣，傳承人王連科是長春東北大鼓的代表人物。

　　東北大鼓具有兩百多年歷史，初期因受「子弟書」和「弦子書」影響，風格明顯。「子弟書」起源於清初滿族八旗子弟的日常娛樂，興盛於乾隆朝，在北方曲藝中其風格意境、遣詞造句最為高雅，因此東北大鼓的形成有著很好的文化基礎。東北大鼓以雅俗共賞的表演形式、獨具特色的表演唱腔在中國北方地區產生了極其深遠的影響。東北大鼓於二〇〇六年五月二十日，被國務院批准列為首批國家級非物質文化遺產。

　　東北大鼓最初的表演形式是男藝人一人，操小三弦自行伴奏說唱，並在腿上綁縛「節子板」擊節，也叫「弦子書」。二十世紀初期，大批女藝人進入東北大鼓表演行列，女藝人一邊演唱一邊擊鼓和打板，男藝人操大三弦等伴奏，說唱表演採用東北方音。東北大鼓主要伴奏樂器為三弦，另有四胡、琵琶、揚琴等。演員自擊的鼓，也稱書鼓，其形狀為扁圓形，兩面蒙皮，置於鼓架上，以鼓籤（竹製）敲擊。板有兩種，一種由兩塊木板組成（多以檀木製成）；一種由兩塊半月形的銅片或鋼片組成，俗稱「鴛鴦板」。東北大鼓的音樂結構屬板腔體，融入了一些京劇、京韻大鼓和東北民歌的唱腔，曲調豐富，唱腔流暢。唱詞的基本形式為七字句的上下句式。唱腔板式有大口慢板、小口慢板、二六板、快板、散板等。除此之外，還有悲調、西城調、怯口調等小調為它的輔助唱腔。

　　東北大鼓以說唱中、長篇書為主，內容大多取材於戲曲、小說和傳奇故事，傳統曲目約兩百段，現存約一百五十段。可分為子弟書段、三國段、草段三類。子弟書段大多取材明清小說與流行戲曲，唱詞高雅、富有文采，少數作品反映清代現實生活。三國段中有寫劉備、諸葛亮和關、張、趙、馬、黃五虎

上將的曲目。草段是民間藝人編演的通俗唱詞，題材廣泛。解放後，又出現了大批現代曲目，如《楊靖宇大擺口袋陣》《茅屋逢春》等。

從藝術傳承上，學界普遍認可為五大流派，東北大鼓的流派眾多，但是從清末民初開始，東北大鼓主要形成了奉派、西城派、南城派、東城派、下江派這五大流派。長春的東北大鼓屬於東城派。東城派主要是與吉林當地民歌小調連繫緊密，以此為基礎，吸納了奉派特點形成發展起來的，早期也被稱為吉林大鼓。東城派又有南北派之分，從長春往南，以四平為中心，為南派，以老藝人陳辛陽、任占奎為代表；以長春德惠、榆樹為中心是北派，主要以崔寶林為核心人物。長春現代東北大鼓傳承藝人為王連科，他們為長春東北大鼓的傳承和發展做出了巨大貢獻。

▲ 東北大鼓

長春首份報紙──《長春日報》

　　長春的第一份中文報紙《長春日報》誕生於一九〇九年。一九〇八年，中國同盟會員蔣大同到達長春，受民主革命思潮影響，他與另外六人聯名發起籌辦《長春日報》，在《試辦〈長春日報〉芻言及簡章》中，他們表明了自己的觀點：「組《長春日報》，借為警世晨鐘，喚醒痴迷……」他們辦報的宗旨是「鼓吹文明，發皇商務」。一九〇九年四月三日，《長春日報》正式出版，不久因觸動沙俄利益，再加上經費緊張，這份報紙被迫停刊。此後，長春相繼出現了《長春公報》《吉長時報》《長春時報》《國發新報》等許多鼓吹國權、搏擊腐敗的報紙。從一九一一年到長春淪陷的這段時間裡，長春共發行了二十多種報紙，但這些報紙幾經動亂，多已散失，報面的具體內容及政治傾向已很難考證。第一份學報出現的時間是一九四五年十一月十五日，當時叫《長春新報》，中共長春市委書記石磊兼報社社長，國民黨占領長春以後，報社隨市委機關撤出長春。

▲ 長春首份報紙

獲得國內期刊獎的文學雜誌——《作家》

　　《作家》雜誌是吉林省作家協會主辦的綜合性文學雜誌，創刊於一九五六年，原名《長春》，一九八三年更名為《作家》，一九九八年和二〇〇〇年兩次改版，成為彩色印製的精美的大型文學期刊。一九九八年，《作家》編發的「七〇年代出生的女作家專號」拉開了「七〇後」作家馳騁文壇的大幕。《作家》面向全國，刊發了莫言、史鐵生、鐵凝、格非、余華、蘇童、劉震雲等眾多一流作家的重要作品，並以畢飛宇的《哺乳期的女人》、徐坤的《廚房》、潘向黎的《白水青菜》等在中國文學最高獎——魯迅文學獎的評選中三次獲獎；逢增玉的理論文章《割裂的繆斯》獲得中宣部「五個一工程」標號獎；遲子建短篇小說《門鏡外的樓道》等作品五次獲得吉林省政府期刊優秀作品編輯獎；格非的長篇小說《人面桃花》獲得第三屆華語傳媒文學大獎傑出成就獎。

▲ 文學雜誌

《有話好好說》《天下無賊》《綠茶》《一九四二》等電影均改編自《作家》刊發的原創作品。《作家》刊發的劉慶邦的《麥苗青青蘆芽紅》等小說七次獲得《小說月報》百花獎、五次獲得《小說選刊》年度優秀作品獎。作家雜誌社還策劃主辦了「中國作家走進東北老工業基地採風活動」「中日青年作家對話會」等眾多大型文學活動，帶動作家群體參與社會發展進程，並促進國內外文學交流。

《作家》獲得第三屆國家期刊獎、吉林省政府第二屆新聞出版獎期刊精品獎等，是全國百種重點期刊之一，被中國期刊協會評為「全國最受讀者歡迎的50 種期刊」之一，連續六次被評為北大版全國中文核心期刊，連續數屆被評為吉林省「十佳」社科期刊；二〇一三年，《作家》作為唯一一本文學雜誌獲得「中國第三屆出版政府獎‧期刊獎」，《作家》主編宗仁發同時獲得「中國第三屆出版政府獎‧優秀出版人物獎」。二〇一四年，《作家》獲得第三屆中國出版政府獎期刊獎。

《作家》雜誌始終秉承積極傳播世界知識為宗旨，無論對於西歐作家還是東方作家，都能給予廣泛、公平和富有魅力的介紹，對於他們的作品都給予「一席之地」。目前，不分國界的眾多知名作家都希望自己滿意的作品在《作家》雜誌上發表，而年輕一代的作家也以自己的作品能夠在《作家》上發表為榮。

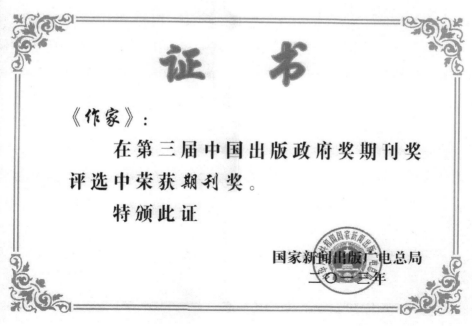

▲ 《作家》的榮譽

影響全國的副刊──《吉林日報‧東北風》

　　長春文化的繁榮與發展離不開文化平台建設，報紙副刊成為文化英才嶄露頭角的重要載體，《吉林日報‧東北風》是領先本省，聲震東北，影響全國的品牌副刊報紙。《吉林日報‧東北風》週刊從二十世紀九〇年代初創刊至今，已經整整走過了二十多個春秋，作為《吉林日報》純粹的副刊，「東北風」創刊，便立意高遠──清新、雋永、深沉、高雅，還提出了「兩頭在外」的方針，即邀稿在外，發行在外。「東北風」副刊站位高、目光遠、策劃精準、措施到位，一出手便技壓群雄，在激烈的報業競爭中瀟灑地完成了很多標準動作，並出人意料地展示了很多自主創新的高難動作，真的就把「東北風」吹進了文壇的金字塔，在報界掀起了不算太小的文化風潮。秦牧、劉紹棠、王蒙、蔣子龍、鄭逸梅、毛志誠、賈平凹、葉文玲、張抗抗、鄢烈山、韓石山、肖復興、趙麗宏等等，各路文壇高手紛紛給「東北風」撰稿。

　　在二十世紀九〇年代初，「東北風」副刊為《吉林日報》的新聞版做了大量的鋪墊、補充和解讀工作，開闊了省內讀者的眼界，也得到了國內業界的好評。進入二十一世紀，黨中央發出振興東北老工業基地的號召，「東北風」隨之風向回轉，把濃郁的地方文化和當下的文化思潮融為一體，名副其實地吹起了東北風，開始著力向讀者傳送黑土地的文化氣息，展示著改革開放後關東人粗獷、豪邁的風格和追求。翻開《吉林日報》，「東北風」一版就有「冷眼看東北」「圖示東北」「故事吉林」等專欄；二版隔週是「東北大地」專版，其他如「角色訪談」「真情表達」「文苑茶坊」「流行風潮」「大眾讀書」等專版，根基於黑土地，儘可能在有限的天地裡，表達無限的白山松水之情。很多著名作家對「東北風」給予了令人振奮的評價：

　　蔣子龍：「在全球變暖的環境下，『東北風』極其珍貴。」

　　陳忠實：「東北風起處，百花爭鳴，繁花錦簇。」

陳建功：「魅力東北，風行天下。」

莫言：「東北風颳遍中國。」

葉文玲：「強勁盡見東北風。」

高洪波：「東北風在東北颳起來，刮向中國。」

張笑天：「東北風勁吹，給了我力量」

⋯⋯

二〇一一年，東北風在全國文代會上獲報紙副刊編輯獎，是省級報紙唯一受獎的報紙副刊。

正刊疾風勁雨，副刊潛移默化。「東北風」一直圍繞著新聞，拓展新聞的外延，挖掘新聞的內涵，讓讀者們在無盡的享受中走過了一程又一程。

▲ 品牌副刊報紙

社會科學院的「名片」——《社會科學戰線》

　　《社會科學戰線》是全國有影響的社會科學類綜合性學術雜誌，一九七八年創刊。著名歷史學家朱曾深情地回憶，一九七八年他去北京王府井書店買書，正趕上《社會科學戰線》有關人員在王府井南口東側擺出書攤，推銷創刊號，街上熙來攘往，人們在爭購《社會科學戰線》。在當時的環境下，《社會科學戰線》突然出現在北京街頭，好像一石擊潭，激起了極大的反響，成為中國早春的信號之一。新華社、《人民日報》、《光明日報》都對《社會科學戰線》創刊號進行了介紹或選登。

▲ 綜合性學術雜誌

　　一九七八年《社會科學戰線》創刊伊始，提出了雜誌要體現「一大二雜」的特點。「大」是篇幅大，可以容納多種欄目，可以登載確有學術價值的較長的文章，整本雜誌的分量比較重。所謂「雜」一是指雜誌的綜合性，社會科學各個學科領域以及交叉學科都兼容並蓄，一是指各種風格、各種樣式的文章一視同仁，不分軒輊，而且有圖有文。辦刊的主導思想，體現在《發刊詞》中，就是堅決採取「放」的方針，提出「一曰放心，就是放開心懷，大膽探索」，「二曰放手，就是放手放腳，著書立說」。《社會科學戰線》是全國有重要影響的社會科學類綜合性學術雜誌之一，是吉林省具有品牌特徵的著名期刊，被視為吉林省社會科學院的「名片」，受到輿論界、學術界的高度重視。

享譽全國人文學術界的期刊——《文藝爭鳴》

　　《文藝爭鳴》創刊於一九八六年，循著嚴肅的學術性和活躍的爭鳴性並重的辦刊方向，立足本省，面向全國，以學術性和爭鳴性，繁榮和發展文藝理論和文藝創作方向，刊發了大量有學術創見和批評銳氣的好文章，扶持了一大批青年學者和批評家，在全國產生較大影響。現已成為全國社會科學核心期刊，在全國人文學術界享有很高的聲譽。《文藝爭鳴》同中國人文學界緊緊融合在一起，始終不遺餘力地關注人文學者的思想和學術動態，關注他們的最新研究成果和最獨特的發現，注意把握當前學界具有先鋒意義、現實意義、探索意義的話題。通過爭鳴，把這一切牢牢落實在中國現代化的思想和文化

▲ 人文學術界的期刊

建設上。堅持各種學術觀點的平等探討，絕不是為了熱鬧和刺激而爭鳴，為了招徠讀者而爭鳴，而是要突出爭鳴所蘊含的較大學術價值和思想價值。在眾多期刊紛紛向通俗和休閒娛樂靠攏的時候，《文藝爭鳴》雜誌以自己的嚴肅性、學理性、爭鳴性和對當代學術文化的紮實建設為標誌，在期刊界打出自己的特色和品牌，牢牢守護這個精神陣地，贏得了社會各界和讀者的廣泛讚譽。

讀者喜愛的綜合性文摘期刊之一
——《文摘旬刊》

　　《文摘旬刊》是全國較有影響的綜合性文摘期刊，由吉林日報社主辦，是讀者可信賴的朋友。《文摘旬刊》貼近生活，貼近讀者，彙集社會新聞、法制案例、婚戀趣事、文化生活、名人軼事、中外奇聞於一刊，為讀者奉上精美的「文化饕餮盛宴」。《文摘旬刊》雜誌自一九八一年創刊以來，在讀者心中產生巨大影響，目前擁有長期穩定、數量龐大固定的讀者群體。雜誌發行量九十五萬餘份，覆蓋全國各大中小城市。主要目標人群：白領、政府官員、社會名流、成功人士、企業家、金領、藍領、公務員、企事業單位職員、離休的幹部、職工、家屬、教師和在校大學生等。

▲ 綜合性文摘期刊

小故事反映大哲理的雜誌——《意林》

　　《意林》創刊於二〇〇三年，是一本由小故事組成的文摘類期刊，剛剛投放市場就獲得了讀者的認可，第一期發行一萬五千冊，隨後發行量成倍增長，半年時間裡達到二十萬冊，到二〇〇四年底達五十萬冊，由月刊改為半月刊，成為繼《讀者》《青年文摘》之後的文摘大刊。在文摘類刊物激烈競爭的狀態下，《意林》作為後起之秀，迅速站穩腳跟，靠的就是它對市場的精準定位。與《讀者》《青年文摘》相比，《意林》的明顯不同是它全部由小故事組成，通過小故事來講大道理。此外，所選文章的類型有區別，像《讀者》以美文偏多，《青年文摘》的職場故事偏多，而《意林》則偏重於勵志、哲理方面的小故事。雖然《意林》屬於文摘類期刊，但卻有百分之十五的原創作品，每期精心策劃主題系列，更容易引起讀者的興趣。

▲ 小故事反映大哲理的期刊

中國期刊方陣雙效期刊——《雜文選刊》

　　《雜文選刊》創刊於 1988 年 8 月，最初名為《雜文家》，1993 年更名為《雜文選刊》。1996 年改雙月刊為月刊，1998 年末國內外公開發行，2004 年改為半月刊，2008 年改為旬刊。

　　《雜文選刊》上旬版定位於「針砭時弊、批評世俗、反思歷史、解讀人生、公正深刻、辛辣幽默、雅俗共賞、生動鮮活」；《雜文選刊》中旬版是一本全新的圖話雜誌，圖——過目難忘，話——觸動靈魂，雜文內涵的多元表達，讀出笑，讀出淚，讀出畫外之音，恍然文外之意；下旬版定位於「全新的社會人生讀本，珍貴的時代民間檔案」。《雜文選刊》目標是繁榮雜文、普及雜文。2001 年《雜文選刊》被國家新聞出版總署評定為「中國期刊方陣雙效期刊」（社會效益、經濟效益雙佳）；《雜文選刊》發行網絡遍及世界各地，月發行量居全國文學期刊之首。《雜文選刊》的讀者群十分廣泛，無論文化程度高低，無論職業年齡性別，都能成為忠實讀者。《雜文選刊》被專家、學者譽為「中國雜文界權威雜誌」，被廣大讀者譽為「真話講壇、人生寶典、風雨中的玫瑰」，在出版市場競爭激烈的情況下，它始終保持穩健的發展態勢，顯示出巨大的生機和活力。

▲ 雜文選刊

全國十佳期刊——《東西南北》

　　《東西南北》是吉林日報報業集團主辦的綜合性文摘精品，一九八三年創刊，二〇〇七年改刊擴版，二〇一一年開始半月刊出版，是全國創辦最早的文摘雜誌之一。改版後的《東西南北》注重生命細節、生活智慧、生存啟迪，從文字直飛心靈，給心靈注入絲絲色彩。雜誌作為出版三十年的經典讀物，其濃厚的文化氣息、樸實的辦刊理念、高尚的閱讀品位受到眾多讀者的喜愛。雜誌社不光有《東西南北》雜誌，還有針對大學生辦的《東西南北・大學生》及宣傳環保的《東西南北・生態天地》雜誌，形成了多刊組合全面收穫的強勢媒介。看刊物、儲知識、聚智慧、讀人生。《東西南北》曾先後被評為「全國十大最佳雜誌」「全國十大暢銷雜誌」「最受讀者喜愛的文摘雜誌」「全國十佳期刊」「亞洲期刊網絡排行前 100 強」等獎項。

▲ 優秀期刊

大型文化紀實欄目——《回家》

吉林電視台《回家》是以記錄現當代華人菁英回歸故鄉、追憶往事、體驗心靈歷程與生命價值的大型文化紀實節目，欄目於 2002 年 9 月創辦。

《回家》中人物都是知名的大師、菁英，如巴金、老舍、豐子愷、黃永玉、霍英東、金庸、陳香梅、余光中等，節目以平和親切的講述推動故事情節，溫暖懷舊的畫面，為觀眾呈現出意蘊深厚、詩意雋永的影像空間，達到了形神兼備、雅俗共賞的審美效果。《回家》將電視節目的紀實性、新聞性、文化性有機融合在一起，採用符合受眾心理的平視視角，抓住社會現實中人們對精神家園的渴望，通過名人與普通人共有的思家情致，使高雅文化走近了普通大眾，在最樸素的「回家」行為中，使人文精神更具平民性。現代社會易給人們帶來浮躁情緒，對內心平靜的追尋成為人們精神上的訴求。節目通過對先進人物思想的解讀，從生活現象透視生命本質，用科學的價值觀和倫理觀使人的內心趨於沉靜，在平和中找到了精神的歸宿，為觀眾營造著滌盪個人精神情感的螢屏家園，擁有忠實穩定的觀眾群體，節目的收視質量保持著良好的發展態勢。

《回家》共播出三百六十多期，最高電視收視率達到百分之十點七，先後獲得國家級獎項二十三項（其中一等獎十九項、二等獎三項、三等獎一項），實現中國電視文藝最高獎星光獎「三連冠」，累計獲得五項國家級電視文藝最高榮譽。2005 年節目組被評為「全國優秀電視攝製組」。2006 年 7 月中國電視藝術委員會舉辦了吉林衛視《回家》欄目研討會。2007 年國家廣電總局、中國電視藝術委員會聯合推舉《回家》為「全國優秀文化（文藝）欄目」。2008 年美國《哥倫比亞新聞評論》評選《回家》為首屆「中國標竿品牌（媒體卷）」文化類欄目標竿品牌。中宣部、國家廣電總局先後三次對《回家》節目的運作進行調研，並向全國廣電系統轉發典型材料，推薦典型經驗。

彰顯地域文化的週刊欄目 ——《坐標》

　　長春電視台文化週刊欄目《坐標》是由長春市委宣傳部和長春電視台共同創辦的，於二〇一二年底開始播出。這個電視欄目每期節目半個小時，在長春電視台一套、二套播出。《坐標》設置了三個欄目：「文化地圖」是對文化資訊的動態性報導；「文化角色」深入記錄長春走出去的文化名人的感受；「文化熱點」深入挖掘文化事件。《坐標》的創辦是為了充分發揮文化陣地的導向提升和引領作用，進一步展現長春的文化特色，彰顯長春的文化魅力。《坐標》欄目的特點正如它開篇語說的：這裡是文化的亮點，海量資訊，快捷呈現；這裡是文化的支點，文化風光無限；這裡是文化的原點，追溯歷史，記憶重現；這裡是文化的熱點，深度探詢百家觀點；這裡是文化的據點，邀您共享沙龍盛宴。「傳承文化精髓，傳遞文化力量」是《坐標》欄目的宗旨，欄目追蹤社會文化熱點、挖掘長春文化淵源、展現大師風範，製作節目時尚、厚重、精良，受到了觀眾的好評，成為觀眾期待看到的好欄目。

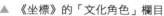
▲ 《坐標》的「文化角色」欄目

歷史文化「影像志」──《發現長春》

　　《發現長春》是長春廣播電視台拍攝製作的長春歷史文化「影像志」暨大型本土文化紀錄片欄目。二〇〇八年末長春市委市政府提出「要用有聲有形、圖文並茂的媒介載體去發現長春，傳承城市文脈，搶救、保護、傳承長春的歷史文化」，《發現長春》欄目應運而生。二〇〇九年十月欄目正式開播，每週播出一集，每集二十五分鐘。《發現長春》收集整理了超過百萬的文字信息，拍攝了五萬多分鐘的影像素材，收集了近萬張珍貴照片，採訪對象達五百多人。在此基礎上製作了近二百集節目，涵蓋長春的地理歷史、社會經濟、人文掌故、文化藝術、民俗風情、名人名家等方面內容。《發現長春》站在保留和繼承城市文化遺產，建立城市文化自信的高度，立足國內一流、國際領先的標準，不斷提升節目質量，既重視史料價值，又具備觀賞性，受到了社會各界的廣泛認可和讚譽。

▲ 發現長春

最清新的廣播頻率——「綠色頻率」

長春廣播電視台於二〇一二年在整合原長春人民廣播電台（1945 年成立）、長春電視台（1985 年成立）和長春廣電局機關服務中心的基礎上組建而成。

自二〇一二年起，按照全市文化惠民和幸福長春建設行動計劃的總體部署，長春廣播電視啟動了「綠色頻率」建設和「淨屏工程」，長春廣播電視台旗下六套廣播頻率（長春人民廣播電台、經濟廣播電台、交通之聲廣播電台、鄉村戲曲廣播、少兒與老年生活廣播和都市音樂廣播）和五個電視頻道（新聞綜合、娛樂、市民、商業和新知），徹底清除了醫療藥品專題廣告，還觀眾以綠色頻率和潔淨螢屏。不僅深得民心，更有力地促進了新聞宣傳、內容生產、媒體運營等中心工作，全台節目內容質量、頻道頻率形象、收聽收視率、受眾

▲ 綠色頻率

▲ 綠色採風

和商家滿意度、廣告經營收入基本實現良性循環。

　　電視頻道建設二十四小時直播平台，建設了《長春新聞》《城市速遞》為代表的新聞節目群，四大春晚、《首選劇場》為主體的文藝節目群，《發現長春》《坐標》《流年碎影》為品牌的人文節目群，《社區辦事處》《長春幫》《支隊長熱線》為代表的社會服務節目群，《居家新主張》《車行天下》為代表的生活服務節目群。

　　六套廣播頻率，以長春人民廣播電台為載體，打造類型化的新聞廣播，繼續加大投入，確保交通之聲的絕對優勢地位，重新定位都市音樂廣播的目標受眾，促進廣播和新媒體的融合，拓寬廣播發展的未來空間。

製作書畫一絕——手撕書畫

　　手撕紙是民間藝人陳毅傑的獨特創作，他用一張紙，不用任何勾勒，憑藉著自己的感覺，讓紙張在手中左右轉動，隨著紙張從大張被撕成小張，一幅幅手撕書法作品也就誕生了。陳毅傑自創的手撕書法、動物畫像的作品非常獨特，其中手撕書法既有書法的韻味，又彷彿有浮雕的效果，手撕書法的文字有的是用宣紙，有的用舊報紙撕成。陳毅傑幼年時父母害怕孩子受到傷害，收起剪子，這樣，幼年的陳毅傑用手撕出小雞、小鴨子等簡單的動物。上學時，陳毅傑畫漫畫、在地上用海綿蘸水寫地書；下鄉時，他用樹枝在沙灘上、雪地裡練習書法；上了年紀，他撕出動畫人物的頭像哄外孫玩……

　　陳毅傑有紮實的書法繪畫功底，並能熟記三千個字左右的篆書和隸書字。他曾用近半年的時間創作出社區生活的百米長卷，上面五千字都是用手撕出來的，共有十個板塊，字體長度分別為三十釐米、十五釐米、八釐米左右三種。作品完成後，社區的工作人員還為他申報了吉尼斯世界紀錄。他的手撕書法已列入新太小學的社團活動一項內容，深受孩子們的喜愛，把手撕畫技藝流傳下去。

▲ 手撕畫

藝壇奇葩——「滕氏布糊畫」

「中國滕氏布糊畫」在繼承清代皇家宮廷傳統布糊畫藝術的基礎上，汲取了中國畫、唐卡、雕塑、刺繡、繪畫、裱糊乃至油畫等多種藝術特點之大成，製作工藝獲國家發明專利，是藝壇的一枝奇葩。二〇〇七年「中國滕氏布糊畫」落戶春城，在長春市綠園區成立了中國首家的傳承基地，研發設計宏駿布糊畫（傳承基地設在企業，企業名為吉林省宏駿工藝品製作有限公司，宏駿布糊畫由企業名稱而來），填補了中國滕氏布糊畫產品在吉林省的空白。宏駿布糊畫其用料以綢緞綾絹、金絲銀線為主料，輔以珠花、首飾、絲絨、海綿、木料、紙板等材料，集刻、剪、編、結、繡、疊、繪、染、鑲嵌、掐絲、綑邊、黏糊、裱褙等諸多工藝之大成，精工細作、畫面逼真，色彩絢麗，美不勝收。其形式有平面浮雕效果的，可懸可掛；也有立體圓雕式的，可擺可放。其題材廣泛多樣，花鳥、人物、飛禽走獸、山水字畫、戲曲故事等無一不有，有章有節，有情有態，能遠能近，可虛可實，凹凸結合，格調多變，無論是巴掌大的生肖畫，還是長達數米的壁畫，都顯得精巧獨特、惟妙惟肖，洋溢著濃郁的民間藝術氣息。

宏駿布糊畫目前結合東北地域特色，進一步研發以吉林滿族傳統文化和新興文化特色的新工藝、新產品，開發生產「富貴牡丹」「紅棉吐豔」「君子之風」「長白風情」「吉林霧凇系列」「東北特產系列」等百餘種定型產品。先後榮獲了全國婦聯婦女手工製品最佳創意獎；東北亞博覽會最佳設計獎、優秀作品獎；全國旅遊紀念品大賽優秀創作獎；東北三省旅遊博覽會金獎；長春市首屆工藝作品賽金獎等多項殊榮。

▲ 滕氏布糊畫

產品投入市場後，備受國內外客商的青睞，為弘揚中國民族文化豐富國內外文化市場做出新貢獻。

▲ 栩栩如生的布糊畫

其塔木文化品牌——農民畫

　　九台市其塔木素有「農民畫之鄉」的美譽，農民畫的內容豐富多彩，包羅萬象，主要有歷史著名戰役、農業豐收、民生福祉、文化娛樂等。這些繪畫作品合著時代脈搏，描繪出現代東北農村的幸福生活，藝術地表現了農民精神生活和物質生活的共同富裕。其塔木農民畫起源於清朝中、晚期，距今已有百餘年歷史，清宣統年間，便已譽滿關東，人稱「吉林三傑」之一的成多祿便是其塔木書畫藝術的代表。新一代農民畫作者，立足家鄉沃土，傳承民間美術技藝，發揮自身聰明才智和人文理念，手法或細膩，或典雅，或粗放，或誇張，創作出了一幅幅鄉土氣息濃厚、飽滿生動、活靈活現的農民畫作品。其塔木農民畫是其塔木文化品牌，為其塔木文化建設增光添彩，其塔木鎮在二〇一一年十一月曾獲得國家文化部命名的「中國民間文化藝術之鄉」稱號。

▲ 富有生活氣息的農民畫

百年老字號——鼎豐真

　　長春的大馬路上，人們遠遠地就能看到一幢門上掛有「鼎豐真清末宣統」舊牌匾土黃色的老樓，就是長春的百年老字號——鼎豐真。長春鼎豐真創辦於清末宣統三年（1911 年），有著近百年的企業發展史，是吉林省家喻戶曉的老字號食品企業。在關東一帶素有「糕點之王，月餅之冠，湯圓、元宵之最」的美譽。

　　鼎豐真的由來有一段傳奇故事。清末，祖籍浙江的王信瑞隨父闖關東，到長春寬城子謀生，在一家小店做跑堂，他人品好、心眼兒好，善與人交往，且服務熱情、周到，深得店老闆喜愛，人稱「王勤快」。一日，王信瑞遇到一位患病老者，他不顧店老闆反對，堅持收留並給予精心照料。十多天后老人康復了，老人見王信瑞人品不錯，料他日後定有出息，便拿出自己的積蓄準備與他合開一個「南糖作坊」。王信瑞十分高興，回家將此事與父親一說，父親也很支持。於是，在兩位老人的鼎力支持下，王信瑞在長春

▲ 鼎豐真

▲ 鼎豐真製作場景

辦起了自己的糕點作坊。王信瑞在長春市商貿區的大馬路與四馬路十字路口處建的點心作坊起名「鼎豐真」，「鼎」即古代的炊具，它三足鼎立，傳至萬世，象徵著吉祥如意；「豐」則昭示著五穀豐登；「真」則標示著誠信為本、貨真價實、童叟無欺的經營理念。長春的百姓今天還會經常說：「吃麻圓，有麻味，奶花蛋糕冒香氣，核桃酥，有酥味，打飽嗝，流口水，還想再吃一兩頓。」每逢佳節來臨之際，鼎豐真系列糕點成為長春人民的搶手貨，來到長春的人一定要嘗一嘗鼎豐真的味道，因為鼎豐真的老味道就是長春的味道。

近百年來，鼎豐真已成為長春人和關東人深深信賴的老字號品牌，二〇〇六、二〇〇七、二〇〇八年連續三年榮登國家質檢總局「月餅質量良好企業榜」，曾獲得中國馳名商標企業、商務部首批認證的「中華老字號」「吉林省名牌」「中國名牌月餅」「中國優秀餅店」「全國放心月餅金榜企業」「3.15誠信公約單位」等殊榮。在經濟全球化和市場競爭日益激烈的今天，鼎豐真人深知保護和發展這塊民族品牌的歷史責任，他們將和長春一同經歷百年滄桑的歲月，一同感受日新月異的巨變，一同創造更加輝煌的未來！

第六章 ——

文化風俗

　　東北的文化風俗是由關內移民文化風俗、東北原住地少數民族及周邊地區等諸多文化風俗反覆融合構成的，風俗是文化的 DNA，東北文化風俗使長春區別於其他地域，長春古代的薩滿文化、衣食住行中形成的民俗習慣、地域色彩濃烈的冰雪文化、現代大眾文化形成的新民俗……讓人們感受到長春的文化個性和文化張力。

薩滿活化石──薩滿文化

薩滿文化是一種歷史久遠的文化形態。「薩滿」一詞出自阿爾泰語系，通古斯語族，意為「充滿智慧的神職人員」。薩滿文化的精神實質，是弘揚氏族至上的集體主義精神，生生不息的頑強生存意識，崇尚勇武和抗衡大自然的不屈精神。

吉林省長白山脈的薩滿文化是世界薩滿文化的重要發源地之一，也是發源地的母源地之一，已有五百至一千年的歷史。長春市的九台莽卡滿族鄉被國際上譽為「薩滿活化石之鄉」，薩滿在世界上僅有二十位，莽卡滿族鄉石氏家族就有薩滿五位，為此長春市政協委員集體建議對現存薩滿文化和薩滿文化傳承人進行全面調查，會同伊通、吉林等薩滿文化聚集地，向聯合國申報世界非物質遺產。

▲ 薩滿文化

融匯傳承的民俗文化──滿俗漢風

　　一次次的移民大潮，使東北的大部分地區形成了漢族和滿族雜居的現狀，因而滿俗漢風並存成為長春文化主要特色。

▲ 滿俗漢風

　　滿族曾經創造出了屬於本民族的語言和文字，但由於滿漢的長期混居，滿族的文化逐漸被漢族同化。特別是清朝統治者入關統一中國之後，宣布了漢語和漢字為全國統一的語言文字。雖然當時明令規定在重要的文件和重要的場合使用滿文和滿語，但由於漢族人數的眾多和文化積澱的深厚，致使滿文化無力阻擋漢文化的同化作用，最終讓漢文化成為這些地區文化的主體。現在除少數人還能講滿語外，已經很難找出滿漢文化的區別。但在趨善和劣汰的規律下，民俗文化始終在融會傳承。如近代的旗袍原本就是滿族的女裝，民國以後開始流行，經過不斷地改進，使其更加優美適體，頗具高雅美麗的風采，成為一個時期女性服裝的主流；滿漢全席是滿族點心和漢族菜系的珠聯璧合，由宮廷傳入尋常百姓家；而滿族的敬祖、崇馬、愛犬和喜燕等圖騰崇拜文化也深深地融入了漢族文化之中。長春市雙陽區還保留著這一文化的特色。在禮儀（請安、握手、鞠躬、叩拜等）、婚俗（門當戶對、同族不婚、通媒、合婚、大禮、小

▲ 滿族文藝表演

禮、裝煙、天地桌、寶瓶壺、坐福、喝交杯酒、揭蓋頭、回門等）、育兒（落草、掛鎖、採生、開奶、仰臥、睡扁、過滿月、抓周、搖睡車等）、節慶（春節、元宵節、填倉節、端午節、中秋節、重陽節）等方面都可以尋查到滿族的蹤跡，從滿俗漢風的文化現象中可以看出中國的北方民俗文化已融入了中華民族的主體文化之中。

滿族的鷹獵習俗

二〇一〇年，在吉林省農博會上，一位來自九台市胡家鄉羅古村的年輕人吸引了眾多遊客的目光，年輕人展示滿族鷹獵技藝：桀驁不馴的雄鷹，時而靜靜地站在年輕人肩頭，機警地觀察著熙熙攘攘的人流，時而躍上年輕人的臂彎，時而伸展雙翅，人鷹合二為一，配合默契，令遊客們眼界大開，馴鷹人就是人稱「吉林鷹王」的滕忠南。

鷹是滿族的圖騰之一，就像蒙古人崇拜蒼狼和白鹿一樣，滿族人虔誠地崇拜著鷹。在重要祭祀活動中，第一位要祭拜的就是鷹神。鷹在滿族文化中有著特殊地位。一六八二年，康熙皇帝在北京南郊校場閱兵。當他看見臂架海東青的御林軍從身邊颯爽走過時，詩興大發，脫口吟道：「羽蟲三百有六十，神俊最數海東青。性秉金靈含火德，異材上映瑤光墾。」

▲ 鷹把式準備放鷹

鷹獵是滿族人的傳統文化，即使在民族大融合的今天，羅古村依舊保持著這一傳統。羅古村一帶屬長白山餘脈，這裡森林茂密，溝壑縱橫，樹木品種眾多，氣候宜人，物產豐富。每年進入十一月份，生活在俄羅斯堪察加半島上的鷹飛越韃靼海峽到中國東北越冬，這裡是鷹過冬的首選之地。

　　羅古村是一個以滿族為主的山村，滕、李、趙等大戶多為滿族。優越的地理位置和勤勞勇敢的村民，產生了卓越的鷹獵文化，打牲烏拉牲丁後裔滿族鷹獵文化在這裡傳承了三百五十多年。如今，羅古村鷹獵文化已正式進入吉林省非物質文化遺產名錄。

　　羅古村鷹獵分拉鷹、馴鷹、放鷹、送鷹四個步驟。拉鷹是捕鷹，馴鷹也叫熬鷹，放鷹是利用鷹捕獲獵物，送鷹是把鷹放歸大自然。每年春天，萬物復甦，也是鷹繁育的季節，鷹把式要遵循古訓將鷹放歸大自然了。經過一個漫長冬季的相處，人鷹之間已經建立深厚的感情。送鷹的過程，往往難捨難分，鷹把式要一送再送，才能把鷹送歸藍天。人與鷹都是大自然的孩子，羅古村鷹獵文化的精髓其實不是役使與掠奪，而是人與自然的和諧相處。正因如此，羅古村的鷹獵文化表演吸引了越來越多人的目光，成為一張鮮明的九台地域文化名片。

石氏家族祭祖

　　《石氏家族祭祖習俗》旨在「慎終追遠」，不忘根基，牢記祖宗。內容包括：祭奠祖先，垂念根基，祈祝天地，風調雨順；祈求家族，人丁興旺；祈福延年，祛病消災；祈祝行人，平安早歸；祈祝將士，凱旋榮升；祈福祈壽，合家平安；娛神娛人，人神同樂。其形式表現為通宵達旦的狂歌漫舞、遊戲競技、闔族共聚的喜慶筵宴。石氏家族祭祖禮儀場面恢宏，並有諸多場地器材；全族參與，分工明細；陣容龐大，氣勢雄偉。祭祀程序講究，神祇眾多，且大多都有實體偶像，必須依次在偶像前祭拜。其過程如下：

　　「起壇」即祭祖習俗禮儀的序幕，主要工作是檢查祭祀前的準備工作，場地器材、神器、犧牲品與不犧牲品是否完備，再進一步添置或購買。準備就緒後，薩滿焚香請示並祈祝太爺神保佑此次祭祀順利成功，並對祭祀所需輔助器材進行虔誠地逐一置放。

　　「正祭」一般根據時間或內容可進行三天、五天或七天。家祭，起壇的當天晚上先隆重地懸起家神案子，在祭祀前，要進行淘米、擊鼓震米、打打糕、做供糕等活動。然後跳起腰鈴舞，薩滿帶領族人對家神案子叩拜，擊鼓頌唱祭拜南炕家神、西炕家神、敖都瑪發、佛多媽媽等神祇，這段祭禮一直持續到天明。家祭後稍事休息進行大神祭，便開始石氏家族獨具特色、豐富多彩的大神祭禮。第一步是懸大神案子。薩滿與族人虔誠地焚香禮拜後，從西牆祖宗板上莊嚴肅穆地請下祖爺匣子，從中請出繪有石氏家族六位大薩滿——太爺神像以及各種動物神像的大神案子，懸掛在西牆上。第二步是擺供品。大神案子懸掛完畢後，要將所有供品逐一有序地擺放在大神案子前面的供桌上，其供品主要有：供酒、供糕（即打糕）、供果、供饅頭、香爐，個數也有講究，神案上有幾位太爺，就擺放幾份供品，同時要將諸多木雕瞞尼神偶依序排列在供桌的前面，一切就緒後，族人依照長幼輩分分批拜祭。第三步是排神。全族人拜祭

後，舉行隆重的排神儀式，排神分室內、室外兩個場地進行。室內也稱神堂，由德高望重的老薩滿承擔，室外也稱神壇，由家薩滿協同兩個助手完成排神任務，承擔排神的兩位薩滿都要穿上神服、繫上腰鈴，擊鼓誦唱，誦唱的內容是：懇請各位太爺神、瞞尼神、動物神下山享祭，並祈禱各位神祇保佑其家族平安康泰、子孫興旺，保佑本次祭祖活動一切順利、圓滿成功。第四步是放神。首先，懇請首席瞞尼神——瞞尼降臨神壇，巡視檢查此次活動還有哪些不周不足之處。瞞尼神降後具體表現為手執兩面銅鏡，四處巡查，邊歌邊舞，驅魔除邪；其次，要將所有瞞尼神統請一遍，逐一表演，每一位瞞尼神所用的兵器（即神器）均有所不同，刀、槍、劍、戟、棒、叉、錘、鞭等無所不有，所謂看神實際上感受到的是鼓樂之響，舞蹈之形，聲樂之音；再次，是對動物神的祭典，該家族主要崇拜的動物有：狼、豺、虎、豹、蛇、蟒、鷹、雕、野豬、黑熊等。在其虎神中，又分為飛虎、臥虎、懸虎等不同類別，動物神祇降臨後，多數為模仿動物的覓食、奔跑、嬉戲、哺乳等動作，其中也有誇張的表現。如飛虎神上到樹梢玩耍，懸虎神從大牆內外縱跳，白水鳥神的飛沙走石等。

▲ 跑火池

最後，是該家族不同絕技的表演。主要有以下幾種：跑火池，在庭院中，鋪一條寬兩米，長十三米，厚二十釐米長方形熊熊燃燒的炭火池。薩滿請下頭輩太爺後，手持鋼叉在前，眾栽力隨其後，在熊熊燃燒的烈火中，往返穿行數次。含炭噴火，由愛心托亞拉哈盜取天火的神話故事演變而成，降神後，薩滿將燒紅的柳木炭火含在口中吹玩，映出一道道火紅的光柱。鑽冰眼，在數九寒天的江心急流處，順流一字打出十數個冰眼，每個冰眼間距兩米左右。降神後，薩滿身裹白布，從最下游的冰眼依次逐個向上鑽出。

完顏婁室墓傳說

完顏婁室，字斡里衍，古代女真族人，為女真首領完顏阿骨打手下的一員智勇雙全的大將，為統一東北女真各部落、滅遼建金立下赫赫戰功。

完顏婁室出生於遼太康四年（1078年），為女真族完顏部人。他的祖先曾居住在阿注水的源頭。後來他的祖父洽魯直將其家人遷至雅達瀨水，先後

▲ 完顏婁室墓

征服了當地數支部落，因功授金吾衛上將軍，父親白塔曾任七水部長，得到世祖的賞識和器重。完顏婁室自幼機敏勇敢，喜愛習武，體魄魁梧，性格沉穩，處事頗有成人之風。十四歲那年，其父感到他將來定能承擔大任，有治國之才，便將他推薦給金穆宗。二十一歲時，他代其父擔當七水部部長一職，從此他便有了施展自己軍事才能的機會。在以後的戎馬生涯中，他憑著過人的膽略和功夫，粉碎了女真人蕭海里的叛亂，成功反擊了高句麗對遼東的侵犯，後來在平息訛口渾的叛亂中，也立下赫赫戰功，並因此獲重賞。

完顏婁室跟隨女真族首領完顏阿骨打參加到滅遼建金的征戰之中，完顏婁室為保金太祖的生命安全，捨生忘死，率女真兵左右出擊，一路殺出重圍，冒死救出金太祖，遼兵被擊敗，女真兵凱旋。事後金太祖頒嘉獎令，授完顏婁室為女真猛安。

完顏婁室於金天會八年（1130年）病死於經州，年僅五十三歲。他的靈柩後來葬於濟州東南的奧吉里，即今淨月石碑嶺。完顏婁室衣冠塚和完顏婁室神道碑早已不復存在，如今高高的石碑嶺，仍在無言地向世人傳頌著這位著名女真名將魅力四射的人生傳奇。

世代沿襲的民俗習慣

　　火炕生出豆芽菜，火炕孵出小雞。火炕，是東北農村日常生活不可缺少的，室內的大部分平面空間都被炕占據，所以人們的室內生活主要是在炕上。家裡來客人要請到炕上坐；平時吃飯、讀書、寫字都是在炕桌上；孩子們抓「嘎拉哈」、彈杏核、翻繩等遊戲也是在炕上玩。隨著社會的進步和物質生活的改善，現在東北地區的樓房內大多已經採用水暖式集中供熱了，只有在農村還可以見到火炕。

　　在東北農村，家家會把火炕利用起來，用一個盆，裝上黃豆或者綠豆，放上少量水，放在炕上。由於火炕的溫度，盆水升溫，豆兒生芽，兩晚的時間，一盆鮮豆芽兒就誕生了。火炕上，誕生的還不只是豆芽兒菜。黃黃的草筐，一窩雞蛋，幾個星期之後，雞蛋殼裡走出了小雞崽。原來，農民把雞蛋放在草囤裡，放在火炕上，使蛋受熱，幾個星期之內，一個個新的小生命在溫暖的火炕上慢慢孕育成熟。

　　苞米掛在牆上曬，苞米住進木樓子。長春地處中國黃金玉米帶上，是中國重要的糧食主產區，在東北農村曬苞米也就自然成了一個獨具特色的風景。一入秋，家家戶戶就把苞米串在一起，掛在房山牆上……在東北的農家院裡，您還常常可以看到一種「空中樓閣」，下以木樁支撐，上似一間木房，俗稱「苞米樓子」。裡面裝滿金黃色的苞米棒，再襯以皚皚白雪覆蓋的屋頂和庭院，頗具東北農家的自然風貌。在靠近東北和北部山區的地方「苞米樓子」幾乎家家都有。其建造式樣非常實用，倉底距離地面較高，既可以防止老鼠偷吃糧食，又可以防止糧食受潮發霉。「苞米樓子」滿滿噹噹，說明農民的日子過得吃穿不愁。

　　房前屋後柴草垛，園子種滿蘸醬菜。在北方平原上，村落星羅棋佈的散落在原野上，一村一屯，一家一戶突出的特點就是柴草垛。柴草垛是北方人家重

要的生活標誌，誰家的柴垛高、大、整齊，誰家的日子過得就富裕殷實。北方的柴草垛是以自家種的苞米、高粱等莊稼秸稈為主，也有雜樹枝等。各家的柴草垛大小不一、高矮不同，成為北方平原景色的重要內容之一。東北人愛吃蘸醬菜，真正的蘸醬菜講究的是「新鮮」。東北人的房前屋後都有自家的菜園子，現吃現摘，再蘸著農家大醬一併入胃，那是星級酒店無法體會的樂事。黃瓜、辣椒、西紅柿、茄子、豆角、白菜、大蔥、香菜……越來越多的新鮮品種的蔬菜日益豐富著農家的餐桌，也讓遠道而來的城裡人一邊體驗採摘的樂趣，一遍享受來自大自然的給予。

反穿皮襖毛朝外，狗皮帽子頭上戴。東北是中國典型的寒冬地區，在漫長的冬季，東北局部地區最低氣溫可達零下三四十度。因此，在影視節目中還是可以經常看到彪悍威武的東北人穿著反毛皮襖馳騁在林海雪原的畫面。反毛皮襖是指用動物的整張皮毛朝外製成

▲ 東北民俗

的一種禦寒服飾，這種衣服既保暖又不「燒身」，還可以保護毛不被磨掉。毛的顏色與雪地和樹木的顏色相近，起到很好的保護作用。隆冬時節，車老闆帶著有長毛的大帽子過冬。北方人喜愛狗皮帽子，在東北上了年紀的老農民依然能夠自己親自動手做出一頂這樣的狗皮帽子。反毛皮襖、狗皮帽子這樣既能禦寒，又能彰顯東北人個性的特色服飾，是聰明的勞動人民在艱苦的生產、生活中摸索出來獨特的衣著方式。

滿族剪紙手藝精，桀盞燈籠高高掛。剪紙是一項重要的民俗活動。從前，滿族祭祀祖先時在祖匣子上貼的圖案和文字等需要用紙剪成，這樣的祭祀活動繼承下來後，古老的剪紙手藝也傳承下來。剪紙的題材既蘊含祝願幸福吉祥的

寓意，也具有反映自然和社會狀況的現實意義，表現了東北人民群眾豐富的內心世界。它們的藝術風格或洗練大方，或絢麗華美，或精工細緻，或千姿百態……散落在東北民間的滿族剪紙藝術如山花一般，堅忍頑強，不驕不躁，如今已經香飄海內外。

在東北長春，過大年紮燈籠、掛紅燈是人們最為喜慶生動的民俗活動。一進臘月，家家戶戶忙過年，不等除夕，大街小巷，每一扇窗戶裡面都被紅彤彤的燈籠裝點得格外喜慶。傳說掛紅燈有三種說法：一是喜慶，二是吉祥，三是迎接，迎接的是故去的老人。他們走得太久了可能找不到家門，掛一盞紅燈，讓他們能看清家門回家團聚。這是淳樸的東北人對祖先的感恩和思念。

殺頭年豬全家樂，冬包豆包講鬼怪。殺年豬，是東北人迎接新年的一種重要方式。殺年豬一般在農曆的臘月，一年中最冷的時候，也是「年」到來的序幕。一到臘月初八，家家開始籌備過年，趕年集、辦年貨、殺年豬，非常熱鬧紅火。如今殺年豬已經成為重要的旅遊活動了，烀肉、灌血腸、吃殺豬菜等等活動，體會濃濃的東北年味。進入臘月，除了殺年豬，家家還要包黏豆包，這是北方人最喜歡吃的主食之一。黑土地盛產黃米，將黃米淘好，碾壓成粉，過篩後調成麵，在熱炕頭溫發適度，然後包進烀熟的紅小豆豆餡，一個豆包就包成了。無論蒸食或者油煎，都香極了。舊時包豆包都要老奶奶領著大姑娘小媳婦們一起幹，為防止睏倦，老人就一邊包一邊講「瞎話」，就有了「冬包豆包講鬼怪」這句俗語。

捕魚先把冰來鑿，採來冰塊製冰燈。東北的冬季，寒冷的冰雪覆蓋著厚厚的冰層，人們使用一種叫作冰的工具，把厚厚的冰層鑿

▲ 冬捕現場

開，然後下網，去捕撈冰層下的鮮魚，稱為「冬捕」。「冬捕」歷史悠久，目前世界上這樣完整保存下來的原始捕撈活動已經不多了。長春石頭口門水庫是人工湖泊，這裡每年冬季都要舉行盛大的捕魚節活動。人們在冰上可以參加篝火晚會、祭魚祭湖等儀式，親身體驗冬捕活動。長春是冰燈製作的理想之地，長春的冰來自於南湖，人們用割冰機在南湖冰面上取冰，再用大繩將冰塊拖出水面，轉車運走。到了冰燈製作工地，老藝人和年輕的雕塑家著手設計雕琢。入夜，當萬盞冰燈閃閃發亮，人們暢遊其中，仿若仙境。

豬肉燉粉吃不夠，亂燉燉出一鍋菜。豬肉燉粉條是東北的一道名菜。因為北方盛產土豆，秋末冬初，農村的家家戶戶都開設「粉房」自製東北粉條，粉條潔白筋道，特別是和豬肉燉在一起時，肉汁湯水充分被粉條吸收，粉條就變成了透明的金

▲ 殺豬菜

黃色，同時散發著濃濃的肉香，令人百吃不厭。在長春，還有一道名菜叫「亂燉」，是指把各種菜放在一起大鍋燉。關於這道菜還有一個故事：相傳很久以前，有一個漁民給皇帝打鰉魚，但只能打，不准吃。一天，漁夫的母親病了想吃鰉魚，好心的廚師就撿了一條小鰉魚燉上了，怕官府追查，裡面又加了其他的雜魚和菜。不一會兒，香味引來了衙門的官差，官差喝問：「是燉魚嗎？」廚師說：「不是，是亂燉。」官差揭開鍋蓋，發現裡面除了鰉魚還有其他的菜，又聽說漁夫娘親生病的事，想到誰無爹娘，就饒過了廚師和漁夫。「亂燉」因此得名。

大缸小缸漬酸菜，白肉血腸殺豬菜。東北人有吃酸菜的習慣，入秋之後，白菜成熟，把採下來的白菜放在缸裡用清水泡上，一個冬天，白菜不僅不會腐

爛還變得又脆又酸，無論是炒是燉，都是東北老百姓冬季絕不能少的一道傳統菜。用酸菜做主要原料的滿族傳統菜餚有很多，首屈一指的就是白肉血腸殺豬菜。這道菜的歷史要追溯到清順治年間，此菜是皇家用作祭祀神山祖地長白山的一道菜。這道菜以豬肉、血腸為主要原料，再用農家酸菜一起燉煮，就成為「吉菜」中的名菜——白肉血腸殺豬菜。白肉吃起來肥而不膩，瘦而不柴，血腸明亮鮮美，脆嫩綿軟，熱湯鮮香味醇，再配以韭菜花、腐乳、辣椒油、蒜泥等佐料，更加醇香四溢。

聚人氣的關東廟會

農曆正月十五是中國傳統的元宵佳節，這一天，很多市民來到長春文廟，過狀元橋、敬拜至聖先師孔子、走百步去百病等。為傳承元宵節「走百步過彩橋」寓意消災祈健康的習俗，將文廟內的狀元橋布置一新，讓廣大市民可以在文廟走百步過彩橋，祝福親人朋友身體健康。走狀元橋有金榜高中的好兆頭，家長們還可以為學子們祈禱，祝福他們金榜題名、學有所成。

▲ 進廟會的市民

特色各異的滿族民族服飾

　　明朝，滿族人南遷到遼東地區，他們的服裝是布、皮兼用，努爾哈赤率部起兵的時候，軍民服飾雜亂無章，經常出現「上下同服」的現象，至皇太極時代，冠服始有定製，清軍入關後，從皇帝到兵丁之衣冠，寒暑更換，皆有定製，不可踰越。至於閒散旗人，男皆袍服，以綢緞或布製作，外套馬褂，直到辛亥革命，率以為常。滿族婦女的旗袍，多有發展，喜用綢緞製作。在北京等地盛行「十八鑲」的做法，即鑲十八道衣邊才算好看，樣式也變成寬袍大袖，為清一代的時裝。辛亥革命後，旗袍的樣式由肥變瘦，並有長、短袖之分。經過不斷改進，一般樣式為：直領，窄袖，右開大襟，釘扣絆，緊腰身，衣長至膝下，兩側開叉。

▲ 滿族女性旗裝

　　努爾哈赤在統一女真各部落，建立後金政權，推行八旗制度以後，滿族人均在旗，故他們所穿的袍服便稱為「旗裝」「旗服」。滿族貴族入關統治全國後，清太宗皇太極認為清朝帝王應當維持本民族的生活方式和傳統習慣，尤其是維持統治者的民族標誌的服飾制度，以此作為固國之本。於是便著手制定和完善清朝的衣冠制，並三令五申，不許親王大臣學漢人穿褒衣博帶、寬袍大袖，還要求在宮廷裡的侍女奴僕都著滿族服裝。此外，在全國推行剃髮易服政策，令漢人成年男子衣著髮式必須遵從滿人習慣，

只有在死後入殮殯葬時方可用漢人衣冠。

　　清初男子旗裝為圓領、大襟、箭袖（馬蹄袖）。四面開衩，繫扣袢，腰中束帶。四面開衩是為了騎射自如，箭袖是為射箭方便，又可禦寒保護手背。冬季在棉袍外往往套一件長到肚臍、四面開衩、對襟的短褂，俗稱馬褂（滿語鄂多赫）。亦有外套一馬甲（俗稱坎肩）者。清末，由四開衩改為左右兩開衩，箭袖多改為平袖。

▲ 滿族武士服裝

　　女性旗裝的特點是立領，右大襟，緊腰身，下襬開衩。古旗裝有琵琶襟、如意襟、斜襟、緄邊或鑲邊等。寬襟大袖長袍，下襬及小腿，有繡花紋飾。衣襟、領口、袖邊等處鑲嵌幾道花紋或彩牙兒，俗稱「畫道兒」或「狗牙兒」。隨著社會的發展，女旗裝則不斷演化，由寬腰直筒式逐漸變成了緊身合體的曲線型、流線型。

　　滿族婦女不纏腳，所著鞋子繡有漂亮花飾，鞋底中央墊有十釐米高的木質

▲ 滿族女子穿的鞋

鞋跟，滿族婦女穿著這樣的鞋走起路來，可保持昂首挺胸的身姿和腰肢搖曳的步態。滿族婦女的髮式變化很大，姑娘時代，只簡單地把頭髮在腦後挽一下。長到快出嫁時，就要把頭髮梳成辮子並挽成單髮髻。結婚後的髮式有雙髻式、單髻式等多種，雙髻式髮型把頭髮從頭頂分梳為前後兩部分。前髻梳成平頂狀，以便戴冠，頸後髻梳成燕尾狀，在頸後伸展開來，它使得頸部總要保持挺直的狀態，因此，滿族婦女走起路來就更顯得高貴。老年婦女和勞動婦女所穿旗鞋以平木為底，稱為平底繡花鞋，亦稱「網雲子鞋」。滿族的女鞋，表面都有繡花，而襪子多為布質，襪底也納有花紋。

滿族男人的鞋為布底納綁，鞋臉鑲嵌雙皮條。冬天穿豬皮或牛皮靴，年邁老人多數穿高腰氈鞋。女人穿下窄上寬、鞋臉尖端突出上翹、兩側綠花、形似小船的木底高樁鞋。具體有馬蹄底鞋、花盆底鞋、平底鞋、方頭鞋、尖頭鞋。靰鞡（音烏拉）源於舊時滿語詞彙，意即內部墊有靰鞡草的鞋。靰鞡，多為農村下層滿族人民冬季穿用的一種皮革製作的鞋。用牛皮、豬皮、鹿皮縫製，形狀為前尖後圓，鞋幫貫以六個鞋耳，鞋口近腳處墊以襯布，並用一細皮帶聯結靴耳，內絮靰鞡草，既輕便，又暖和，適於冬季狩獵、跑冰。

大拉翅是清代滿族貴族婦女髮式，盛行於光緒、宣統年間。其式，頂髮梳成圓髻，腦後髮呈燕尾式。另以黑緞、絨或紗製成「不」字形皂板，曰「頭板」，其底部以鐵絲製成扣碗狀，謂之「頭座」，扣於頭頂髮髻上，並用髮纏繞，使之固定。這種「高如牌樓」之固定裝飾，用時套在頭上。通常於頭板正中戴彩色大絹花，稱「頭正」或「端正花」，並加飾珠、翠、玉簪、步搖和鮮花，或於右側綴一彩色長絲穗。這種髮式因頭板如兩翅張開而得名。

　　滿族珮飾分骨飾、石飾、珠飾、金銀飾等。選戴哪一種首飾要根據地位身分，一般說首飾的好壞可以看出地位的高低、家庭的貧富。滿族入關以後，服飾圖案中也常出現許多漢族的福、壽、萬等字的吉祥符號。雖然滿族服飾有很強的民族傳統特色，但也隨歷史發展不斷演變，特別是滿族入關以後，長期與漢族雜居，在服裝款式，服飾色彩與服飾圖案上都有不同程度的演變。

▲ 滿族服飾

東北味十足的年俗

　　東北長春過春節，俗稱過年、過大年。當節氣進入農曆臘月，通向年的第一站便是臘八節，東北有吃臘八粥的習俗，一般是用又黏又黃的大黃米熬製，粥裡放上幾粒紅芸豆或者大棗，有的人家喜歡放上白糖或葷油食用，白糖和葷油象徵幸福與甜蜜。

　　東北有句俗語「臘七臘八，凍掉下巴」。天寒地凍的東北就是一個天然的大冷庫，各種食物都可以安全儲存了。

　　農曆臘月二十三是春節的序曲，又是傳統民俗中祭祀灶神的日子，滿族俗稱過小年。滿族有祭灶王的習俗，據說以前滿族人不供灶王，清入關後，滿漢雜居，習俗混用，這樣一來，供奉灶王自然成了滿漢共有的習俗。

　　自接灶王起，東北人就把過年的日程安排得滿滿的。首先是年終大掃除，北方稱「掃塵」「掃房」，也叫「撣塵」，家家打掃得乾乾淨淨，準備迎接新春的到來。這一習俗有除舊迎新的含義，人們希望把一切厄運和晦氣統統掃出門去，寄託著破舊立新的願望。

▲ 香甜的臘八粥

　　東北人正式過年是從除夕這天開始，有的地方叫大年夜，或叫「年三十兒」。人們早早打好糨糊，忙著貼春聯、福字、掛簽。

　　東北人過年要供家譜，有長輩的大家庭稱「供老祖宗」，其

▲ 東北秧歌

餘本家族中分支的後輩則供三代，滿族人以西為大，祖宗的牌位一般在西牆正中。年三十晚上，還要「請神」，男人們打著燈籠到村邊路口去迎接各路神靈回家過年，在祖宗牌位前供上香案、供品，所有神靈、先人都到齊了，才算是過了團圓年。

過年是個特別莊重的日子，晚輩要給長輩磕頭，長輩要給晚輩壓歲錢，早年叫壓祟錢，祟字有晦氣、倒楣、不吉利的意思，晚輩得到壓歲錢可以平安度過新歲。

正月十五俗稱燈節，過年的喜慶達到高潮，尤其鑼鼓一響，嗩吶一吹，大秧歌一扭，東北式的狂歡節就開始了。人們吃元宵、猜燈謎，其樂無窮。新春佳節一過，轉眼就是農曆二月二龍抬頭的日子，北方農村有二月二吃豬頭的風俗，各行各業都回到工作崗位上，開始一年的新生活。

嘗不夠的關東美食——吉菜

說到東北的「吃」，東北的黏豆包、豬肉燉粉條、白肉血腸最出名了，現在這些依然是東北人餐桌上的常客，現在東北菜已經演化成系列的菜系——吉菜。

吉菜主要以東北特產為主料烹製的特色佳餚，吉林省生態環境好，餐飲原料豐富，自然生長的山珍野菜和人工種植的、養殖的種類非常多，人參、雜糧、果、菜、松茸蘑、猴頭蘑、榛蘑、蕨菜、微菜、刺嫩芽和天然牧場中養殖的梅花鹿、哈什螞及牛肉、大鵝聞名遐邇，為吉菜提供了用之不竭的原料。吉菜講究刀工、勺工，擅長熘、爆、燒、扒、燉、醬、拔絲，注重色香味形器之和諧，口味改變了傳統東北菜油膩、偏鹹的特點，吉菜共有菜點三千一百五十種，名宴九十一台，名菜一百八十三種，各種小吃六十七種。吉菜在二○○一年舉辦的中國第二屆美食節上參加全國新菜系展示，奪得新菜系展示金獎，並名列新八大菜系之首。

▲ 關東特色菜——一鍋出

惟妙惟肖的「石頭宴」

在長春民間藝術博覽會上，人們第一次近距離看到紅燒肉、四喜丸子、炸糕、彩豆等一桌美食，但它們沒有一點香味，不冒一絲熱氣，再仔細看看，原來這一桌子「菜」，全是冷冰冰的石頭。有新鮮的豬肉，不過這可不是剛從超市買回來的，而是從地下挖出來，由於石頭酷似有肥有瘦的新鮮豬肉，所以被稱為「豬肉石」。有五彩雜糧，展桌上一堆堆五彩雜糧豆，熬粥的話一定不好吃，因為它們都是小石頭。小石頭基本上是瑪瑙，它們渾圓的身型都是天然形成的──在河流、小溪中被流水長期沖刷、打磨，成為好看的「小豆粒」。有不臭的臭豆腐，保證沒有臭味！一塊塊灰撲撲的石頭是由岩漿凝結而成，上面的紋路是自然風化的結果，酷似油炸過的臭豆腐……展桌上擺放的一百二十九道「硬菜」讓人垂涎欲滴。

▲ 「滿漢全席」石頭宴

春城的冬季美景——冰雪

　　東北人冬天喜歡坐「爬犁」，爬犁又叫扒犁、扒桿，是過去東北人在冬天出門代步的傳統交通工具，主要靠動物牽引，牛拉馬拖外，女真、錫伯、鄂倫春、赫哲等民族還常常使用狗、鹿、四不像等動物做動力。現在，交通發達，爬犁主要成了旅遊工具，對於很多南來的客人，坐上爬犁跑一段，依然是一項趣味橫生的活動。

　　滑冰車是兒童喜歡的一種冰戲，早期的冰車是從雪上爬犁演變過來的，後來演變成孩子們的玩具。傳統冰車，是用木板合成一個方形或長方形簡易的台板，下面安兩道平行的鋼筋或三角鐵做成的滑道，並備有一副鐵釺。滑的時候，人坐在上面或跪在上面，雙手用一對鐵釺子不斷在冰面上後推劃行，如同劃板一樣。玩這種冰車有一個小竅門：坐著滑得慢，跪著滑得快。冰車主要分為雙腿冰車和單腿冰車，雙腿冰車就是一般的冰車，靈活性不好，適合小點的孩子。而大些孩子，或技術好的孩子喜歡玩單腿冰車。單腿冰車又叫「單腿

▲ 充滿童趣的滑冰車

驢」、也有叫「單腿雷子」，材料也是以木頭為主，用一根冰刀在底下，速度快及靈活性高，滑起來平衡特別難掌握，需要練習一段時間才能滑起來，它更適合年齡大的孩子玩，能夠玩單腿冰車的孩子常常被同伴刮目相看。現代冰車的材質大為改觀，基本上是鋼架椅子，坐起來安全舒適，滑行速度也快，如今冰車依然是兒童最喜歡的遊戲項目。

抽冰猴，冰猴又叫冰陀螺，是一種兒童玩具。冰猴傳統為木雕，「抽冰猴」很講技術性，抽冰猴時，用繩子繞在陀螺上，然後用力一拉，冰猴就在冰面或雪地上旋轉起來，接著對它不停地抽打，由於向心力的作用，冰猴在冰面或雪地上長久地轉動，時間堅持得最長者為

▲ 抽冰猴

最佳。現在，這個項目成了成年人冬季的健身項目，冰猴越做越大，材質也是五花八門，鞭子更是長得出奇。每當揚鞭抽下去的時候，都會發出脆呼，冰猴在冰面上轉得「嗡嗡」作響，極有趣味。

堆雪人是北方大人和兒童最喜歡的活動，每當大雪來臨，人們都會把道路、場地上的積雪掃起來。在清雪的時候，人們會把雪堆在一起，雪堆上面放上滾得溜圓的大雪球做雪人的頭，然後根據各自的愛好，在上面做出眼睛和鼻子，一個可愛的雪人就誕生了。雪人是北方兒童的冬趣之一，娛樂了童年，美化了環境，算得上是最原始的雪雕了。

做冰燈，以冰做燈，古已有之。據《酉陽雜俎》記載，當年楊貴妃備受唐玄宗寵愛，要在三伏天看冰雕。為討貴人一樂，有人取來巨大的冰塊，雕成山川景物置於廳中，並在冰山四周大擺宴席。冰燈是冰雕的一種，出現得可能比

▲ 晶瑩易透的冰燈

冰雕更早。傳說，古時候在東北有一戶農家，臘月裡，丈夫從木頭障子下拿出水桶出門挑水，不想卻落下一個桶狀的冰殼，家裡人捨不得扔掉，大年三十晚上裝上蠟燭一點，晶瑩透明，幾里地之外都看得見。此後相沿成習，屯子裡家家戶戶都在除夕夜掛冰燈。可見，冰燈是關東人的一大藝術創造。在長春的冬天，銀裝素裹，白雪茫茫，人們去南湖等地踏雪、觀燈、冰戲，其樂無窮。

▲ 功具匠心的雪雕

長春淨月潭的雪世界給人以意外的驚喜，走進坐落在淨月潭的「淨月雪世界」，如同走進了一個用雪雕塑的童話世界，奧地利的薩爾斯堡、德國的新天鵝城堡、烏克蘭的燕窩城堡……古堡奇觀跨越了國度，超越了時空，汲取了歐洲典型的古建築精華，完美地組合成一個令人震撼的雪雕童話，它以潔白的雪姿，栩栩如生地降落在北國春城的冬天，雕刻得如此精美、精細、精湛，實在是出乎意料。

　　南湖公園請來雪雕師，創作了各種雪雕作品，年年花樣翻新，題材各異，有古城堡，有世紀冰河，有各種動物造型，作品巧奪天工，惟妙惟肖，吸引了眾多市民前來觀看。在二〇一四年，長春市政府主辦的「雪之夢‧中國夢——二〇一四年長春園林雪雕展」的展品，每件雪雕的用雪量從八十至兩千八百立方米不等，這些作品是黑龍江省哈爾濱市的高級冰雪雕塑大師們耗時一個多月的時間雕成的。建築的雪雕用雪量約一萬立方米，共三十組巨型雪雕作品。大量遊人冒著嚴寒來到公園欣賞造型各異的雪雕，用相機與雪雕合影留念，將這些將會融化的美麗瞬間永遠定格在相機裡。

吉林文庫 A0703A01

文化吉林：長春卷

主　　編	莊　嚴
版權策畫	李　鋒
責任編輯	林以邠
發 行 人	陳滿銘
總 經 理	梁錦興
總 編 輯	陳滿銘
副總編輯	張晏瑞
編 輯 所	萬卷樓圖書股份有限公司
排　　版	菩薩蠻數位文化有限公司
印　　刷	維中科技有限公司
封面設計	菩薩蠻數位文化有限公司

出　　版　昌明文化有限公司
桃園市龜山區中原街 32 號
電話　(02)23216565

發　　行　萬卷樓圖書股份有限公司
臺北市羅斯福路二段 41 號 6 樓之 3
電話　(02)23216565
傳真　(02)23218698
電郵　SERVICE@WANJUAN.COM.TW
大陸經銷　廈門外圖臺灣書店有限公司
　　　　　電郵　JKB188@188.COM

ISBN 978-986-496-237-2

2018 年 1 月初版

定價：新臺幣 480 元

如何購買本書：

1. 轉帳購書，請透過以下帳戶
　　合作金庫銀行　古亭分行
　　戶名：萬卷樓圖書股份有限公司
　　帳號：0877717092596

2. 網路購書，請透過萬卷樓網站
　　網址　WWW.WANJUAN.COM.TW

大量購書，請直接聯繫我們，將有專人為您
服務。客服：(02)23216565　分機 610

如有缺頁、破損或裝訂錯誤，請寄回更換

國家圖書館出版品預行編目資料

文化吉林. 長春卷 / 莊嚴主編. -- 初版. -- 桃
園市：昌明文化出版；臺北市：萬卷樓發
行, 2018.01
　　冊；　　公分
ISBN 978-986-496-237-2(平裝). --
1.文化史　2.人文地理　3.吉林省
674.2408　　　　　　　　　　107002018

本著作物經廈門墨客知識產權代理有限公司代理，由時代文藝出版社授權萬卷樓圖書
股份有限公司出版、發行中文繁體字版版權。